Voltaire, the Enlightenment and the Comic Mode

Jean Sareil
1916 - 1988

Voltaire, the Enlightenment and the Comic Mode

Essays in Honor of Jean Sareil

Edited by
Maxine G. Cutler

PETER LANG
New York • Bern • Frankfurt am Main • Paris

Library of Congress Cataloging-in-Publication Data

Voltaire, the Enlightenment and the comic mode : essays
in honor of Jean Sareil / [edited by] Maxine Cutler.
p. cm.
1. French literature – 18th century – History and
criticism. 2. Voltaire, 1694-1778 – Criticism and
interpretation. 3. Literature, Modern – French
influences. 4. Comic, The, in literature.
5. Enlightenment. 6. Sareil, Jean. I. Cutler, Maxine G.
II. Sareil, Jean
PQ263.V66 1990 840.9'005 – dc20 90-5501
ISBN 0-8204-1289-9 CIP

CIP-Titelaufnahme der Deutschen Bibliothek

Voltaire, the enlightenment and the comic mode : essays in honor of Jean Sareil / ed. by Maxine G. Cutler. – New York; Bern; Frankfurt am Main; Paris: Lang, 1990.
ISBN 0-8204-1289-9

NE: Cutler, Maxine G. [Hrsg.]; Sareil, Jean: Festschrift

Printed by Weihert-Druck GmbH, Darmstadt, West Germany

Contents

Preface

Jean Sareil, professor of French Literature at Columbia University for thirty years, has left an enduring mark on French literary criticism. While his focus was principally on the eighteenth century and Voltaire in particular, his interest in comic forms produced perceptive insights into the comic writings of authors as diverse as Rabelais, Molière and Queneau. In all these studies, Professor Sareil knew how to express his vast knowledge and refined sensibility in a fluid and graceful style.

Jean Sareil's first book of literary criticism, *Anatole France et Voltaire*,[1] established his reputation as a serious scholar and literary critic. A book of remarkable erudition and detail, this work examined and substantiated what had been up to that time a facile comparison between the two great ironists. As Voltaire became increasingly the center of Professor Sareil's critical interest, his studies brought fresh perspectives to Voltaire criticism, undoing old myths and revising old prejudices. His *Essai sur Candide*[2] refuted prevailing views of Voltaire's pessimism *or* optimism in Candide's closing dictum and by emphasizing the literary qualities of *Candide* instead of its philosophical argument, he put the focus where it should be: on Voltaire's art of the *conte*.

Voltaire et les Grands[3] destroyed the disparaging image of Voltaire as a toady to the aristocracy. Professor Sareil placed Voltaire the polemicist within the traditions of an aristocratic society and emphasized that Voltaire's style in his letters, his "art du compliment" which was an integral part of the linguistic code of the *ancien régime*, served his polemical purpose and enabled him to win allies among *les Grands*. "Le Massacre de Voltaire dans les manuels scolaires"[4] revealed the systematic efforts of Voltaire's enemies in the academy to create a false image of the Patriarch of Ferney in classroom texts which were to prejudice generations of Frenchmen against Voltaire. In *Les Tencin*,[5] a biography, Professor Sareil undertook historical writing based on numerous documents and unpublished correspondence. He succeeded in evoking vividly thirty-five years of French history as revealed in the lives of Mme de Tencin and her brother, the Cardinal.

Voltaire's comic techniques in the *conte philosophique* and his use of comic devices which Professor Sareil commented upon in his *Essai sur Candide* led him to consider the larger subject of comedy. In *L'Ecriture comique*[6] he analyzed comic techniques in literature and demonstrated how they function to transform narrative assumptions.

The articles presented here by Jean Sareil's colleagues and friends all bear on his central academic interests, Voltaire, the Enlightenment and the comic mode. Appropriately, in the light of his important contribution to Voltaire studies, there is an emphasis on Voltaire. Haydn Mason discusses the problematic composition of the seventh *Discours en vers sur l'homme* and Robert Niklaus offers new insights, based on his critical edition of *Les Scythes*, into Voltaire's ideas about the play. René Pomeau describes the changing view of Islam in the eighteenth century and Voltaire's role especially in effecting its evolution.

Voltaire as historian is the subject of two articles. Roland Mortier relates his indictment of the Emperor Constantine to Voltaire's hatred of fanaticism which underlies his vision of history. J.H. Brumfitt examines Voltaire's sensitive treatment of the royal mistresses in his historical works.

Rousseau's concept of time is the focus of Pierre Rétat, who considers its varied figurations in *Les Rêveries du promeneur solitaire*. The French Enlightenment is viewed from beyond the borders of France in two articles. Olga M. Ragusa studies Alfieri's perception of France in his autobiography. Gogol's role in emancipating the Russian language from the strictures of French neo-classicism is discussed by Robert A. Maguire.

Three articles deal with eighteenth-century fiction. Georges May reflects upon the extraordinary renown of Sindbad "le marin" since the publication of *Les mille et une nuits*. In *Le Neveu de Rameau* Karl-Ludwig Selig analyzes an important intertext that reflects pivotal artistic, literary and ideological problems in the text at large. At the end of the century in Sénac de Meilhan's *L'Emigré*, the intersection of the French Revolution and fiction is examined by Béatrice Didier. Barely into the nineteenth century with Mme de Staël's *Delphine*, Simone Balayé considers the relation between gender and destiny against the background of the French Revolution. Gita May pursues the question of women's roles in post-revolutionary American society as portrayed in Tocqueville's *De la Démocratie en Amérique*.

The comic mode is reflected through different genres, periods and places. Jean Macary analyzes comic elements in La Fontaine's *récit poétique*. Jane Austen is presented by Richard A. Katz in the uncommon light of a comic novelist and Maxine G. Cutler studies the components of wit in Proust's *A la Recherche du temps perdu*.

Voltaire, the Enlightenment and the Comic Mode; Essays in honor of Jean Sareil pays tribute to Professor Sareil's important contribution to French literary studies. His own works speak for themselves. Through the essays of this testimonial volume, the colleagues and friends of Jean Sareil wish to honor the memory of a distinguished scholar and teacher.

* * * *

The editor's task was made considerably easier by the warm and prompt response of the contributors to this volume. I express my gratitude to them; to Karl-Ludwig Selig for his suggestion of a testimonial volume to the members of the board of *Teaching Language Through Literature*, a journal with which Jean Sareil was associated as a founding editor since 1961; to the board members, Doris S. Guilloton, Richard A. Katz, Jean Macary, Robert A. Maguire and Olga M. Ragusa, who responded to the proposal with enthusiasm; to Gita May, chairman of the department of French at Columbia University, who graciously offered assistance, advice and the services of her department; to Louis Morra, a graduate student of French at Columbia, who kindly compiled the bibliography; to Jean Macary of Fordham University and Lindsay Petersen, a graduate student of French at Fordham, who painstakingly prepared the manuscript for printing; to Jacqueline Sareil for her unflagging interest and encouragement; and finally, to the patrons and subscribers who supported publication of this volume. My sincere thanks to all.

Maxine G. Cutler

NOTES

1. (Geneva: Droz, 1961).

2. (Geneva: Droz, 1967).

3. (Geneva: Droz, 1978).

4. *Studies on Voltaire and the Eighteenth Century* (Oxford: Voltaire Foundation, 1982), 212: 83-161.

5. (Geneva: Droz, 1969).

6. (Paris: PUF, 1984).

List of Publications by Jean Sareil

This selective bibliography does not include editions of literary texts, pedagogical texts, or book reviews.

Scholarly Publications

Books

Anatole France et Voltaire, Geneva: Droz, 1961.

Voltaire et la critique, Englewood Cliffs, N.J.: Prentice Hall, 1966.

Essai sur Candide, Geneva: Droz, 1967.

Les Tencin: Histoire d'une famille au XVIIIe siècle d'après de nombreux documents inédits, Geneva: Droz, 1970.

Voltaire et les grands, Geneva: Droz, 1978.

L'Ecriture comique, Paris: Presses universitaires de France, 1984.

Articles

"La répétition dans les *Contes* de Voltaire," *FR* (1961-62), 35: 137-46.

"De *Zadig* à *Candide*, ou permanence de la pensée de Voltaire," *RR* (1961), 52: 271-78.

"L'Amour dans *Candide*," *Symposium*, 18: 273-78.

"Voltaire juge de Rabelais," *RR* (1965), 56: 171-80.

"Quelques lettres inédites de Voltaire et de ses correspondants," *RHL* (1968), 68: 563-73.

"Sur deux paragraphes de Voltaire," *FR* (1970), 44: 291-98.

"Voltaire et le Cardinal de Fleury," (1970), *DHS* 2: 39-76.

"Quelques lettres de Voltaire et de ses amis," *RHL* (1970), 70: 652-58.

"Conseils pratiques pour faire une explication de texte," *TLTL* (1971), 11 (1): 3-10.

"Comique et théâtre: Explication de texte de *Tartuffe* de Molière. Acte I, scène V, vv. 270-310," *TLTL* (1970), 10 (1): 29-35.

"Sept lettres inédites de l'abbé de Mably au duc de La Rochefoucauld d'Enville," *DHS* (1971), 3: 61-72.

"Quatre livres américains sur Rousseau," *L'Esprit Créateur* (1970), 10: 329-38.

"Un essai plausible de reconstitution historique: *Le procurateur de Judée* d'Anatole France," *RR* (1970), 61: 287-95.

"La mission diplomatique de Voltaire en 1743," *DHS* (1972), 4: 271-99.

"Trois lettres inédites de Fontenelle," *DHS* (1973), 5: 205-10.

"Explication de texte: *Histoire des voyages de Scarmentado* de Voltaire," *TLTL* (1973), 12 (1): 16-22.

"Les Anges de Voltaire," *Kentucky Romance Quarterly* (1973), 20: 99-112.

"Le vocabulaire de la relativité dans *Micromégas* de Voltaire," *RR* (1973), 64: 273-85.

"Les 'Provinciales' de Voltaire," *Studies on Voltaire and the Eighteenth Century* (1972), 90: 1417-32.

"L'Exagération comique dans les contes de Voltaire," *French Literature Series* (1975), 2: 50-63.

"Sur les *Mémoires* de Voltaire," in *Literature and History in the Age of Ideas: Essays on the French Enlightenment Presented to George R. Havens*, ed. Charles C.S. Williams, Columbus: Ohio State University Press, 1975, pp. 125-50.

"Voltaire as a Classical Writer," *American Society Legion of Honor Magazine* (1975), 46: 83-96.

"Les Apologues de Voltaire," *RR* (1977), 68: 118-27.

"*Memnon* et *Le Dépositaire* de Voltaire" in *Essays on the Age of Enlightenment in Honor of Ira O. Wade* (Histoire des Idées et Critique Littéraire no. 164), ed. Jean Macary, Geneva: Droz, 1977, pp. 261-69.

"Propagande et comique: Analyse textuelle du début du chapitre xxiii de *Candide*," *TLTL* (1979), 19 (1): 22-28.

"Le Comique par non-sens et faux-sens dans les contes de Voltaire," *Studies in Eighteenth-Century Culture* (1979), 9: 477-87.

"Le Massacre de Voltaire dans les manuels scolaires," *Studies on Voltaire and the Eighteenth Century* (1982), 212: 83-161.

"Teaching *Candide* in Translation," *TLTL* (1983), 23 (1): 3-14.

"Voltaire polémiste ou l'art dans la mauvaise foi," *DHS* (1983), 15: 344-56.

"Le Rythme comique: Accélération et ralentissement dans les contes de Voltaire," *Colloque* 76: *Voltaire*, ed. Robert L. Walters, London, Ont.: Univ. of W. Ontario, 1983, pp. 141-54.

"Voltaire (1694-1778)," in *European Writers: The Age of Reason and the Enlightenment*, III: *René Descartes to Montesquieu*; IV: *Voltaire to André Chénier*, ed. George Stade, New York: Scribner's, 1984, pp. 367-92.

"La Démolition comique de l'idéologie," *RR* (1984),75 (1): 1-9.

"Les Quatre Premières *Lettres philosophiques* ou les complications du jeu satirique," *RR* (1985), 76 (3): 277-86.

"Sur la généalogie de la vérole," *TLTL* (1986), 26 (1): 3-8.

"La Description négative," *RR* (1987), 78 (1): 1-9.

"The Comic Writing in *Candide*" in *Approaches to Teaching Voltaire's Candide*," New York: Modern Language Assocation of America, 1987, pp. 134-40.

Abbreviations

DHS	*Dix-Huitième Siècle*
FR	*French Review*
RHL	*Revue d'Histoire Littéraire de la France*
RR	*Romanic Review*
TLTL	*Teaching Language Through Literature*

Fiction

Les cent femmes de Jérôme Grandvilliers, New York: Regents, 1972.

Le pipelet n'a pas pipé, Paris: Gallimard, série noire, 1974. Translated in Italian, *Acqua in bocca*, Milano: Arnoldo Mondadori, 1977.

Les joies de la lecture, New York: Macmillan, 1980.

Un taxi, une fille et des diamants, Montréal: Desclez, 1982.

La voyante était myope, Montréal: Desclez, 1982.

Le complexe des dupes, Paris: Presses Universitaires de France, 1985.

Un assassin de trop, New York: Macmillan, 1987.

Destins d'hommes dans *Delphine* de Madame de Staël

La destinée des hommes n'est pas au centre des réflexions de Madame de Staël dans son premier grand roman, mais elle vaut qu'on se penche sur la façon dont elle détaille les nuances qui différencient et opposent les personnalités masculines et féminines.[1]

L'essentiel de l'action se place à Paris au début de la Révolution, entre 1790 et 1792, dans la période où la société aristocratique jette ses derniers feux, avant de sombrer dans la tragédie nationale. Pour mettre ses personnages en conflit avec l'opinion — situation dramatique retenue —, l'auteur les fait évoluer, non dans les salons éclairés mais dans les plus traditionnalistes. Delphine ne les aurait pas choisis; jeune provinciale sans expérience mondaine, elle suit sa parente, Mme de Vernon, et fréquente la société de celle-ci où il est peu question de politique et de littérature, sinon dans quelques rares groupes d'hommes. Delphine d'Albémar est la seule à qui son éducation permette d'y prendre part.

Qui sont les hommes de ce milieu? Jouissent-ils de la liberté qu'ils refusent à leurs compagnes dans la vie publique et privée? Echappent-ils à la tyrannie de l'opinion qu'ils ont inventée?

Leurs origines géographiques sont très diverses. Il n'y a aucun Parisien, sauf peut-être le vieux Fierville. Les Français sont des provinciaux de passage à Paris pour leurs plaisirs ou leurs affaires. Aucun, sauf Léonce, le héros, n'a de domicile attitré à Paris. Il s'y passe peu de scènes (célibataire, il ne reçoit pas), et encore assez tard, quand il est marié. Certains ont des châteaux en province. Seul, Lebensei en possède un près de Paris, dans la vallée de Chevreuse. Presque tous sont originaires du Midi et y possèdent des terres, plus particulièrement dans la région de Montpellier. De là viennent les d'Albémar, Belmont, Lebensei, Valorbe, Vernon, pour la plupart apparentés entre eux. C'est une noblesse bien nantie à quelques exceptions près, qui a ses entrées à la cour. Certains ont des fortunes considérables: les d'Albémar ont de très gros revenus et de nombreuses propriétés. Léonce de Mondoville a des domaines en France et en Espagne.

Il y a beaucoup d'oisifs et Léonce lui-même ne paraît pas avoir d'occupations bien déterminées. Certains sont militaires : Valorbe appartient à un régiment en garnison à Moulins. M.d'Orsan a lui-même un régiment qu'il perd pour avoir "montré des opinions contraires à la Révolution" (3ᵉ, XXX). M. d'Albémar a fait la Guerre d'Indépendance américaine. Léonce cherchera à se battre dans l'armée des émigrés. Certains s'occupent des affaires publiques, comme Lebensei, qui fréquente les milieux politiques. Il aurait pu être un député; aucune raison n'est donnée au flou dans lequel le maintient l'auteur, qui le conserve comme témoin plutôt que comme acteur des affaires qu'il suit pourtant de près; il jouit même d'une influence certaine. A la fin du roman, il entrera dans l'armée française et y deviendra général en défendant sa patrie. A cela peut-être une raison: l'auteur ne veut pas le rendre responsable des événements à partir du 10 août 1792. A l'armée, il peut défendre ses opinions dans l'honneur, sans trahir son pays.

Autour de ces personnages, s'agitent des silhouettes vagues, des domestiques qui ont à peine un nom, sauf celui de Delphine; Télin, négociant à Bordeaux, qui, de toute sa vie, n'a pensé qu'à gagner de l'argent et se trouve séduit par les qualités de Léonce. Mieux dessiné dans une scène mémorable, le juge de Chaumont, qui tiendra un moment la vie de Léonce dans ses mains, honnête homme, sensible, père de famille, dépassé par des événements tragiques. Il y a des prêtres, ceux qui entourent Matilde de Vernon, monstrueux fanatiques qu'on dirait sortis d'un autre âge pour dominer une humanité trop crédule et transformer la piété en bigoterie. En contrepartie, deux bons religieux; l'un mène doucement la dévote et coupable Thérèse d'Ervins vers le couvent et la vie contemplative, loin du monde cruel; l'autre, un moine du Saint-Bernard, montre à Delphine le chemin des ordres charitables, plus utiles à l'humanité souffrante.

Le roman compte des étrangers. Le plus important, Serbellane, est toscan. On le voit froid comme un Anglais, avec des mouvements chaleureux qui ont la spontanéité des gens de son pays. Dans le premier manuscrit, ce personnage, venu en France par curiosité pour les événements politiques, était anglais. Cette modification s'explique sans doute en 1802 par les dissensions entre la France et l'Angleterre ou pour donner une complexité neuve à cet Italien.

Passent quelques Espagnols, la famille de Léonce, le duc de Mendoce, qui permet à l'auteur de montrer son talent pour le genre du portrait, ici celui du parfait courtisan. Le premier mari de Mme de Lebensei est un Hollandais dur et avide qui a fait sa fortune en exerçant sa cruauté sur ses esclaves, manière de rappeler l'esprit anti-colonialiste et anti-esclavagiste de Madame de Staël. On trouvera plus loin un respectable Suisse de Zurich, homme de bien et grand homme.

L'Angleterre joue un rôle important dans la vie du Français Lebensei. Il a fréquenté l'Université de Cambridge, il s'y est imprégné des idées libérales et il est ainsi devenu un de ces "premiers amis de la liberté" chers au coeur de Madame de Staël, rêvant pour la France du modèle politique offert par ce pays. L'Amérique est représentée par les combats de M. d'Albémar et aussi comme l'asile où pourraient se réfugier les proscrits de la société française: c'est à l'Amérique que pense Serbellane pour lui et Thérèse, si elle décidait de vivre avec lui. Le précepteur de Léonce, M. Barton, a le vêtement simple et la contenance imposante des Anglo-saxons. Manière de le valoriser, lui, l'homme modeste et sans titres, et de justifier le respect que lui porte son élève.

Presque tous ces hommes sont catholiques, sauf trois protestants, dont le riche Hollandais déjà cité. Dans la pensée staëlienne, le calvinisme de Lebensei est le principal facteur qui le fait progresser, par son esprit de libre-examen. Son indépendance d'esprit explique ses interventions sur le plan politique et religieux. C'est donc lui qui écrit des lettres aussi importantes que celles sur l'émigration pour en détourner Léonce, sur le divorce pour lui permettre un remariage avec Delphine, contre les voeux monastiques pour lui faire comprendre qu'il peut l'épouser malgré les voeux qu'on a extorqués à celle-ci. Il est le personnage par qui Madame de Staël intègre avec subtilité sa propre pensée à son roman, le grand libéral du livre aux côtés de qui se range Delphine et qui eût fait pour elle un excellent mari, comme Serbellane, si le sort en eût disposé autrement. La génération précédente compte un protestant, le père de Mme de Cerlèbe, qui apparaît aux yeux de Delphine dans une cérémonie touchante, la communion de sa petite-fille au temple, dominant sa pieuse communauté.

Les catholiques de l'histoire ne sont guère religieux, ou bien ils le sont trop. Léonce ne se préoccuperait pas de religion si Delphine ne devenait son initiatrice et ne lui enseignait une religion éclairée, déiste, qui rejoint le calvinisme de Lebensei. Malgré cet appel, Léonce ne se tournera vers le secours divin qu'au moment de sa condamnation à mort, par désespoir.

Dans le domaine politique et social, les hommes et les femmes se répartissent en deux groupes : les rétrogrades et les progressistes. Les femmes sont toutes du premier groupe, sauf deux, Delphine d'Albémar et Mme de Lebensei, l'une et l'autre instruites et réfléchies, avec des qualités viriles pour leur milieu, victimes toutes deux de la société hypocrite et répressive qui écrase les femmes. Bonnes ou mauvaises, mais sans éducation, elles sont complices du système dans lequel on les a formées et victimes sans le savoir, alors que les deux autres en sont devenues de plus en plus conscientes.

Les hommes se partagent suivant des proportions différentes, parce que plus instruits, mais suivant des critères au fond semblables. Ce classement sommaire demande quelques nuances. Etant donné ses capacités intellectuelles, Léonce ne devrait-il pas se trouver d'accord avec Henri de Lebensei? Il n'en est rien. Son éducation espagnole, l'influence de sa mère et de ce milieu l'ont emporté sur son précepteur. Lebensei le met mal à l'aise; il est quelquefois tenté de se rallier à ses opinions, ce ne sont que velléités. Le vrai Léonce n'a aucune conscience politique. Delphine lui reproche de ne pas s'intéresser à la justice sociale, à la nation tout entière, mais seulement à sa caste (3e, XXXIII). Pour lui, les victimes, ce ne sont pas les pauvres, le peuple exploité, mais les émigrés, qui vont porter aux ennemis de la France le secours de leur bras. Pour Delphine et Lebensei, mais non pour M. de Mondoville, indifférent, "dans toutes les relations de la vie, dans tous les pays du monde, c'est avec les opprimés qu'il faut vivre; la moitié des sentiments et des idées manque à ceux qui sont heureux et puissants" (4e, XXIII).

Dépourvu de pensée politique, de conscience sociale, de sentiment religieux, entiché de l'honneur, il tombe dans tous les pièges et se croit offensé même par les commérages les plus bas. Etrange, incohérent même malgré les qualités qui charment Delphine, il est comme dédoublé, héros/anti-héros, avec tous les défauts des jaloux, des coléreux, des faibles, et ne fait pas usage de son intelligence dans les grands moments de l'action. Son mariage même est symbolique : par une série de machinations, il épouse Matilde qu'il n'aime pas, mais qui représente sa part la plus rigoriste, la plus conventionnelle; il finit par l'offrir en exemple à l'innocente Delphine qui ne fait que payer la méchanceté d'autrui, ce qu'il ne peut ignorer. Le meilleur de lui-même est vaincu par le pire. Les lecteurs contemporains se sont sentis mal à l'aise devant ce personnage passionné qu'on leur présentait comme si séduisant et qui se fait piéger par le premier venu comme par les plus machiavéliques. Ainsi finit-il par basculer du mauvais côté et par symboliser le courant rétrograde auquel appartiennent plusieurs personnages secondaires, tel ce M. de Fierville qui pratique, avec sa vieille complice, Mme du Marset, le commérage et l'espionnage, ou le vaniteux et méchant M. d'Ervins.

Ce n'est pas par des gens comme eux que doit se décider le destin de l'humanité, mais par ceux que représentent la belle figure de Lebensei et son double, Serbellane, tous deux préoccupés par les grandes questions politiques, la liberté, le progrès. Représentants de la jeune génération, ils pourraient avoir pour pères spirituels M. d'Albémar, qui a donné à sa pupille une éducation éclairée, en lui apprenant à penser par elle-même, à se rendre indépendante des préjugés sociaux; ou le père de Mme de Cerlèbe, entouré du respect de tous pour les grands services qu'il a rendus à la cause publique, image aisément reconnaissable de Necker lui-même, grand homme et père de famille exemplaire. C'est par eux qu'arrivent les grands changements. Leur vrai destin, leur vraie grandeur, c'est cela : "Un homme s'affranchit aisément de tout ce qui n'est pas sa conscience, et s'il possède des talents vraiment distingués, c'est en obtenant la gloire qu'il cherche à captiver l'opinion publique" (2e, VII). La gloire est le seul but, la seule récompense de l'homme de génie, de l'homme d'action, de l'homme d'Etat. Il n'y a pas d'écrivain dans le roman. Il faudra attendre *Corinne*; encore sera-ce une femme qui s'attachera elle aussi à un homme d'opinions contraires aux siennes, lequel n'admettra jamais l'indépendance de cette vie d'artiste, de créateur, de penseur pour la condition féminine. Les hommes du deuxième roman sont assez semblables à ceux du premier : quelques-uns sont des hommes des Lumières en politique; encore conforment-ils leur vie personnelle et familiale au code social anglais, immuable qui dénie tout rôle public à leurs compagnes. En cela Oswald et son père ont les mêmes préjugés que Léonce, même si, politiquement, ils pensent comme Lebensei.

L'auteur est convaincu que seuls les hommes peuvent parvenir à faire évoluer la société. Elle voit que le sort des femmes est banal, triste et parfois tragique, entièrement soumis. De protecteur à tyran, il n'y a pas très loin. Seules et sans appui, les femmes du livre connaissent rarement la plénitude de l'amour et du bonheur, qui ne saurait se réaliser hors du mariage et des enfants. Mme de Lebensei, elle-même aussi heureuse qu'on peut l'être, dit, non sans mélancolie : "Les hommes ont bien peu besoin des femmes; tant d'intérêts divers animent leur vie, que ce n'est pas assez du goût le plus vif, de l'attrait le plus tendre, pour répondre de la durée d'une liaison" (2e, VII). Ainsi, le mariage qui fait toute leur vie, ne peut au mieux être qu'une part de la vie des hommes. Lebensei lui-même en fournit l'exemple. Il y a cependant un couple profondément uni, M. et Mme de Belmont. Ruinés par leur famille, ils vivent avec leurs deux enfants dans une maison de paysan et ne se quittent jamais. Si l'épouse estime que le premier bonheur d'une femme, c'est d'épouser "un homme qu'elle respecte autant qu'elle l'aime" (3e, XVIII), son mari pense qu'"il n'est de bonheur pendant la vie que dans cette union du mariage, que dans cette affection des enfants" (ibid.). Aveugle et dépendant entièrement de sa femme, il n'en assume pas moins ses responsabilités de chef de famille et se fait parfaitement respecter. Mais pour quels autres hommes, avides de mouvement d'ambition, de gloire, ce bonheur épanoui dans la solitude, à l'écart de la société, est-il possible?

M. de Belmont est aussi une intéressante figure de père, comme celui de Mme de Cerlèbe et M. d'Albémar. Ironie des choses, les deux éducateurs sont vaincus par la société: Delphine connaît les pires tourments et Mme de Cerlèbe se réalise seulement comme fille et comme mère dévouée. Il est rarement dans la destinée des femmes, axée sur le mariage, de rencontrer des hommes qui en fassent eux aussi la pierre angulaire de leur vie. Et si, chez certains, la passion l'emporte, elle tourne mal. Les obstacles l'exacerbent; mais existerait-elle sans eux? Ainsi Léonce de Mondoville et Valorbe, tous deux amoureux de Delphine : Léonce l'aime avec les raffinements intellectuels et les emportements du désir. Par sa faute, son destin sentimental ne s'est pas accompli; il n'a plus aucun but et poursuit une route douloureuse jusqu'à la mort qu'il a cherchée, faute d'unir son sort à celle qu'il aime et qu'il a perdue. Valorbe aime Delphine pour la vaincre, il l'aime ou croit l'aimer, jusqu'à sombrer dans la folie et dans la haine devant ses refus. Il est le double de Léonce et son contraire. Dépourvu de séduction et d'esprit, plus vaniteux parce qu'il n'en a pas les moyens, il se croit méconnu et devient plus misanthrope encore. Ils ont, Léonce et lui, les mêmes violences, les mêmes emportements, la même jalousie, sans avoir les mêmes qualités. Faire de Delphine sa proie, l'attirer dans un guet-apens, et périr désespéré, c'est connaître le même sort que Léonce, mourir pour rien, d'une manière dérisoire dans son inutilité même. L'homme sans qualité, l'homme de qualité, tous deux contrariés dans leur amour ou ce qu'ils prennent pour tel, connaissent des fins presque semblables. A aucun moment, la raison n'a tempéré la passion.

Il est un autre personnage, Serbellane, héros lui aussi d'une histoire d'amour triste. Il tempère assez bien son sentiment pour sa maîtresse, Thérèse d'Ervins, dont il a tué le mari en duel et qui expie sa faute dans un couvent. Le drame seul peut exalter l'amour qu'il lui porte, encore est-ce par leur culpabilité partagée et ses conséquences dramatiques. S'il propose à Thérèse de vivre avec lui, c'est plutôt par devoir. Il se sacrifierait à elle, lui consacrerait toute sa vie sans reproche dans une solitude. Du moins, ferait-il ce que Léonce ne peut pas accepter, alors même que Delphine est innocente et qu'il le sait, en se passant de l'approbation des autres, loin du tribunal maudit de l'opinion.

De manières diverses, le roman met en scène des hommes et des femmes qui acceptent ou refusent de se conformer aux règles sociales. La vraie morale est-elle faite par et pour le monde ou bien est-elle issue d'une réflexion personnelle? Dans ce cas, la société qui fabrique des règles pour se préserver, se voit dérangée dans son ordre et contrainte à défendre ses valeurs. Elle s'acharne sur les plus faibles, les femmes, et sur tous ceux qui sortent des bornes qu'elle assigne, quelques hommes incapables de la dominer.

Leur destin, dans *Delphine*, offre un caractère tout à fait différent du destin des femmes. C'est à elles que Madame de Staël s'est intéressée le plus, à elles, elle l'a dit, que le livre est consacré. Les hommes, si remarquables soient-ils, ne sont que des faire-valoir. Le bien et le mal arrivent par eux. Ils ont la toute-puissance. Leur volonté dicte la vie des femmes. Madame de Staël a compris que la faiblesse de ces dernières, comme celle des classes défavorisées, ne peut trouver son remède que dans une autre formation, qui leur donne le droit de s'affirmer, de briser les barrières de l'éducation qu'on leur donne pour qu'elles épanouissent leur vraie personnalité, pour qu'elles deviennent des femmes libres au lieu de rester des femmes-joyaux, puis des épouses et des mères aliénées.

Ainsi l'épigraphe du roman, "un homme doit savoir braver l'opinion, une femme s'y soumettre," n'est-elle que le constat d'une inadmissible victoire, celle des forts: "Sous la proscription de l'opinion, une femme s'affaiblit, un homme se relève; il semble bien qu'ayant fait les lois, les hommes sont les maîtres de les interpréter et de les braver."

Simone Balayé
Société des Etudes Staëliennes

NOTES

1. On se reportera à mon article, "Destins de femmes dans *Delphine*" (*Cahiers staëliens*, no.35, 1984). *Delphine* a été publié en édition critique (texte établi par Lucia Omacini, introduction et notes par Simone Balayé [Genève: Droz, 1987]). Pour simplifier les recherches à travers les diverses éditions, on a indiqué ici simplement la partie et la lettre. Jusqu'en 1987, il y a eu peu d'études sur ce roman dans le sens qui nous intéresse ici; on se reportera notamment à Madelyn Gutwirth, *Madame de Staël, novelist* (Urbana: University of Illinois Press, 1978). On verra aussi, outre mon livre, *Madame de Staël : Lumières et liberté* (Paris: Klincksieck, 1979), un autre de mes articles, "*Delphine*, roman des Lumières : une lecture politique" (*Le Siècle de Voltaire, hommage à René Pomeau* [Oxford: Voltaire Foundation, 1987]).

Voltaire Historian and the Royal Mistresses

As Jean Sareil has vividly demonstrated,[1] Voltaire was a master of the art of the compliment. His flattery, it is true, had little success when directed towards the monarch he would probably most have wished to captivate: Louis XV. With royal mistresses, however, he was more fortunate. Mme de Prie, mistress of the duc de Bourbon, was not, strictly speaking, a "royal" mistress, but it is tempting to include her here not only because of the power she wielded during the Duke's premiership, but also because her relations with Voltaire can be described as intimate.[2] In later years he was to enjoy the support of Mme de La Tournelle (later duchesse de Châteauroux) who tried her best to achieve his election to the Academy.[3] Towards the end of his life he was to receive greetings (and "kisses") from Mme Du Barry, to which he responded in verse.[4] Most important of all was the long relationship with Mme de Pompadour whose protection and encouragement (and sometimes displeasure) he was to enjoy over a long period of his middle life. For a full and perceptive account of this it is once again to Jean Sareil that we are indebted.[5]

It was a re-reading of this account that prompted the present article. My aim, however, is a much more limited one. It is to examine the ways in which Voltaire, in his major historical writings, treats the royal mistresses of his own and earlier epochs of French history and to see what light this treatment throws both on his conception of what is important in history and on the limitations imposed on him by the society for which he wrote.

Voltaire had many aims as a historian and at times they were far from easy to reconcile. Some were avowed: a desire to avoid chronicles of wars and diplomacy and to produce instead an "histoire de l'esprit humain" which emphasised man's achievements in the arts and sciences; a wish to treat history with the objectivity of natural science; a desire (here already contradictions begin to arise) to give to historical writing an artistic form akin to that of classical tragedy and to introduce an important element of dramatic tension.[6] Other aims were more covert, though they emerge clearly at times in Voltaire's correspondence as well as in many details of his actual narrative and the structuring of his works : a wish to "écraser l'infâme," to denounce tyranny and religious bigotry and proclaim the virtues of liberty, tolerance and humanity.[7] Lastly, there were the largely unavowed aims. Voltaire, "historiographe du Roi," sought to write history which would be agreeable to the King; which would magnify the achievement of the monarchy or at any rate discreetly ignore details which the monarch (or "les grands") would prefer to remain unmentioned. He hoped, initially, that his historical writings would bring him recognition and even glory at Court. If he had abandoned these hopes in his later years of exile, he would still have wished to see his historical works freely published in France and was prepared to make the compromises necessary to ensure this.

It is with these considerations in mind (with particular emphasis, where contemporary history is concerned, on the last one) that we must examine and evaluate what Voltaire has to say about the royal mistresses. It may seem appropriate, too, to begin with the age with which Voltaire was best acquainted— his own. This involves (leaving aside minor writings) consideration of two works: the *Précis du siècle de Louis XV* and (in its later chapters) the *Histoire du Parlement de Paris*. The former first appeared as a separate work in 1768, but much of its material had already been published as "updatings" of the *Siècle de Louis XIV* and some had formed part of the *Histoire de la guerre de 1741* which Voltaire had begun during his brief period of favour at Court after 1745. The *Histoire du Parlement* had been written more hastily and with a more polemical purpose.

The *Précis* contains the briefest possible description of Mme de Prie : "jeune femme brillante, légère, d'un esprit vif et agréable"; it mentions the salient facts relating to her role in the repudiation of the young King's Spanish marriage and the subsequent choice of the daughter of Stanislas Leczinski, whilst asserting that the man behind the decisions taken was the financier Paris-Duverney. It describes her death after the disgrace of Bourbon : "elle mourut bientôt dans les convulsions du désespoir."[8] All this gives us only marginal insight into the character of one who may have been Voltaire's lover[9] and whose role in the elevation of the future Queen of France was considerable. Still she was at least named and as she was long dead and Louis XV had disliked Bourbon anyhow, it was safe to name her. At this point, however, the curtain of silence descends. The three Mailly sisters are not named (not even Mme de Châteauroux). Nor are Mme de Pompadour and Mme du Barry, still less any of the more transient *amours* of Louis's eventful life. Discretion is clearly, in this field, Voltaire's guiding principle.

He is only marginally less discreet in the *Histoire du Parlement*. In this work, rapidly written, clandestinely published and appearing five years after Mme de Pompadour's death, Voltaire can not only name the marquise, but gives a short statement describing at least something of her role:

> Il y avait alors une femme à la Cour qu'on haïssait et qui ne méritait pas cette haine. Cette dame avait été créée marquise de Pompadour par des lettres patentes dès l'année 1745. Elle passait pour gouverner le royaume, quoiqu'il s'en fallût beaucoup qu'elle fût absolue. La famille royale ne l'aimait pas, et cette aversion augmentait la haine du public en l'autorisant. Le petit peuple lui imputait tout. Les querelles du Parlement portèrent au plus haut degré cette aversion publique.[10]

Jean Sareil quotes this passage and observes that "Voltaire s'efforce de la juger avec l'impartialité et la sérénité d'un témoin et d'un historien"(134). Perhaps, whilst agreeing with this statement as a whole, one may have a certain doubt as to the appropriateness of the word "historien." For if one expects measured judgements from a historian, one also expects that he will give us some of the evidence on which these judgements are based. This Voltaire does not do. This is his first mention of Mme de Pompadour, and "une femme à la Cour" does very little to define her status. The reasons why anyone should think that she governed France are not given, nor are those for the hostility of the royal family or the "petit peuple." Information as to the date of her elevation to the rank of *marquise* has no obvious importance. The uninformed reader — some French-speaking Micromégas newly arrived from outer space — would find this paragraph almost as uninformative as the blank pages of the book left on earth by Voltaire's own visitors from other planets. The one other direct reference in the *Histoire du Parlement*, the assertion that "la marquise de Pompadour fit renvoyer de même le garde des sceaux Machault et le comte d'Argenson," hardly does much to clarify her role, though it suggests that she was more "absolue" than had previously been indicated. One is tempted to conclude that excessive precaution has deprived of almost all value the little that Voltaire has to say about the royal mistresses of his age.

However, two considerations should lead us to avoid adopting such an extreme view. The first is the nature of the readership for which these works were intended. Neither was written for distant lands or a distant posterity. The *Histoire de Parlement* was an intervention in a current political debate and the final chapters of the *Précis* ("Des lois" and "Des progrès de l'esprit humain") show that it had, in part, similar aims. Voltaire was writing for educated contemporaries and educated contemporaries did not need to be told that Mme de Pompadour had been the King's mistress, did not need to be told why the Church and the more devout members of the royal family should have no love for her. Nor did they need any explanation for the hostility of the "petit peuple," for they were well aware that she was accused of extravagance and of being responsible for the highly unpopular Austrian alliance. Perhaps they had forgotten that Mme de Pompadour had been the first *bourgeoise* to become an official royal mistress; if so, the reference to the creation of the *marquisat* would have reminded them.

In the short paragraph on Mme de Pompadour, then, it is possible to see a whole series of what one may describe as coded messages or as trip-wires designed to set off in the mind of the reader a series of explosions of recognition. Moreover, in case the point may escape the reader, surrounding paragraphs draw attention to it. The power of Mme de Pompadour in ensuring the dismissal of Machault and d'Argenson (two ministers of whom, in general, Voltaire approved) has already been noted. But the paragraph before that on Mme de Pompadour contains a comment on the Seven Years War: "Une guerre très-mal conduite contre l'Angleterre et contre le nord de l'Allemagne, l'argent du royaume dissipé dans cette guerre avec une profusion énorme, des fautes continuelles des généraux et des ministres, affligeaient et irritaient les Français." Voltaire makes no clear connection between the three paragraphs, but the reader who knew that Mme de Pompadour had been partly to blame for the war against Prussia and was largely responsible for the appointment of the incompetent Soubise who had led the French armies to disaster, could easily make his own connections.

Even though no names are named in the *Précis*, a similar technique is to be observed there. In 1744, in Metz, Louis XV fell ill and appeared near to death. Voltaire comments that:

> Les moments de crise où il parut expirant furent ceux qu'on choisit pour l'accabler par les démarches les plus indiscrètes, qu'on disait inspirées par des motifs religieux, mais que la raison reprouvait et que l'humanité condamnait.[11]

Mme de Châteauroux is not named, but the story of how clerical pressure had forced Louis to dismiss her at the time of his "death-bed" confession was well known. Voltaire's mention of it, however oblique, would evoke in the reader reflections on the monarch-mistress relationship and condemnation of clerical intolerance.

Mme de Pompadour, though likewise unnamed, leaves two sets of traces behind her in the *Précis*. The first, a comment on the Franco-Austrian alliance which led to the Seven Years' War, notes that "l'animosité de quelques personnes" in France had been aroused by Frederick the Great's "plaisanteries" (P 1483). Mme de Pompadour had, in fact, been the principal victim. The second, relating to the conduct of the war, is more important. Voltaire remarks that "des intrigues de la Cour" had been responsible for the dismissal of d'Estrées as army commander at the very moment of his victory over Cumberland (P 1487). This passage is followed by praise of d'Estrées's generalship and, a few pages later, by a description of the defeat of his successor, Soubise, at Rosbach. Soubise's own military qualities are, one is tempted to say, damned with faint praise and, though Voltaire does not actually say so, he was known to be Mme de Pompadour's nominee (P 1488).

Lastly, Mme du Barry. In a late addition to the *Précis*, after praising the achievements of Choiseul during his period of office, Voltaire writes: "La récompense que reçut le duc de Choiseul pour tant de choses si grandes et si utiles qu'il avait faites, paraîtrait bien étrange si on ne connaissait les cours. Une femme le fit exiler ...." The woman in question was Mme du Barry, but Voltaire neither names her nor discusses her motives (P 1554).

In the light of this evidence, then, we may modify our conclusion that excessive caution has led Voltaire to impose a total black-out on information regarding the mistresses of Louis XV. He does refer to them (mainly obliquely) in order to condemn their clerical opponents or, somewhat more frequently, to point to the unfortunate results of their influence on political affairs. Yet he does so only rarely. Nowhere, moreover, does he so much as touch on their intimate relations with the King, nowhere does he comment on their appearance or character, nowhere does he offer us any of those revealing anecdotes which lend attractiveness to historians of a different stamp.[12]

Is this purely precaution? is it that Voltaire thinks such material unworthy of the serious historian? or is it simply that he is uninterested? To answer this question we must turn to an earlier age about which he could write with relative freedom from fear of censure.

Henri IV had been assassinated at the beginning of the previous century. He had become (partly with Voltaire's assistance) probably the best loved of French monarchs. There was no need to be silent about his amorous adventures, for *le vert galant* was both renowned and admired for them. In the ninth canto of his *Henriade*, Voltaire does full justice to the most celebrated of Henri's *amours* — that for Gabrielle d'Estrées — which is described with all the wealth of voluptuous terminology of which the eighteenth century was capable. Voltaire could depict "romantic" and sensual love when he chose to. Yet he chose to do so here in the context of an epic poem — one which was largely modelled on Virgil and which, in consequence, demanded the inclusion of a love-episode comparable with that of Dido and Aeneas. If we turn from the epic poet to the historian we get a very different picture. Not totally, perhaps, for after having briefly dismissed Daniel's account of Henri as pedestrian, Voltaire turns to Bayle's remark about the King: "si on l'eût fait eunuque, il eût pu effacer la gloire des Alexandre et des César." He proceeds to ridicule this, insisting that there is no opposition between military courage and sexual virility.[13] The love affairs themselves, however, are not deemed worthy of mention. Gabrielle d'Estrées is only spoken of as the recipient of a letter Henri wrote just before his conversion (538). When, some pages later, he returns to the theme, Voltaire expresses himself in the most general terms: "Ceux qui reprochent encore à Henri IV ses amours si amèrement ne font pas réflexion que toutes ses faiblesses furent celles du meilleur des hommes, et qu'aucun ne l'empêcha de bien gouverner" (548). Voltaire the historian has no interest in Henri's mistresses as such; such "moral" comments as he makes refer purely to the King himself. He is, moreover, much more interested in Henri's religious than in his sexual motivation. Even in dealing with a period where censure is unlikely and where there is ample material for a detailed portrayal of a royal "love-life," he avoids a "romantic" approach.

Voltaire called the *Siècle de Louis XIV* "l'ouvrage de toute ma vie"[14] and it is certainly the most intensively researched of all his historical works. As far as the role of royal mistresses was concerned, he could be, indeed had to be, far less reticent than in dealing with his own times. The La Vallière story, calculated to bring tears to the eyes of the sentimental, was too well-known to be ignored. Mme de Montespan might have had less appeal to the reader's emotions, but the mother of one (the duc du Maine) who might very possibly have become king of France could scarcely be omitted. Least of all could Mme de Maintenon be left out of the picture. Her personal history was a fascinating one, her political influence in the last decades of Louis's life could have been decisive. Moreover, aspects of the influence of each of these royal mistresses had been discussed by earlier historians — writers like Larrey or Limiers whom Voltaire scorned, but nevertheless often copied.[15] More and more memoirs of the period (La Fare, Dangeau, Torcy, Saint-Simon) were being published or at least becoming known. Yet this increased openness was by no means total. Louis XV cherished his ancestor's reputation and had no desire to see it placed under the scrutiny of journalists or historians.[16] His government had already taken offence at the politico-religious stance of the opening chapters of the *Siècle* published in 1739.[17] President Hénault, an old friend of Voltaire's, but one now close to the Queen, could temper his initial enthusiasm for the *Siècle* with a remark such as: "Il raconte le mariage de madame de Maintenon et en fait l'apologie, matière hardie et délicate sur laquelle il y a à réfléchir."[18] A more hostile critic, the *abbé* Guyon in his *Oracle des nouveaux philosophes* of 1759 could still take Voltaire to task for having the effrontery actually to name Louis's mistresses.[19]

In writing about the seventeenth century, then, Voltaire still faced taboos, even if they were more relaxed than those which applied to the history of his own times. This did not worry Voltaire unduly, for though he included four chapters of

"Particularités et anecdotes," he had no intention of writing a "chronique scandaleuse." The chapters range widely from descriptions of Court festivities, *via* the story of the man in the iron mask, to details of Louis's generous subvention of the arts and sciences. There is, nevertheless, a significant emphasis on the *galanterie* of the Court of the young King and on amorous liaison — not merely famous ones such as that of Lauzun and Mademoiselle, but more unlikely ones such as those of Louvois or Bossuet. Louis's own early flirtations — with Marie Mancini or Henriette d'Angleterre — receive brief mention, but his three most lasting mistresses, each in her own way, are treated more fully.

The story of Mlle de La Vallière contained everything calculated to appeal to an *âme sensible*. La Beaumelle (not the first to exploit the subject) introduces a long and imaginative account of her love for the King into his *Mémoires de Mme de Maintenon*.[20] Voltaire, seizing on one description of the royal mistress "dans un déshabille léger" dreaming of her lover, protests: "est-il permis d'ecrire ainsi l'histoire?"[21] Yet he himself introduces a greater element of *galanterie* and pathos into his comments on La Vallière than is usual for him. "Il goûta avec elle le bonheur rare d'être aimé uniquement pour lui-même"; "tous les divertissements publics que le roi donnait étaient autant d'hommages à sa maitresse"; "Le Roi, parmi tous les regards attachés sur lui, ne distinguait que ceux de Mlle de La Vallière" (P 904-06). A few pages later, Voltaire devotes a moving paragraph to a description of her withdrawal to a convent when she had lost her place in the King's affections to Mme de Montespan (P 915). We are left with an impression of *douceur, tendresse* and resignation coupled with reflexions on the vanity of power. There is enough colour and feeling in this portrait to differentiate it from that of other royal mistresses. Yet Mlle de La Vallière had little influence on political events and it perhaps for this reason that Voltaire turns quickly to Mme de

Montespan. Her portrait, however, is scarcely more detailed and the reasons for her success only barely explained. We learn that she and her sisters were "les plus belles femmes de leurs temps, et toutes trois joignaient à cet avantage des agréments singuliers dans l'esprit" (P 919). A brief description of the flamboyant progress in the King's campaign in Flanders in 1670 and a suggestion that she may have tried to interfere in the Lauzun affair prepare the way for a reference to her "emportements altiers" when she was losing Louis's favour (P 929). Though these are the only overtly uncomplimentary words Voltaire uses, his narrative more than once implies criticism of her excessive ostentation. As to her power, he is more undecided. Initially she is described as "toute-puissante," but it is later emphasised that she did not share in "le secret du roi" (P 918, 920).

Mme de Maintenon had played a role in the life of the King and of the nation far greater than that of her predecessors. Though, as we have seen, her story was "modern" enough to require to be treated with caution, it could be told without the restrictions that applied in Mme de Pompadour's case. In the *Siècle*, Voltaire devotes considerable space to her.

Here he was faced with two problems which had not presented themselves in the other cases we have considered. The first concerned the authenticity of his sources. The most important of these were Mme de Maintenon's own letters. Some of them had been published and Voltaire used them. The majority, however, were in the hands of La Beaumelle, who did not publish them until after the first appearance of the *Siècle*. Voltaire had tried in vain to consult them and had expressed his fears lest they should contradict his own work. When they did appear, he borrowed from them in later editions and, whilst expressing his doubts about the dating of some of them, accepted their overall authenticity, asserting the they had "un caractère de naturel et de vérité qu'il est presqu'impossible de contrefaire." Many contemporaries were unconvinced and subsequent editors have discovered many inaccuracies and probable forgeries.[22] Voltaire's judgement shows both naivety and lack of critical precision — qualities more fully exempli-fied in his attacks on Richelieu's *Testament politique*.[23] To naivety was soon to be added bitter prejudice. La Beaumelle's *Lettres* were followed by his biography of Mme de Maintenon and by this time the two men had become mortal enemies. The historian who had accepted the *Lettres* could scarcely find a word of truth in the *Mémoires de Mme de Maintenon* and the *Siècle* was augmented (one is tempted to say disfigured) by many angry footnotes abusing La Beaumelle. To naivety and prejudice one can add at least one case of clear dishonesty.[24] Voltaire's discussion of Mme de Maintenon reveals one of the less attractive features of his historical writing.

The other (less serious) problem arises from the way he presents his material in the *Siècle*. Mme de Maintenon first appears in the chapters dealing with military and political affairs. Only later, among the "Particularités et anecdotes" is her life-story recounted. Finally, her role in religious affairs finds its place in the closing chapters. The three facets of her activity and personality are thus never united.

Nevertheless, Voltaire's overall presentation, though discreet, is both thorough and balanced. Her early years are briefly described (though Voltaire avoids explaining the religious and political conflicts behind them). Her marriage to Scarron, her role as governess to the duc du Maine are more fully related. Her *douceur, esprit* and conversational ability, rather than her beauty account for her displacement of Mme de Montespan. Voltaire presents her as modest in her demands for her family and in her submission to the royal will, whilst not hiding her ambition.[25]

One could add further details from the chapters on "Particularités et anecdotes."

It is perhaps more interesting to note a certain contrast between Voltaire's benign attitude here and that which he has earlier adopted when dealing with political events of the later years of Louis's reign. A footnote on Catinat (whose generalship Voltaire praises) blames his failure at Court on the hostility of Mme de Maintenon: "Il paraît que le peu de connaissance qu'avait cette dame des affaires et des hommes, et les mauvais choix qu'elle fit, contribuèrent depuis aux malheurs de la France" (P 775). Voltaire is equally scathing on her choice of Chamillart as minister: "Mme de Maintenon, avec toutes les qualités estimables qu'elle possédait, n'avait ni la force, ni le courage, ni la grandeur d'esprit nécessaire pour soutenir la gloire d'un Etat" (P 811). Her political role, then, is seen as disastrous. If one turns to the chapters on religious affairs, the tone is far less scathing, but the emphasis is on Mme de Maintenon's weakness: "Ces reliques qu'il (Louis) avait la faiblesse de porter, lui avaient été données par Mme de Maintenon" (P 949). Again, speaking of Noailles and the Jansenist dispute, Voltaire remarks, *à propos* of Mme de Maintenon: "Cette seule affaire pourrait faire connaître le caractère de cette dame, qui n'avait guère de sentiments à elle et qui n'était occupée que de se conformer à ceux du roi" (P 1079).

If we turn to the chapter on Calvinism and to the Repeal of the Edict of Nantes for a final judgement based on an issue close to Voltaire's heart, we shall be disappointed. Mme de Maintenon is not even mentioned. Perhaps his most measured judgment in the *Siècle* (though it was later to be modified)[26] is that to be found in the *Catalogue des écrivains*:

> On voit par [les lettres] de Mme de Maintenon qu'elle avait épousé Louis XIV; qu'elle influait sur les affaires d'Etat, mais qu'elle ne les gouvernait pas; qu'elle ne pressa point la révocation de l'Edit de Nantes et ses suites, mais qu'elle ne s'y opposa point; qu'elle prit le parti des molinistes parce que Louis XIV l'avait pris.... (P 1183)

One may conclude that here, as in the case of Mme de Pompadour, Voltaire is exhibiting impartiality and serenity. Yet given the different sorts of evidence he presents us with, one may also feel that he is sitting on the fence.

What conclusions can we draw about the historian's treatment of royal mistresses? Most of them tend to be negative. Though he has more to say about those of his own times than is immediately apparent, a cautious silence dominates. Silence on certain topics remains characteristic of his treatment of those of the previous century. The author of *La Pucelle* or *Candide* was no prude, but the historian thought that the secrets of the bed-chamber should remain secret and only rarely does he introduce a hint of "romantic" love. He has nothing to say, either, apart from one quotation from Mlle de La Vallière[27] on the moral position of the royal mistress. In so far as he reflects on the desirability or otherwise of royal extra-marital relationships,[28] he does so from the point of view of the King. Only in one or two brief and indirect references does he touch on the Church's opposition to adultery in relation to the royal mistresses, though this is an issue on which one might well have expected him to take some sort of stand.

If more positive conclusions can be drawn, they relate to the political rather than the personal role of the royal mistresses. Mme de Maintenon, Mme de Pompadour, Mme du Barry and (to lesser extent) Mme de Châteauroux have all exercised a degree of political power and in most cases they have abused it, or at least proved incapable of using it wisely. It would perhaps be rash to try to extrapolate from these examples any general anti-feminist conclusion; Voltaire's admiration for Catherine the Great would seem to dispel such a suspicion. Yet Voltaire is coming near to saying that the woman who possesses the qualities of an ideal royal companion is unlikely to possess those of an ideal prime minister. Such may be the only positive sociological conclusion we can draw from this study.

If so, we may take some comfort from Voltaire's own well-known suspicion of Montesquieu-like generalisation. If no general thesis can be extracted from his treatment of the royal mistresses, this is perhaps precisely what he himself would have wished.

J.H. Brumfitt
University of St. Andrews

NOTES

1. J. Sareil, *Voltaire et les grands* (Geneva-Paris, 1978), pp. 135-45.

2. See R. Pomeau, *D'Arouet à Voltaire* (Oxford, 1985), pp. 184ff.

3. See A. de Broglie, *Frédéric II et Louis XV* (Paris, 1885) II 31ff and Sareil, p. 58.

4. See Th. Besterman, *Voltaire* (Oxford, 1976), p. 554.

5. Besterman, pp. 103-34.

6. See, *inter alia*, the Introduction to E. Bourgeois's edition of the *Siècle de Louis XIV* (Paris, 1914); that to R. Pomeau's edition of Voltaire's *Œuvres historiques* (Paris, 1957); H.T.Mason, *Voltaire* (London, 1975), pp. 32ff; or J.H. Brumfitt, *Voltaire Historian* (Oxford, 1956), pp. 46ff. and 160ff.

7. J.H. Brumfitt, "History and Propaganda in Voltaire," *Studies on Voltaire and the Eighteenth Century* (hereafter *SVEC*), XXIV (Geneva, 1963), pp. 271ff.

8. *Œuvres historiques*, éd. Pomeau, pp. 1315-19. Subsequent references to this edition will be designated by 'P' and page number(s) both in the footnotes and in the text.

9. This is affirmed categorically by Besterman, p. 113.

10. *Œuvres complètes*, éd. L. Moland (Paris 1877-85), XVI 92.

11. P 1365. Broglie, II 334ff., gives a full account.

12. Among these one may single out the highly readable biography of Mme de Pompadour by Nancy Mitford (1954).

13. *Essai sur les mœurs*, éd. Pomeau (Paris, 1963), II 529. Subsequent page references to this edition will appear in the text.

14. Letter to Cideville, 26 June 1735. In Besterman's definitive edition of Voltaire's correspondence which forms part of the *Complete Works* now in progress (Oxford 1958-) the letter is numbered D885. Subsequent references to the correspondence will take this form.

15. See P 7 and P 606. A forthcoming article by M.S. Rivière, "Voltaire's use of Larrey and Limiers in *Le Siècle de Louis XIV*" (*Forum for Modern Language Studies*) examines the subject fully.

16. See N.R. Johnson, *Louis XIV and the Age of the Enlightenment*, *SVEC*, CLXXII (Oxford, 1978).

17. P 27. For further details see Bourgeois, pp. xiv-xv.

18. See Hénault's letter to d'Argenson, 31 Dec 1751 (Best. D4641).

19. (Berne, 1759) p. 318.

20. (Geneva, 1757) I 243ff.

21. *Lettre à l'auteur des honnêtetés littéraires, Œuvres*, éd. Moland, XXVI 162.

22. The latest and best-informed study of La Beaumelle's work on Mme de Maintenon and of his quarrel with Voltaire is Claude Lauriol's *La Beaumelle* (Geneva-Paris, 1976) especially pp. 259-403.

23. See Brumfitt, *Voltaire Historian*, pp. 147-60.

24. P 1080 and see Pomeau's note. Voltaire cites his earlier knowledge of one previously published letter in a manner calculated to imply that he knew them all.

25. P 933ff. It is noteworthy that La Beaumelle in his *Mémoires pour servir à l'histoire de Mme de Maintenon* (Geneva, 1757) lays far greater stress on Mme de Maintenon's love of *gloire* and on her pride (I 164, 165 and 175).

26. On his later hesitations, particularly on Mme de Maintenon's role before and after the Repeal of the Edict of Nantes, see G. Gargett, *Voltaire and Protestantism SVEC*, 188 (Oxford, 1980), pp. 245-46.

27. "Je dois pleurer sa naissance encore plus que sa mort," she said in her convent, hearing of her son's death (P 915). However, there is no indication that Voltaire agreed with her sentiments.

28. Voltaire is careful not to suggest that there was a sexual relationship between the King and Mme de Maintenon before their secret marriage.

"L'Esprit des Guermantes": Is It Witty?

> Ce qu'on appelle esprit est tantôt une comparaison nouvelle, tantôt une allusion fine; ici, l'*abus* d'un mot qu'on présente dans un sens, et qu'on laisse entendre dans un autre; là un rapport délicat entre deux idées peu communes; c'est une métaphore singulière, c'est une recherche de ce qu'un objet ne présente pas d'abord, mais de ce qui est en effet dans lui; c'est l'art de réunir deux choses éloignées, ou de diviser deux choses qui paraissent se joindre, ou de les opposer l'une à l'autre; c'est celui de ne dire qu'à moitié sa pensée pour la laisser deviner ....
>
> Voltaire, *Dictionnaire philosophique*

In *A la Recherche du Temps perdu*[1] wit is not just the semi-royal prerogative of the Guermantes family who represent the paradigm of social graces in the novel. Although the Guermantes brand of wit is distinguished, Proust tells us, by its "esprit alerte, dépouillé de lieux communs et de sentiments convenus qui descend de Mérimée" (I 334), most of the characters in the novel, from the lowly liftboy at Balbec to the pretentious academician Brichot, attempt to shine socially through feeble or heavy-handed witticisms which display neither brilliance nor originality but only the desire for social recognition. Wit looms as an essential ingredient of social life in fiction as in history where the art of pleasing through clever conversation in elegant salons was cultivated by hostesses as diverse as Mme de

Rambouillet in the seventeenth century, Mmes de Lambert, de Tencin and Geoffrin in the eighteenth century, Mmes Récamier and de Boigne in the nineteenth century and Proust's fictional Duchesse de Guermantes and Mme Verdurin in the *fin de siècle*. As arbiters of tone and taste, the historical *maîtresses de maison* brought together writers, scholars, artists and philosophers with socially important men and women and provided the ambience in which conversational techniques were honed and perfected to the delight of all.[2]

In the various but structurally similar social microcosms of *La Recherche* it is evident that the original function of the salon as a civilizing, intellectual center has been lost to the worldly and frivolous concerns of a decadent society. Serious conversations have been replaced by gossip and trivia, to the hero's (Marcel's) disappointment. Wit functions now as an antidote to boredom. It is an overworked source of verbal pleasure for the hedonistic world that Proust portrays in its pursuit of pleasure in all its forms. Through sophisticated play with language and thought, the *salonnard*[3] can at one and the same time produce amusement for the salon and admiration for himself and his intellectual superiority, since wit has always been associated with the admirable mental faculties of understanding, judgment and imagination. Wit-work, Freud points out,[4] is an eminently social process, requiring communication between the producer and perceiver of wit, drawing them into a collaborative relationship, each dependent upon the other for obtaining and discharging pleasure. In Proust's novel, this relationship is multiplied to include, in addition to the relationship between the speaker and his audience, relationships between the speaker and reader and between the author and speaker and the author and reader. All perceptions of the speaker's wit are important in determining its effectiveness, although for the reader, it will be his own subjective reaction that will be the best gauge and the most difficult to evaluate. The reader's laughter *at* a character is very different from laughing *with* him and laughing often in spite of Proust's effort to undermine his character's witticism.

Puns are the most pervasive form of wit in the novel. As a play on words, a pun uses a word in such a way as to suggest two or more meanings or different associations, or uses two or more words of the same or nearly the same sound with different meanings to produce a humorous effect.[5] Because of their ambiguity, puns are yet another expression of indirect language which characterizes salon rhetoric. As part of the discourse of lies that Gérard Genette describes at the linguistic center of Proustian society, "la rhétorique mondaine"[6] says what it does not mean and means what it does not say. The signifier negates the signified, and vice versa. Puns, on the other hand, mean more than one signified: they double the semantic content and proffer double meanings to the listener/reader who must decode them and derive pleasure from the clever condensation of two semantic fields into one word. Wit-work sanctions a duplicity of speech for its own sake but punning is not without risk. Pleasure does not always follow since puns have long suffered disrepute as the lowest form of humor. While Freud tries to distinguish inferior wordplay based purely on similarities of sound from superior play upon the word proper, the distinction remains confusing and even Freud admits that judgments of value are based on other than the techniques employed (45-47).[7] Voltaire does not hesitate to condemn "l'*abus* d'un mot qu'on présente dans un sens et qu'on laisse entendre dans un autre." Indeed, the plethora of awkward puns in *La Recherche* seems to confirm Proust's own statement: "Je n'ai pas l'art du calembour"[8] as well as his intention to portray a futile and foolish society through their own belabored witticisms, i.e., in their own silly words.

Many characters in *La Recherche* indulge in wordplay but none as obtrusively and unsuccessfully as Doctor Cottard, a faithful of the Verdurin clan whose members, individually and as a group, epitomize bourgeois vulgarity. Proust's ridicule of the doctor's specialized medical intelligence, which excels in understanding physical facts but is paralyzed in social situations, contributes to a larger satire of the medical profession that is developed in connection with the grandmother's illness at the end of *Le Côté de Guermantes* I. Cottard's social sin is his literal-mindedness, i.e., an allegiance to concrete language and an inability to comprehend figures of speech which bring him to a linguistic impasse: he fails to see double levels of meaning where they exist and finds them where they do not.[9] Baffled by the metaphoric use of language in well-worn locutions as

> la beauté du diable, du sang bleu, une vie de bâton de chaise, le quart d'heure de Rabelais, être le prince des élégances, donner carte blanche, être réduit à quia, etc. (I 200)

he tries to hide his linguistic incompetence by forcing double meanings upon words used literally in conversation and placing them in stock phrases that he has memorized for the appropriate social occasion:

> — Ah! alors, dit M. de Cambremer en s'inclinant, du moment que c'est votre avis ... — Avis au lecteur! dit le docteur (II 976)

> — Voilà une belle victoire, docteur, dit le marquis. — Une victoire à la Pyrrhus, dit Cottard (II 975)

> comme M. de Forcheville, placé à la droite de Mme Verdurin ... lui disait: "C'est original, cette robe blanche," le docteur ... dit: "blanche? Blanche de Castille?" (I 251)

Cottard's naïve attempt to infer idiomatic from lexical meanings violates as well a basic Proustian belief in the essentiality of proper names — in names as reflections of essence — which the novel develops in "Noms de Pays" and destroys as part of the hero's initiation into the world of signs.[10] Roland Barthes has emphasized in "Proust et les noms" that proper names also are signs which must be decoded. And contrary to current linguistic theory, Proust's names are *motivated* signs displaying a natural affinity between signifier and signified. The phonetic material doubles meaning through sound symbolism with each component of the sign reinforcing its "hypersémanticité." Barthes explains:

> Autrement dit, si le Nom ... est un signe, c'est un signe volumineux, un signe toujours gros d'une épaisseur touffue de sens, qu'aucun usage ne vient réduire, aplatir, contrairement au nom commun, qui ne livre jamais qu'un de ses sens par syntagme.[11]

Cottard's punning on names humorously undermines Proust's onomastic theory by confusing common words with proper nouns and investing them with meanings they do not have. But here we are speaking of Proust's wit in mocking his own theory and not Cottard's which the reader, like Swann, finds stupid (I 252-53).

In reverse fashion, and just as gratuitously, the doctor undoes the prestige of names by repeating them as components of clichés in which they have already lost their significance as proper names:

> — J'entends bien, répondit Brichot, que, pour parler comme Maître François Rabelais ... — Le quart d'heure de Rabelais, interrompit le docteur Cottard. (II 1051)

> [Brichot] M. le vicomte de Chateaubriand ... — Chateaubriant aux pommes? interrompit le docteur Cottard. (Ibid.)

Cottard's assault upon the linguistic sign is not limited to the signified. In equally outrageous distortions he plays with the signifier to form homophones which are invariably inappropriate and inane:

> "je veux bien que vous preniez quelques potages, puis des purées, mais toujours au lait, au lait ... ollé, ollé!" (Ses élèves connaissaient bien ce calembour qu'il faisait à l'hôpital chaque fois qu'il mettait un cardiaque ou un hépatique au régime lacté.) (I 498)

> "Savez-vous quel est le comble de la distraction? c'est de prendre l'édit de Nantes pour une Anglaise."[12] (II 937)

Although no character in the novel can match the doctor for his unmotivated and sometimes incomprehensible puns, others offer variations on Cottard's verbal techniques for the same purpose: to attract the attention and admiration of their peers. Mme Cottard, like her husband, forces a double meaning from *salade* used literally, by repeating it in a popular boulevard locution, *salade japonaise*, which is an allusion to Dumas' play *Francillon* and thus a sign of her sophistication (I 255). Others play unabashedly with sound similarities "pour faire de l'effet" (I 263). Substituting one sound for another, Forcheville, a newcomer to the Verdurin salon, seizes upon the pianist's reference to "la Sonate" in order to respond: "'ce n'est pas au moins le Serpent à Sonates?'" a transformation of *serpent à sonnettes* which Cottard questions uncomprehendingly (I 263-64). Even Saniette, the pathetic archivist of the clan, ever anxious to find favor among his patrons who are also his persecutors, essays a pun which is hackneyed:

> M. Verdurin, furieux, marcha d'un air terrible sur Saniette: "Vous ne savez donc jouer à rien!" cria-t-il ... Celui-ci, terrorisé, prit un air spirituel: "Si, je sais jouer du piano," dit-il. (II 957-58)

and also an original pun to describe Elstir's art:

> "c'est du XVIIIe siècle fébrile. C'est un Watteau à vapeur." (II 939)

But originality is no factor in provoking laughter when novelty is lacking.

> "Oh connu, archiconnu, il y a des années qu'on me le ressert," dit M. Verdurin, à qui, en effet, Ski l'avait raconté autrefois, mais comme fait par lui-même. (Ibid.)

In society it seems inevitable that Saniette, so superior to the others in intelligence and character, must suffer their scorn while Cottard is admired for his subtlety and shafts of wit.

Puns know no social barriers and the lower classes in the novel reveal the same desire to show off through verbal gymnastics. The liftboy at Balbec insists on speaking metaphorically:

> ce qui leur [à ses mots] donnait une intention spirituelle assez bébête, par exemple le verbe pédaler. Jamais il n'en usait quand il avait fait une course à bicyclette. Mais si, à pied, il s'était dépêché pour être à l'heure, pour signifier qu'il avait marché vite il disait: "vous pensez si on a pédalé!" (II 792)

Françoise's daughter, a modern young woman addicted to the latest Parisian slang, distorts both sound and sense in a contrived pun:

> Voyant que j'attendais une visite, elle fit semblant de croire que je m'appelais Charles. Je lui repondis naïvement que non, ce qui lui permit de placer: "Ah! je croyais! Et je me disais Charles attend (charlatan)." (II 728)

The narrator comments in an understatement: "ce n'était pas de très bon goût." Morphological transformations make possible a range of wordplays from the neologism of Françoise's daughter, *gigolettes* (II 728), to Albertine's correction of Françoise's ungrammatical "'Faut-il que j'éteinde?'" to "'Teigne'" (II 360), which has double meaning as both the final syllable of the subjunctive form *éteigne* and a slang expression signifying "old hag." Albertine's pun contains a veiled insult to Françoise and is therefore no longer the innocent verbal play of the preceding examples. Her burgeoning wit is another verbal sign, along with new items in her vocabulary, connoting Albertine's transformation from the asocial tomboy of Balbec to the young lady who will become Marcel's mistress and whose interests will change to "chevaux, voitures, tableaux" (III 17), the snobbish interests of society.

With such prominence given to puns in the novel, Proust builds his indictment of social discourse. Foolish figures become even more ridiculous through their persistent but unamusing wordplays, laying bare their stupidity, snobbism and vanity. Wit is ridiculed as a pitifully inept mental faculty and is contrasted with real intelligence which has no place in the fashionable salon. Intellectuals like Cottard,

Bergotte the writer, Brichot the academician, Swann the art connoisseur are welcomed there but not for their knowledge, the display of which would violate the social rules.

Only in the Verdurin salon are intelligence and wit conjoined, the *patronne* boasts (II 972) and we have already noted there Cottard's conspicuous lack of both. Brichot fares no better in his endless monologues on history and etymology that he attempts to enliven for social consumption by juxtaposing widely disparate subjects and lofty and low diction. His embroideries on a topic, whether the oft-quoted passage on Blanche de Castille (triggered by the doctor's pun) whom Brichot irreverently describes as a "vieille chipie" (I 252) or the following periphrasis on Maecenas, exhibit the same leaden effort to make unexpected and apt associations of words and ideas that are the hallmark of wit:

> —*Maecenas atavis edite regibus*! dit Brichot... —Qu'est-ce que vous dites? demanda Mme Verdurin à Brichot ... — Je parlais, Dieu m'en pardonne, d'un dandy qui était la fleur du gratin .... d'un ami de Virgile et d'Horace qui poussaient la flagornerie jusqu'à lui envoyer en pleine figure ses ascendances plus qu'aristocratiques, royales, en un mot je parlais de Mécène, d'un rat de bibliothèque qui était ami d'Horace, de Virgile, d'Auguste." (II 952)

Brichot's pedantic discourse, marked by a tone of vulgar impertinence, is heavy with latinism, metaphor, cliché and circumlocution which betray the "sorbonagre" (II 1051). But pedantry is frowned upon in the aristocratic Guermantes salon where "le bon ton" never permits a serious discussion, and so in time Mme Verdurin will come to change her opinion and criticize Brichot for lack of originality and good taste: "'[il] nous jette à la tête pendant le dîner des piles de dictionnaires'" (II 948). Marcel, recognizing that Brichot spoke "avec la même irritante facilité" (II 950) as before, can only wonder about the instability of social judgments.

This exposition of witless wit brings us finally to the question of whether *l'esprit des Guermantes*, to which Proust has devoted so many pages and of which he has given so many examples, is but another foolish expression of a frivolous society. There are several indications to the contrary. In the rarefied and precious setting of the Guermantes salon where the refinements of social life and conversation have reached their apogee, the Duchesse de Guermantes exemplifies a genre of wit that Proust associates with Mérimée and extends to Meilhac and Halevy (I 334, II 460). This literary tradition, "qui ... dégageait en toute chose l'élément drôle" (III 1009), is mentioned seven times in the novel, sometimes factually, sometimes ironically, and suggests a complimentary allusion to Mme Emile Straus, Ludovic Halévy's cousin whose wit was Proust's model for the witty Duchesse. Proust explains his choice in a letter to Paul Souday (november 1920):

> agacé de voir St. Simon parler toujours du langage si particulier aux Mortemart sans jamais nous dire en quoi il consi[s]tait, j'ai voulu tenir le coup et essayer de faire un "esprit de Guermantes." Or je n'ai pu trouver mon modèle que chez une femme non "née," Mme Straus, la veuve de Bizet. Non seulement les mots cités sont d'elle ... mais j'ai pastiché sa conversation.[13]

But the compliment is ambiguous because if the tradition of Mérimée *et al.* represents a return to natural, restrained expression after the sentimental verbosity of the previous generation, it also produces the shallow sharp-witted social comedies of Edmond Pailleron which the Duchesse admires and Marcel deplores (II 496).

Like the rest of her social world, the Duchesse values wit over intelligence:

> ce que la duchesse plaçait au-dessus de tout, ce n'était pas l'intelligence, c'était — forme supérieure selon elle, plus rare, plus exquise, de l'intelligence élévée jusqu'à une variété verbale de talent — l'esprit. (II 460)

Yet she draws upon her considerable education and culture to make appropriate though conventional allusions to music, art and literature, citing Victor Hugo (the early poetry, of course) and Lamartine without pedantry. However, one wonders how Oriane can quote so aptly a famous line of Musset and attribute it to Augier (!) but later recognize the error of Mme d'Arpajon's attribution of another line of Musset to Hugo (II 229, 496). We can only conclude that in spite of her intellectual and social abilities, Proust was determined to ridicule the Duchesse for her wit as well as for her mannerisms as part of his global satire of fashionable society. At the same time, recognizing Oriane's capacity for "spirituelles plaisanteries ou de fines historiettes" (II 208), Proust was equally determined to "rendre cohérent, toujours identique, *l'esprit des Guermantes*"[14] which animates the conversations of the Duchesse and her family, although Oriane discounts their claims by playing the plural possessive form against the implied singular in her coy remark: "'Mais on dit toujours l'esprit *des* Guermantes, je n'ai jamais pu comprendre pourquoi'"(I 340).

Indeed, the Duchesse is an irrepressible punster, like others in the novel, playing with form, sound and meaning for amusing effects. From her first appearance in the novel as the Princesse des Laumes at Mme de Saint-Euverte's reception in *Un Amour de Swann* until her last attendance at the matinée of the Princesse de Guermantes, she is never at a loss for repartee. But unlike most of the puns thus far, the Duchesse's wordplays do not fall into the category of innocent or benign verbal wit which Freud distinguishes from the tendentious kind, the former finding moderate pleasure in the mental processes of joking and in the recovery of childhood freedom from critical reason, the latter deriving considerably more pleasure from overcoming deeply rooted inhibitions against hostility and obscenity (100-1). Tendentious wit is the highest stage, serving the purposes of aggressiveness and sexual exposure in refined society which demands that the expression of basic instincts be filtered through the protective and socially acceptable forms of verbal wit. The presence of three people that Freud deems essential to the operation of wit — the speaker, the victim (a person or ideology) and the listener — makes of wit ultimately an act of communication and an eminently social phenomenon, perfectly suited to the salon and its respect for convention. Within the purely social limits of good taste, good breeding and good form, the Duchesse refines her insults in a sparkling display of "well-bred insolence" which conforms to Aristotle's definition of wit.[15] Her victims are chosen from among the highest ranks of society and her audience is bribed by the pleasure of wit into siding with the Duchesse and sharing her superiority over the most prestigious names of France.

No one is spared and no title is sacred before the wit of the Duchesse de Guermantes. Insult is inseparable from wordplay in her literal interpretations of figurative meanings and her subversion of proper names, which, unlike Cottard's, are always motivated by the context. When the aristocratic Mme de Gallardon dares to insult Swann, Oriane's partly Jewish friend, by asking: "'ce M. Swann c'est quelqu'un qu'on ne peut pas recevoir chez soi, est-ce vrai?'" (I 335), the then Princesse des Laumes, ever ready for the insulting rejoinder, displaces Mme de Gallardon's figurative use of *pouvoir* (to have the moral power) with its literal meaning (to have the physical power) and retorts sarcastically: "'Mais ... tu dois bien savoir que c'est vrai ... puisque tu l'as invité cinquante fois et qu'il n'est jamais venu.'" Invited by Mme d'Heudicourt to luncheon where the menu would consist of "sept petites bouchées à la reine," Oriane responds gaily with a literal interpretation of *bouchées* which restores the full lexical meaning to this component of a culinary locution: "'Alors c'est que nous serons au moins huit!'"(II 488). And, by displacing meaning from a figurative description to a literal quantity, Oriane deduces with a façade of logic that is typical of her best witticisms that there will be more "bouches" than "bouchées" for lunch, using repetition and synecdoche in wordplay which adds a further insulting allusion to her cousin's stinginess. Her comment on the General de Monserfeuil's election defeat and his wife's pregnancy joins these two discrete facts through a pun upon the figurative and literal meanings of *arrondissement*: "'c'est le seul arrondissement où le pauvre général n'a jamais échoué'"(II 512). By the use of sexual allusion the Duchesse succeeds in mocking the distinguished general as both a political and a sexual figure.

Neither Robert de Saint-Loup nor the Baron de Charlus, the Duchesse's nephew and brother-in-law, is exempt from her wordplays which invariably degrade as they amuse, or rather amuse because they degrade, in accordance with theories of the comic from Aristotle to Bergson.[16] In these instances, the pleasurable sense of superiority in the audience increases proportionately with the status of Oriane's victims who are toppled from their lofty perches. Saint-Loup enters Mme de Villeparisis' drawing room and precipitates his aunt's remark: "'quand on parle du Saint-Loup'"(II 254), which slightly modifies the proverb without changing its negative connotation. Her quip has deprived the dashing young aristocrat of the prestige of his name as well as the integrity of his character.

Even the haughty Baron is undercut by "le dernier mot d'Oriane": "Taquin le Superbe," a pun triggered by the collocation of *taquiner, taquin, taquineries* in the preceding context (II 465). The Duchesse's slight modification of Tarquin to Taquin creates an unexpected relationship of sound and sense between the new signifier and the classical cliché which now stands as a playful judgment, and a tendentious one, on the Baron's inordinate pride.

Oriane's literalism dissociates denotation from connotation when she refuses to acknowledge the Iénas, descendants of Napoleon's victorious general at the battle of Iéna, and nobility of the Empire. By referring to the family "'qui a un nom de pont'"(I 338), she implies with aristocratic disdain that a name must denote both a person and a place but the place-name she prefers to recognize, for obvious reasons, is that of the bridge and not of the city and the victory won there, which is commemorated by both the title of the family and the name of the bridge. Her quip affirms aristocratic tradition as well as royal prejudice against the newcomers to French society. Feigning the same ignorance of connotation much later in the novel, the Baron de Charlus, a formidable connoisseur of pedigree and genealogy, improves on Oriane's insult by adding ironic comparisons:

> "j'ai supposé qu'il s'agissait d'une pauvresse couchant sous le pont d'Iéna et qui avait pris pittoresquement le titre de princesse d'Iéna, comme on dit la Panthère des Batignolles ou le Roi de l'Acier." (II 564)

This and other verbal coincidences are not remarkable since the Baron and the Duchesse are both Guermantes and participate in the indefatigable and irreverent *esprit des Guermantes* but their modes of expression and psychological motivations create differences of substance and form.

The Duchesse's punning on proper names is more than a play with sound and sense and a calculated separation of denotation and connotation. At Mme de Saint-Euverte's reception when the Princesse des Laumes and Swann engage in their verbal game (that no one else understands) with the name Mme de Cambremer, they deconstruct the pseudo-etymology on which Proust has constructed an onamastics of motivated signs:[17]

> — ... ces Cambremer ont un nom bien étonnant. Il finit juste à temps, mais il finit mal! dit-elle en riant.
> — Il ne commence pas mieux, répondit Swann.
> — En effet cette double abréviation! ... (I 341)

Condensation of two abbreviated synonyms into a portmanteau word hyperbolizes the scatological meaning of each component and permits the Princesse and Swann to savor the forbidden word through allusion. "'[N]ous sommes en train de faire des plaisanteries d'un goût charmant,'" comments the Princesse, thoroughly pleased with the game that she can play with intimates like Swann who, without being a Guermantes, has been able to assimilate its forms through intimate association and imitation. Their wordplay is even more pleasurable because it contains a masked verbal attack against the young and attractive Mme de Cambremer who will be a frequent butt of Oriane's (and Proust's) satire.[18] By avoiding the literal word through scatological allusion, the Princesse and Swann avoid the vulgarity of Biche (Elstir) describing a modern painting to the Verdurin salon in terms that range from unexpected to inappropriate:

> — Je me suis approché, dit-il, pour voir comment c'était fait, j'ai mis le nez dessus … on ne pourrait pas dire si c'est fait avec de la colle, avec du rubis, avec du savon, avec du bronze, avec du soleil, avec du caca! (I 254)

Biche's realistic language, though blunted by the use of a childish form, dares to speak the socially unspeakable, whereas in the more refined (and therefore more repressed) society of the Faubourg Saint-Germain, the *mot de Cambronne* as both a euphemism and an abbreviation provides a seemingly inexhaustible source of amusement.

Only the Baron, the most exalted member of the Faubourg and its self-appointed arbiter of good taste, dares to violate the code with impunity. Scatological words abound in his histrionic tirades which ironically dictate standards of propriety in crudely improper language. Enraged by the noble pretensions of the provincial nobility, the Baron fulminates against the Cambremers, using obscenity, personification and chiasmus for comic effect:

> "Quant à tous les petits messieurs qui s'appellent marquis de Cambremerde ou de

> Vatefairefiche, il n'y a aucune différence entre eux et le dernier pioupiou de votre régiment. Que vous alliez faire pipi chez la comtesse Caca, ou caca chez la baronne Pipi, c'est la même chose..." (II 1090)

His hybrid monologues fuse extremes of aesthetic and vulgar discourse:

> "vous offrez à votre derrière une chauffeuse Directoire pour une bergère Louis XIV. Un de ces jours vous prendrez les genoux de Mme de Villeparisis pour le lavabo, et on ne sait pas ce que vous y ferez." (II 555)

His use of comparison and metaphor point to a remarkable intelligence, eloquence and ingenuity of thought which verge on preciousness:

> "il y a une eugénique sociale comme il y en a une physiologique, et j'en suis peut-être le seul docteur. Le cas de Saintine ne soulevait aucune discussion, il était clair qu'en faisant le mariage qu'il a fait, il s'attachait un poids mort, et mettait sa flamme sous le boisseau. Sa vie sociale était finie." (III 231)

The baron's complicated associations of thought and language resemble written more than oral speech[19] and occasionally prevent immediate intelligibility which is a requisite for wit. When he embeds one locution into another, the reader has the privilege of rereading a witticism that may be too complex for the listener to recognize:

> "je serais vraiment très content que Charlie ajoute à son violon ce petit brin de plume d'Ingres." (III 221)

The Baron de Charlus' hyperbolic impertinences are altogether consistent with his exaggerated, larger-than-life character which borders on caricature — and perhaps madness. In the Baron uncontrollable passion replaces reason and strips the mask of civility from wit. Pouring invective upon insult, he transforms *l'esprit des Guermantes* from its purely social function in the salon of the Duchesse into a scathing instrument to annihilate his victims and serve his passions of self-infatuation and homosexuality.

Allusion of all kinds — sexual, scatological, cultural — introduces complex associations into wit-work which transcend Freud's definition of verbal wit or merely playing with words. The Duchesse's mental agility in perceiving incongruity and discovering novel and unexpected relations between disparate things crosses over into conceptual wit, or playing with thoughts. Both conceptual and verbal wit are, of course, verbal phenomena dependent on words for expression and both show the same primacy of form. But in addition, Freud recognizes a higher degree of pleasure in conceptual wit, which derives from its substance of thought *and* from its joking evelope. Both form and content combine in conceptual wit to produce a greater effect and greater enjoyment in the listener/reader (92).

Oriane is as attentive to the form of her wit as to her clever and arbitrary association of ideas. In her cultivation of tropes and rhetorical figures which focus attention upon her witticism, she displays her passion for phrasing, "sa manière de s'exprimer, de juger, ce que Swann eût appelé comme la duchesse elle-même, sa manière de 'rédiger'" (II 462). Using allusion, analogy, metaphor, irony and paradox, she plunders the vast arsenal of ancient and modern culture to confound and astound her audience. Unlike M. de Cambremer who innocently alludes *en passant* to one of two fables of La Fontaine that he knows (II 916), the Duchesse sharpens her barb against the illustrious Queen of Sweden by first comparing her to a frog, then to the frog of La Fontaine's fable: "'c'est la grenouille qui a réussi à devenir aussi grosse que le bœuf'" and finally: "'parce que toute sa grosseur s'est ammoncelé sur le ventre c'est plutôt une grenouille dans une position intéressante'" (II 210). Oriane's perverse need to slander with originality cannot be satisfied with mere comparison and allusion; it requires a further refinement of metaphor containing a sexual innuendo as well to complete her ridicule.

Quotations of poetry and plays, both classical and current, provide Oriane with an inexhaustible source of ironic commentary. Playing a quoted text against the context, the Duchesse, like Proust throughout his novel, exploits the aptness or incongruity of the juxtaposition. In quoting a passionate line from Musset's dramatic poem, *La Coupe et les lèvres* (which she mistakenly attributes to Augier): "'Qu'importe le flacon pourvu qu'on ait l'ivresse'" (II 229), she makes intertextuality serve her mockery of Saint-Loup's love for Rachel. Then, glossing the line herself, she interprets Musset's metaphors literally and reduces Rachel to the unflattering concrete image of a "flacon." "Femme de tete" (III 1011), the unfeeling Duchesse is deaf to lyricism and always ready to jeer, following the same unsentimental tradition of "Mérimée [qui] se moquât de Baudelaire, Stendhal de Balzac, Paul Louis Courier de Victor Hugo, Meilhac de Mallarmé" (III 34). Proust's criticism is implicit in this reference which separates the true poets from the skeptics.

In paradox Oriane finds a perfect form to express the vagaries of her perverse judgment and her contrariness to received opinion. Stimulated by her need for contradiction, she repeatedly shocks the Princesse de Parme, who represents "la culture infiniment arriérée," by piling paradox upon paradox while proclaiming "que Flaubert, cet ennemi des bourgeois, était avant tout un bourgeois, ou qu'il y avait beaucoup de musique indienne dans Wagner" (II 469). With obvious delight she reserves her final boutade for Zola: "'Mais Zola n'est pas un réaliste, Madame! c'est un poète!'" (II 499) As Proust points out, Oriane has benefited from the most recent scholarship and is not at all original, but her judgment is new to the unenlightened Princesse. However, Oriane quickly makes a current critical commonplace quite her own when she develops the paradox cleverly through hyperbole, metaphor, wordplay, euphemism and oxymoron compounded with a mix of noble and vulgar diction and scatological allusion:

> "Que Votre Altesse remarque comme il grandit tout ce qu'il touche. Vous me direz qu'il ne touche justement qu'à ce qui … porte bonheur! Mais il en fait quelque chose d'immense; il a le fumier épique! C'est l'Homère de la vidange! Il n'a pas assez de majuscules pour écrire le mot de Cambronne." (II 499)

Nothing is more paradoxical than the Duchesse's anti-Dreyfusism, although she believes Dreyfus to be innocent (II 477). In her most frivolous manner she replaces the ethical basis for judgment of his innocence with an aesthetic criterion of form and carefully reasons to an absurd conclusion:

> "En tous cas, si ce Dreyfus est innocent, interrompit la duchesse, il ne le prouve guère. Quelles lettres idiotes, emphatiques, il écrit de son île! Je ne sais pas si M. Esterhazy vaut mieux que lui, mais il a un autre chic dans la façon de tourner les phrases, une autre couleur. Cela ne doit pas faire plaisir aux partisans de M. Dreyfus. Quel malheur pour eux qu'ils ne puissent pas changer d'innocent!" (II 239)

By displacing ethics for aesthetics, Oriane exhibits her originality and disdain for convention which characterize all aspects of her personality. Her play with thought beneath a façade of logic creates a comic effect of bewilderment followed by illumination that theorists recognize as a distinguishing mark of wit.[20] As the listener/reader reconstructs the sense in the nonsense, he recognizes Oriane's deviation from normal thinking in preferring form to substance, i.e., in preferring "phrasing" to truth. Underlying her wit is a callous indifference to human values which permits the Duchesse to jeer indiscriminately at the world.

The appearance of logic confers a semblance of sense on a nonsensical association of ideas that Oriane alone can proclaim with an air of total innocence. Her best witticisms fuse logical form with an absurd content and their incongruity is more amusing as the subject of the joke is more serious. When the Princesse de Parme notes the Baron's devotion to his wife *since* her death and remarks: "'Il est vrai qu'on fait quelquefois pour les morts des choses qu'on n'aurait pas faites pour les vivants!'" (II 507), the Duchesse agrees and responds with an apparent nonsequitur, displacing the meaning of "faire" onto a ritual for the dead and reasoning logically from that premise in two contrasting clauses: "'D'abord ... on va à leur enterrement, ce qu'on ne fait jamais pour les vivants!'" (II 507) Once again, Oriane, with her usual audacity, has violated society's taboos and made death and mourning, rarely causes for laughter, suitable subjects for her irreverent wit.

Immersed if not battered in the Duchesse's "bain d'esprit" which Proust develops wittily in an extended metaphor (II 499), her audience usually fails to understand the waves of wit passing over them. Since they lack both the intelligence and sophisticated frame of reference for interpretation, the Duc must laboriously explain Oriane's pun on "Taquin le Superbe" to an uncomprehending Princesse d'Epinay. Armed with understanding, she will then retail "le dernier mot d'Oriane" to other hostesses "et le mot se mangeait encore froid à déjeuner ... et reparaissait sous diverses sauces pendant la semaine" (II 466). The narrator's depreciatory commentary deprives Oriane's wit of spontaneity, novelty and intelligibility, all of which are essential to its perception, and in the course of the novel he does not hesitate to qualify her intelligence as "beaucoup moins avancée qu'elle ne le croyait" (II 469) to "médiocre" (III 994) at the final reception of the Princesse de Guermantes. Concomitant with belittling her mind, satirical descriptions of the Duchesse's studied facial movements, affected pronunciation, mannered gestures and feigned expressions of innocence, naïveté or modesty belie her reputation for improvisation and spontaneity. Oriane's "act" is indeed well-rehearsed and the reader must look beyond the narrator's disparagements to appreciate the Duchesse's wit as *performance*.

Originality is the key to Oriane's success in the social sphere as it is for Réjane and Jeanne Granier in the theatrical sphere (II 495). Proust's analogy underlines the theatrical aspect of fashionable life in which the salon has a privileged function of providing a stage for the social spectacle.[21] Images from the theatre (*étoiles, figurantes*) reinforce "ces représentations qui s'appellent une soirée, un raout" (II 661). The characters are on parade, posturing, posing and performing for each other but especially for their own self-image which is magnified in the reflecting light of the group. Oriane transforms her salon and others she visits into a decor for self-display, made all the more audacious by her flagrant non-conformity. Only she dares to mix aristocrats with artists and princes of the blood with princes of the Empire, producing unexpected and socially shocking combinations that will ultimately bring down her salon and reputation. But at the height of her salon, her wit was its main attraction (II 453): "sa parole pétillante sous un beau regard ... avait tenu sous son sceptre spirituel les hommes les plus éminents de Paris" (III 1005). Cued by the Duc, a bad husband but a superb "impresario" (II 465), the Duchesse tirelessly performs her *numéro* affecting appropriate gesture, tone, smile and expression for an appreciative and changing audience which ensures if not spontaneity, at least novelty for her witticisms. The Baron de Charlus' "habilités d'acteur" require even wider dissemination that Proust describes with mocking theatrical imagery:

> Quand il tenait sur quelqu'un, sur quelque chose, un couplet tout à fait réussi, il désirait le faire entendre au plus grand nombre de personnes possible, mais en excluant de la seconde fournée des invités de la première qui eussent pu constater que le morceau n'avait pas changé. Il refaisait sa salle à nouveau, justement parce qu'il ne renouvelait pas son affiche, et quand il tenait dans la conversation un succès, eût au besoin organisé des tournées et donne des représentations en province. (III 232)

As in every good theatrical production, spontaneity is no longer a criterion and is replaced by the art of performance: timing, phrasing, verbal and gestural expression. Form takes precedence over substance, for in society there is no reality beyond appearances. The elaborate evening dress of the salon, its ceremonial rituals of etiquette and social convention, its banal conversations of trivia and gossip mask the emptiness, "le néant de la vie du salon" (II 416). Upon this surface of boring, mechanical existence the Duchesse introduces novelty and originality through her words and actions. When Mme Molé dares to upstage Oriane and show *her* originality by leaving a larger visiting card than usual, Oriane outdoes her would-be rival by sending back a huge envelope converted into an enormous visiting card. Unpredictable in her actions and irreverent in her remarks, Oriane often succeeds in giving a playful form to the most caustic of her insults. Tendentious by nature and in her best jokes, she launches her attacks with psychological acuity and epigrammatic malice but frequently the joking envelope falls away, baring the undisguised insult. At these times well-bred insolence becomes outspoken rudeness and irremediable nastiness replaces wit.

While it is evident that not all of Oriane's jokes are amusing and frequently her wit descends into pure malice without the compensatory cleverness, it is clear that her scenes sparkle with verbal exuberance, inexhaustible ingenuity and her frank disregard for anything but her own self-importance. Selfish, vapid, frivolous and often nasty, the Duchesse ultimately epitomizes the vain and empty life of fashionable society that Proust condemns, but not before he has fulfilled his promise to "rendre cohérent, toujours identique, *l'esprit des Guermantes*."[22] As Princesse des Laumes and then as Duchesse de Guermantes in her own salon and in others, Oriane shows the same propensity for wit. While Swann professes to recognize no longer "dans l'esprit dur de la duchesse le 'fondu' de la princesse des Laumes" (III 1005), Proust's text does not reveal any substantive difference between the Princesse's mocking wordplay at Mme de Saint-Euverte's, limited to very few pages, and her later witticisms when Duchesse in the salons of *Le Coté de Guermantes*. Swann perhaps has idealized the young Princesse in his own nostalgic remembrance of things past. Not until the final matinée of the Princesse de Guermantes does the narrator observe that Oriane, too, is a victim of time and change which bring decay even to her sparkling wit. He comments unsympathetically:

> cette parole pétillante … scintillât encore mais pour ainsi dire à vide …
>
> Et certes c'était le même moule, la même intonation, le même sourire qui avaient ravi Bergotte … mais pour ne rien dire. (III 1005)

Proust has weighted the scale against the Duchesse who, more than any character, embodies the sins of society and social discourse. But paradoxically, in the course of his long novel, he has offered ample evidence of the cleverly caustic *esprit des Guermantes* which never fails to enliven a conversation with a sarcastic quip or an unexpected association of ideas.[23] In his effort to transcribe Mme Straus's witty remarks, Proust has given free rein to his remarkable talents of mimicry and pastiche and it is perhaps Proust's own enjoyment in recreating his model's high-spirited gaiety that carries the reader on the crest of Oriane's wit.[24] Like Célimène, another virtuoso of malicious wit, Oriane escapes the boredom of her frivolous existence through language. Laughing at the world she pretends to despise until, "rassasiée d'honneurs, et s'annihilant par moindre effort" (II 746), the Duchesse withdraws from society but not before she has shaped the tone and manner of social discourse.

Oriane's skillful and imaginative play with spoken language in the salon resembles Proust's artistic transformation of written language throughout his novel, which of course goes beyond the production of wit to the creation of a unique literary style. An artist in her own right, refined in her language, original in her expression, Oriane creates for a brief time a salon of high distinction, remarkable for her vivacious and inimitable form of *l'esprit des Guermantes*. Bringing multiple joke techniques of condensation, displacement and absurd reasoning to wit-work along with a keen sense of rhetorical usage, she has raised social conversation to an art of dazzling performance. Other wits have their moments on stage which individually may be more amusing, but only the Duchesse de Guermantes gives the sustained and polished performance that confers a modicum of meaning, "si mince cela fût-il" (II 460), — all that Proust will allow — on fashionable life.

Maxine G. Cutler
New School for Social Research

NOTES

1. Bibliothèque de la Pléiade, 3 vols. (Paris: Gallimard, 1954). Subsequent page references to the novel will appear in the text.

2. Jean Sareil describes Mme de Tencin's brilliant salon in *Les Tencin* (Geneva: Droz, 1969), pp. 215-42. *La Conversation, Œuvres de Jacques Delille*, XII (Paris: Michaud, 1824), nostalgically recalls the salons of the *ancien régime* and concludes with Delille's moving tribute to "[la] célèbre Geoffrin," pp. 351-54.

3. A term coined by Léon Daudet and quoted by Seth Wolitz, *The Proustian Community* (New York: New York U. P., 1971), p. 95. In chapter four Wolitz offers a perceptive discussion of the salon as the major social institution in the novel as well as the most important social institution of the *belle époque*.

4. Sigmund Freud, *Jokes and Their Relation to the Unconscious*, tr. James Strachey (New York: W. W. Norton, 1963), chapter v, "Jokes as a Social Process," pp. 140-58, also p. 179. Subsequent page references to this work will appear in the text.

5. *Oxford English Dictionary* (Oxford: Oxford U. P., 1933).

6. Gérard Genette, "Proust et le langage indirect," *Figures* II (Paris: Seuil, 1969), pp. 251-52: "Il va de soi que les figures de la rhétorique mondaine, comme toutes les figures, sont des formes déclaratives du mensonge, qui se donnent pour telles et attendent d'être déchiffrées selon un code reconnu par les deux parties." At the same time, Genette points out: "le 'mensonge'

n'est presque jamais chez Proust une conduite pleinement consciente et délibérée. Qui ment se ment aussi à soi-même ..." p. 292, n.1.

7. In "Recherches sur le symbolisme linguistique: le mot d'esprit et ses rapports avec le symbolique," *Poétique* 18 (1974), pp. 215-45, Tzvetan Todorov questions Freud's categories of wit which are not always based on linguistic principles, p. 229.

8. *Correspondance générale* (Paris: Plon, 1932), VI 175, lettre à Mme Straus, janvier 1917. Roland André Donzé, *Le Comique dans l'œuvre de Marcel Proust* (Neuchâtel, Paris: Victor Attinger, 1955), p. 162, n. 29, gives several examples of puns in Proust's letters which support his auto-criticism.

9. See Gérard Genette's discussion of "le complexe de Cottard" composed of naïveté and ignorance, pp. 230-32.

10. In *Proust et les signes* (Paris: PUF, 1964), Gilles Deleuze describes *La Recherche* as "un récit d'un apprentissage" during which the hero learns to decode the signs of love, society and art, p. 8.

11. *To Honour Roman Jakobson* (La Haye: Mouton, 1967), rpt. in *Le Degré zéro de l'écriture suivi de Nouveaux Essais critiques* (Paris: Seuil, 1972), p. 125.

12. Confirming the subjectivity of laughter, the editor of a new edition of *A la recherche du temps perdu*, "Bouquins" (Paris: Robert Laffont, 1987), p. 974, n. 234, explains appreciatively: "Ce calembour *de très bon goût* repose sur l'homophonie: l'édit/lady" (my italics).

13. *Corr. gén.*, III 85.

14. *Corr. gén.*, III 95, lettre à Paul Souday, juin 1921.

15. Alex Preminger, *Poetry and Poetics* (Princeton: Princeton U.P., 1965), p. 897: "In Aristotle's *Rhetoric*, wit is treated as the ability to make apt comparisons and also as 'well-bred insolence.'"

16. Preminger, p. 144, classifies theories of comedy into two categories: the theory of superiority developed by Hobbes, Bergson, Meredith and others which emphasizes our delight in seeing ourself less unfortunate than some, and the theory of contrast developed by Aristotle, Kant and Schopenhauer which emphasizes our delight in any form of incongruity.

17. Genette, p. 247, comments on "les plaisanteries douteuses ... à propos du nom de Cambremer — décidément l'un des points vulnérables de l'onomastique proustienne — calembours et parodies d'étymologie cratylienne ...."

18. Oriane may recognize in Mme de Cambremer (née Renée Legrandin) a rival for attention in the salon (she will count among her lovers possibly Général Froberville who has just admired her, Swann who has just greeted her, Saint Loup and Brichot) and also a middle-class double who displays similar intellectual and cultural pretensions as well as a malicious wit (II 978-79).

19. Donzé, p. 161, n.25: "Il y a un style Charlus: les longs monologues ont le caractère de morceaux écrits et ne se distinguent en rien de la prose de ses lettres." Agnes R. Porter describes the Baron's conversation as a masterful pastiche of Robert de Montesquiou's language," "Proust's Final Montesquiou Pastiche," *Marcel Proust: A Critical Panorama*, ed. Larkin B. Price (Urbana, Chicago, London: U. of Illinois P., 1973), pp. 124-26.

20. Freud, pp. 12-13, discusses theories of "bewilderment and illumination" in relation to the comic.

21. The theatrical aspect of social ritual in the novel and the performance of the characters have been noted by Roger Shattuck, *Marcel Proust* (New York: Viking, 1974), pp. 78-79 and Jack Murray, *The Proustian Comedy* (York, S.C.: French Literature Pub., 1980), pp. 28, 35. Rosette C. Lamont, "Le Rituel dramatique dans *A la Recherche du temps perdu*," *Marcel Proust: A Critical Panorama*, p. 230, considers "l'élément-clé" of Mme de Guermante's performance "le ton agressivement libertaire .... Ce n'est pas le dire qui prime ici, mais la faire." In this perspective, Oriane's performance is "un acte d'agression."

22. See note 14.

23. It is difficult to understand how Mme Moulines, in an otherwise perceptive article on "L'Humour et l'esprit dans l'œuvre de Marcel Proust, " *BSAMP* 15 (1965), p. 273, describes *l'esprit des Guermantes* as a playful banter: "Mélange subtil de badinage en demi-teintes à la Marivaux, de dialogue comique à la Beaumarchais, et de pointes à la Voltaire."

24. Lester Mansfield, *Le Comique de Marcel Proust* (Paris: Nizet, 1953) and Donzé have recognized Proust's gaiety manifesting itself in the text and underlying his comic inventiveness which Mansfield calls "l'humour" (79-80) and Donzé "le comique de fantaisie" (93). Shattuck observes that Proust is "obviously enjoying himself" in the verbal comedy which permeates every scene and character (72). Murray emphasizes in chapter five the exuberance of Proust's virtuoso performance and notes that "in virtually all the social scenes of the novel, the moment the author begins describing them, the tone of the writing immediately picks up, a joyous note comes in, and one suspects that Proust, however much he may officially deplore the foolishness and vanity of life in high society, is enjoying himself to the full as he writes about it" (33).

L'Emigré de Sénac de Meilhan: roman et Histoire

Les historiens modernes eux-mêmes confessent parfois leur embarras à rendre dans sa totalité complexe et contradictoire le phénomène révolutionnaire. A plus forte raison les contemporains éprouvèrent-ils cette difficulté: à la limite, la Révolution est indicible, par sa grandeur ou par son horreur, pour l'une et l'autre raison à la fois; et pourtant, quelle multiplication d'écrits! Devant la difficulté de dire, il y a deux solutions: se taire ou parler beaucoup; c'est incontestablement la deuxième qu'adoptèrent les contemporains. Mais en choisissant des formules diverses. Laissons de côté les pamphlets qui ne sont pas des récits, ou qui ne le sont qu'accidentellement. Le récit global est évidemment plus aisé à réaliser avec du recul, comme le fait Mme de Staël dans ses *Considérations*. La chronique au jour le jour sera forcément fragmentaire, puisque la Révolution est en train de se faire, et ce sont les anecdotes du *Père Duchesne* ou de Rétif de la Bretonne dans ses *Nuits*. Le roman offre des schémas de récit qui pourraient en quelque sorte faciliter les choses; mais comment intégrer la Révolution au roman?

C'est la question que se pose, entre autres, Sénac de Meilhan quand il constate que l'horreur de la Révolution est telle qu'on ne peut la raconter, mais que d'autre part, il ne cesse de souligner à quel point cette époque a abondé en situations romanesques. Alors que le roman noir est tenté par la solution de prendre la tangente du fantastique, le roman d'émigration, tel que le pratique Sénac de Meilhan, s'interroge sur le rapport qui existe entre roman et Histoire.

On cite toujours le roman de Sénac de Meilhan, *L'Emigré*, comme le chef-d'œuvre du "roman d'émigration" et en quelque sorte le texte fondateur du genre, mais finalement c'est une œuvre assez mal connue, et peu étudiée, bien rarement éditée. On sait gré à Etiemble de l'avoir choisie, dans son édition des *Romanciers du XVIIIème siècle* à la Pléiade. La lecture attentive de ce roman est pleine d'intérêt, aussi bien par les renseignements qu'il nous fournit sur la vie des émigrés, que, et peut-être davantage, pour les problèmes de technique du récit que pose la Révolution.

Le Roman d'émigration semble finalement, pour un Sénac, la solution à cette impossibilité de dire la Révolution. L'horreur des scènes dont la France a été le lieu est telle qu'on ne peut les dire, mais le pathétique de l'émigration, lui, au contraire, est très romanesque. Les personnages le soulignent à l'envi: "Les Français dispersés sur toute la terre présentent une variété infinie de scènes touchantes, trop souvent tragiques, et dont plusieurs sont romanesques."[1] Retrouver une duchesse vendeuse de fleurs, "c'est une de ces aventures de roman que produit la Révolution" (1625).

La préface de Sénac pose la question des rapports entre roman et Histoire. Il reprend un leit-motiv des textes préfaciels: les noms des personnages sont fictifs;

mais alors qu'en général, le romancier a tendance à insister, et parfois bien hypocritement, sur le caractère entièrement fictif de son récit, sur le fait que trouver une coïncidence entre le roman et des situations réelles serait de l'ordre du pur hasard, ici, au contraire, il souligne qu'il n'y a plus de véritable frontière entre roman et histoire, et la rupture de cette frontière est due à la Révolution elle-même. "S'il paraissait une description du tremblement de terre de la Calabre, par un homme qui s'en dirait le témoin oculaire, et qu'il rassemblât le tableau de toutes les circonstances de cet horrible bouleversement, et la fidèle peinture des terreurs, des angoisses, des souffrances des malheureux habitants de cette contrée, dirait-on que c'est un roman, parce que l'auteur n'en est point connu? Il en est de même de l'Emigré, tous les malheurs qu'il raconte sont arrivés"(1549). Mais Sénac sent combien la Révolution remet en cause les règles mêmes de l'esthétique classique, et en particulier la grande règle du vraisemblable. Le vieux Boileau avait déjà dit que le vrai peut n'être pas toujours vraisemblable. Malgré tout, il restait persuadé de la solidité de la notion de "vraisemblable," comme des notions sur lesquelles repose l'art du Grand siècle. Mais avec la Révolution, la réalité passe l'imagination: "les rencontres les plus extraordinaires, les plus étonnantes circonstances, les plus déplorables situations deviennent des événements communs, et surpassent ce que les auteurs de roman peuvent imaginer" (1549). C'est que, dans la violence du bouleversement, les hommes ont retrouvé une sorte d'état de nature, l'émigré, tel Robinson, a réintégré une énergie première. Mais dès lors le roman est à la fois trop facile et trop difficile à écrire. Trop facile, parce que les péripéties romanesques courent les rues, mais trop difficile parce que les formes littéraires ne sont pas vraiment adéquates à cette nouvelle réalité qu'il leur faut décrire.

Et finalement Sénac choisit la forme qui pouvait sembler la plus usée, dont on aurait pu penser, qu'après Laclos, elle avait épuisé toutes ses possibilités: le roman par lettres. On voit les avantages de ce choix. L'horreur de la Révolution n'est pas racontée directement, les personnages qui l'évoquent sont déjà hors d'elle; elle n'est plus qu'un souvenir hallucinant. Lorsque le héros sera plongé à nouveau dans la Révolution, ce sera pour y trouver la mort, et par conséquent au moment où le roman se termine. Sénac alors prendra la solution, fort habile, de faire raconter cette mort, non par la lettre d'un témoin apitoyé, mais par un article de gazette révolutionnaire qui nous sort tout à fait du roman par lettres. Pendant la durée du roman, la forme épistolaire a manifesté ces deux qualités fondamentales, d'être une forme fragmentaire et subjective. Fragmentaire: Sénac évite l'écueil du récit continu de la Révolution; il ne peut y avoir que de brefs "flash." Subjective: le romancier, tout en appartenant sans équivoque à une idéologie anti-révolutionnaire, peut ainsi laisser s'exprimer une relative polyphonie d'opinions, en ce sens que tous les émigrés ne portent pas un jugement également sévère sur la Révolution. Mais nous allons voir tout cela plus en détail.

Si Sénac renonce à cet impossible récit continu du déroulement de la Révolution, *l'Emigré* évoque de façon suggestive, un certain nombre de moments particulièrement saisissants. Ainsi les débuts de la Révolution, les hésitations du Roi, le rôle — néfaste d'après Sénac — de Necker, les intrigues qui président à l'organisation des Assemblées, la "sourde fermentation" (1585) qui règne à Paris, les journées d'octobre. L'histoire de Madame de Granville amène le héros à évoquer les massacres dans les campagnes et les incendies de châteaux. L'art de la litote permet de contourner les difficultés du récit: "J'abrège un récit affreux, qui ne pourrait exciter que l'horreur; je me bornerai à dire qu'elle fut inhumainement traînée dans un cachot, après avoir vu brûler son château; qu'elle y expira dans des convulsions affreuses excitées par la terreur" (1593).

Le sommet de l'indicible, c'est la mort du roi, et pourtant, comme c'est le souvenir qui hante les consciences de ces émigrés, il revient à plusieurs reprises. Le Président de Longueil imagine quels furent les sentiments de Louis XVI montant à l'échafaud. Il imagine la longue marche du Roi, jusqu'au supplice; mais cette représentation est purement psychologique: "Qui peut dire si son cœur n'a pas été ouvert à l'espoir, et combien il a été cruellement trompé, lorsque pendant cette longue route il n'a entendu aucune voix s'élever en sa faveur" (1624). La scène de l'exécution elle-même demeure irréprésentable et obsédante: "A tout ce qu'elle a de déchirant pour le cœur, se joint un tel étonnement pour l'esprit, que je suis quelque fois tenté de croire que cette terrible catastrophe n'est qu'un songe affreux" (ibid.). Le grand'père de Charlotte, près de mourir, s'écrie:" j'ai vu tomber le trône et l'autel, j'ai vu le meilleur des rois périr sur un échafaud, et la plus intéressante des reines subir un sort non moins affreux, avec plus d'ignominie encore. Comment pourrais-je désirer de rester dans un monde souillé de tant d'horreurs?" (1663)

Les personnages peuvent d'autant moins décrire la Terreur que, pour la plupart, ils n'y ont pas assisté. Ainsi, dans la lettre LVI, le Président de Longueil, brosse un tableau dramatique, entrecoupé de lamentations ("Quel temps, quelle ville!") mais à partir d'un récit que lui en a fait un parent du marquis de Saint-Alban. "Paris, m'a-t-il dit, présente un spectacle atroce, dégoûtant; on y voit des corps sanglants et tout auprès, des troupes de libertins et de femmes débauchées" (1685). Et finalement ne pouvant aller plus loin dans l'évocation de l'horreur, il se contente de reproduire en latin un texte de Tacite! Le culte de l'Antiquité est aussi puissant chez les ennemis de la Révolution que chez ses partisans, et la citation permet de contourner l'irreprésentable.

La réflexion générale est aussi une solution. Elle s'impose d'autant plus que ces émigrés ont à justifier leur politique, à expliquer pourquoi il était inutile à leur avis de rester à Paris pour défendre le Roi (1747). L'auteur *Des Principes et des causes de la Révolution en France*,[2] aime s'élever, par l'intermédiaire de ses personnages, à une méditation, qui certes n'est pas sans intérêt, sur les événements. Le Président de Longueil aime à raisonner.[3]

La fin de Saint-Alban sera bien plongée en pleine Terreur, puisque, fait prisonnier par les armées révolutionnaires, il est ramené à Paris et condamné. Le récit de sa mort est fait, par l'intermédiaire d'un "extrait de Gazette," mais la phraséologie révolutionnaire admirablement bien pastichée par Sénac de Meilhan, va contribuer aussi à déréaliser la scène: "le peuple au mot de roi est entré en fureur, s'est jeté sur le corps inanimé de l'Aristocrate, qu'on n'a pu l'empêcher de mettre en pièces. L'humanité se révolte de ces sanglants excès; mais dans tous les pays les racines de l'arbre de la liberté ont été arrosées de sang, et comment pouvoir contenir un peuple qui voit outrager son gouvernement et des lois qui lui sont si chères?" (1898)

La vie des émigrés apparaît comme beaucoup plus réelle, que ce cauchemar sanglant, qui, sauf pour l'épisode final, se déroule toujours ailleurs que le lieu du roman. Sénac de Meilhan évoque bien cette solidarité des aristocrates, ce que nous appellerions une conscience de classe et qui fait que l'aristocrate français se sent plus proche de l'aristocrate prussien que du paysan français. Cependant la condition des émigrés est difficile, et le tableau qu'en fait le romancier qui parle en connaissance de cause, correspond aux divers témoignages et documents que l'on possède sur leur situation. Il y a une vie mondaine qui s'est reconstituée; on essaie de continuer à vivre comme auparavant, mais la misère et le désespoir guettent les émigrés. Ce tableau que brosse le marquis de Saint-Alban ne manque pas de réalisme: "J'ai vu, couché sur un grabat, un vieillard à cheveux blancs. Près de lui, sur le bras d'un mauvais fauteuil, était un cordon rouge devenu feuille morte auquel pendait une croix cassée; une jeune fille dans le plus grand délabrement était accroupie près d'un réchaud, occupée à faire chauffer un peu de bouillon d'herbes" (1661-62). A plusieurs reprises sont évoqués des suicides d'émigrés. "Je n'oublierai jamais d'avoir vu quatre malheureux émigrés s'avancer vers la Meuse se tenant par la main, et s'y précipiter après s'être dit un déplorable adieu" (1661). Une émigrée se tue d'un coup de pistolet (1739), et la tentation du suicide visite à un moment ou à un autre tous les personnages qui parfois ne se disent retenus que par des principes religieux. Bien émouvante aussi l'histoire de ce vieux prêtre presque aveugle, et réduit à la misère (1615).

Cependant Sénac évite de tomber dans un dolorisme larmoyant. Ses émigrés font preuve de dynamisme: ceux qui sont suffisamment jeunes pour pouvoir travailler, le font avec courage. Et il y a une évocation, très juste aussi, de tous ces petits métiers qu'avaient su trouver les émigrés. "Plusieurs (...) sont réduits à vivre du métier de garçon charpentier ou menuisier; les plus heureux sont ceux qui enseignent à danser, qui montrent la géographie ou le Français" (1614). Sans faire de "détails militaires," le marquis de Saint-Alban évoque enfin le courage de ces troupes anti-révolutionnaires, puisque le héros a été nommé à la fin du roman commandant d'un bataillon (1888.) Un élan militaire soulève les émigrés et le président de Longueil imagine un vaste mouvement de contre-révolution, dont un général glorieux — Bonaparte? — pourrait être le chef.

Les émigrés ne sont donc pas représentés comme passifs. Sénac de Meilhan a fort bien su rendre la diversité de leurs attitudes et de leurs opinions. Tous ne condamnent pas de la même façon la Révolution. A ce propos, le personnage de Longueil est décidément bien intéressant; c'est lui qui raisonne le plus, et sa pensée a été nourrie de la manne des Lumières. Sa bibliothèque a été confisquée et vendue comme bien national, mais il apprend cette nouvelle avec philosophie. Il écrit au marquis de Saint-Alban, en citant d'abord le mot d'un homme de lettres: "je n'aurais guère profité de mes livres, si je ne savais pas les perdre" (1749). Le mouvement des idées a été tel depuis la Révolution que la plupart des livres sont devenus caducs. Les livres de jurisprudence et de théologie ne présentaient, pense-t-il, plus beaucoup d'intérêt. La Révolution a "hâté la marche de l'esprit" (1752). Ce qui ne justifie pas les horreurs dont elle a été l'occasion. La pluralité des voix permet donc un jugement relativement nuancé quoique globalement hostile à la Révolution; il permet aussi au roman de Sénac de Meilhan d'être davantage l'histoire *des* émigrés que d'*un* émigré, et les meilleurs moments de ce texte sont ceux où il devient le roman d'un groupe plutôt que d'un individu. Dès lors, Sénac de Meilhan a eu à résoudre des questions d'écriture romanesque dont il était plus ou moins conscient, mais que la matière traitée elle-même l'obligeait à affronter. Sénac a supposé plusieurs rédacteurs pour les lettres, d'âge, de sexe différents. La voix du peuple elle-même se fait entendre dans les dernières pages, mais sous deux formes contrastées, lettres du fidèle serviteur bouleversé par la mort de son maître; ivresse révolutionnaire retracée par la "Gazette." Cependant les échanges de correspondance n'atteignent pas la virtuosité de Laclos, et parce qu'au fond, cette virtuosité n'aurait guère eu sa place dans cet univers où les questions de subsistance et de survie sont essentielles, où l'intrigue amoureuse devient une sorte de concession au genre littéraire du roman.

L'Emigré est en effet un roman sentimental et n'évite pas les topoi habituels. La forme épistolaire a servi abondamment à ce genre. Le début, en particulier, est bien caractéristique: échange de lettres entre deux amies, la comtesse de Loewenstein et Emilie de Wergensthein, avec le récit des menus événements familiaux, les confidences, la naissance de l'amour de la comtesse pour Saint-Alban. Les épisodes les plus habituels de ce type de roman vont se retrouver: ainsi la disparition du portrait fait par Saint-Alban (1649), ou encore le bal (1744-45), enfin le projet d'un double mariage qui terminerait le roman: "Quoi! vous et le Baron, le Marquis et moi heureux le même jour, et vos parents et les miens ne formant qu'une seule famille, et s'applaudissant du bonheur de leurs enfants!" (1882)

Mais le roman sentimental est mis en échec par la Révolution. La comtesse de Longueil décommande un dîner, et pense qu'il faudra aussi renoncer à un concert, parce que "la fille de Marie Thérèse, la descendante de vingt Empereurs a succombé sous la hache des bourreaux" (1886). Et la fin heureuse est rendue impossible par l'irruption violente de la Terreur qui exécute Saint-Alban. Ainsi le cours paisible du romanesque est interrompu, perturbé profondément par l'Histoire, une Histoire éclatée, en miettes, parfois simplement en écho, mais qui finalement submerge les individus et rend définitivement caduc (tels les livres de jurisprudence et de théologie de la bibliothèque de Longueil) le roman sentimental d'Ancien Régime.

Malgré l'horreur des événements, *l'Emigré* n'est pas un roman noir. Il ne suffit pas qu'il y ait des éxécutions capitales et des atrocités, pour qu'il y ait roman noir; il y faut une certaine structure narrative, un certain style. La structure de l'intrigue, fort classique, n'intègre pas ces poursuites, ces persécutions propres à ce genre de roman. Il n'y a pas de mystère, sinon celui plus général, plus métaphysique du destin de l'humanité et de la fatalité de l'enchaînement historique. L'horreur interrompt le déroulement romanesque; elle n'est pas le sujet même de l'intrigue.

D'autre part, le style est également aux antipodes du roman noir. Nous avons essayé de montrer dans ce genre une tendance à l'expressionnisme, un retour vers le baroque. *L'Emigré*, au contraire, et c'est peut-être de la part de Sénac de Meilhan un signe de plus de son attachement à l'Ancien Régime, pratique l'art de la litote, et évite les détails macabres qui pourtant dans ce contexte de la Terreur n'étaient que trop faciles à multiplier. Par l'effet du roman par lettres, cette Terreur est racontée par des personnages qui appartiennent au beau monde, et qui ont des habitudes de langage que les bouleversements politiques et sociaux n'arrivent pas à leur faire perdre. Ils évitent donc les détails horribles, bien qu'ils parlent de l'horreur: "Un sentiment d'horreur m'empêche de vous tracer les circonstances de sa déplorable fin" (1886) se contente d'écrire la comtesse de Longueil, à propos de l'exécution de Marie-Antoinette.

Ce décalage entre la réalité qu'il veut évoquer et le style qu'il emploie et entre le roman sentimental et le roman réaliste, loin d'être l'effet d'une maladresse, est peut-être la source même de la beauté de ce texte. Car enfin il est la traduction esthétique du drame essentiel des personnages qui justement souffrent de ce décalage. L'intrigue et le style du roman correspondent tout à fait à la difficulté d'être de ces émigrés qui se rattachent désespérement au monde ancien tandis qu'un monde nouveau est en train de naître qui, bien contre leur gré, fait violemment irruption dans leurs existences. La coexistence dans ce texte de deux niveaux du romanesque qui finalement sont quasi incompatibles rend parfaitement ce sentiment de déréalisation, d'"inquiétante étrangeté" qui est le drame même des émigrés les plus conscients. "Transporté au milieu d'hommes indifférents dont on ignore jusqu'à la langue" (1623), le Président de Longueil éprouve un vertige où son identité elle-même lui échappe. Le monde semble une mascarade, "un grand bal masqué," dit le marquis, "où des princes paraissent sous des habits de paysans, et des valets sont habillés en empereurs" (1626). On songe à *Henri IV* de Pirandello.

La folie est peut-être inévitable alors pour les émigrés ou pour ceux qui ont été mêlés de près à leur histoire. La Comtesse, après l'annonce de l'exécution de Saint-Alban se met à délirer. Ce n'est évidemment pas un ressort romanesque nouveau. Louvet de Couvray et surtout Laclos à la fin des *Liaisons dangereuses* avaient développé les ressources de ce procédé qui soudain donne une profondeur troublante à la psychologie romanesque qu'elle perturbe. Mais par sa dimension historique le délire de la Comtesse est tout autre que celui de la Présidente. Les mots qu'elle profère sont ceux d'"échafaud," de "bourreaux" (1900). "J'entends, a-t-elle dit; j'y vais, le tombereau est-il là? ... c'est celui de la reine... je ne suis pas si grande dame qu'elle, pourquoi n'irais-je pas?" (1905) Ou encore, "on coupe ses cheveux qu'on me les donne... ah! gardez tout bourreaux" (1909). Cette histoire indicible, maintenant, elle surgit dans l'incohérence du discours d'une folle. Et finalement ce n'est pas la moindre grandeur de cet aristocrate qu'est Sénac de Meilhan, de terminer son roman par deux discours de la folie qui, à ses yeux, se répondent: la gazette révolutionnaire qui essaie de rationaliser la démence, sans pour autant parvenir à masquer l'irrationnel de la violence populaire, et les phrases de la comtesse qui manifestent l'impossibilité du discours noble à dire une réalité qui désormais lui échappe.

Béatrice Didier
Université de Paris VIII

NOTES

1. Sénac de Meilhan, *L'Emigré, Romanciers du XVIIIème siècle*. (Paris: Gallimard, Pléiade, 1965) II 1618. On trouvera les références aux pages de cette édition dans le texte même de l'article.

2. 1790. Rééd. (Desjonquières, 1987).

3. *L'Emigré*, pp. 1685ff.

The Comic Perception of Jane Austen

Jane Austen wrote comic novels. Although any reader of her work is well aware of this fact, it would appear that her critics are far less so. Her comedy is invariably acknowledged, but it is striking how rarely it is dealt with in any substantive way.[1] The importance of the comedic in her work has been further obfuscated by the tendancy of so many recent critics largely to ignore Austen's wit and humor in what might be called "the quest for meaning."[2] There almost seems to be the attitude that if she is a great novelist there must be more to her than "just" comedy. That Austen is one of England's best storytellers and, with the exception of Chaucer, perhaps the best comic storyteller, is not enough: one can read article after article, book after book, discussing her work in which comedy is hardly mentioned.

Thus, there has arisen what might be called a "pseudo-Austen," bearing little resemblance to the Austen known from her books alone. I do not wish at all to suggest that the novels lack levels of meaning beyond the conventional limits of comedy; Austen as ironist, as moralist, as commentator on important aspects of social custom and necessity — especially marriage and money — such things have been explored with great persuasiveness. I mean merely to suggest that if the dominance of the basic comic view is largely ignored, one may arrive at assertions which can sometimes be distorting, if not downright outlandish: "We are required once again to acknowledge the audacity and variety and complexity of this woman's [Mrs. Bennett's] 'mean understanding, little information, and uncertain temper.'"[3] Indeed, many of the attacks on Austen result from the same disregard for her comedy. An obvious example is the assertion that the endings of her books are rushed, and abrupt, unsatisfactorily — and unrealistically — tying up loose ends. But Austen is, in fact, utilizing something rather like the rapid denouement, sometimes even the *deus ex machina*, of traditional comedy.[4]

The novels, then, will be dealt with here as comic narratives, dealing with the data of "ordinary" life, the traditional material of comedy. "If *Pride and Prejudice* strives towards the condition of French classical comedy, *Mansfield Park* is cousin to the Morality plays."[5] This statement is particularly significant if it is remembered that the strong didactic allegory of *moralités* is frequently mixed with the comedy of daily life, bringing them very close to the *farces*. *Mansfield Park*, in spite of its moral severity, does have elements of farce, and although it is often less funny than the earlier works — as is *Persuasion* — it is nonetheless a comedy.

Northanger Abbey is often viewed as one of Austen's lesser works; it may indeed lack the density of the later novels, but that is not an issue here. Of more importance is a clarification of the supposed "reality/illusion" antithesis basic to the book, and this antithesis relates to its comic structure. Austen has often been called one of the first comic realistic novelists, but what is the nature of her realism? Nabokov has remarked that "all the literary worlds of writers are unreal," and in *Northanger Abbey*, the main conflict is not between the real and the unreal but between the ordinary and the extraordinary. At the same time, this novel is not realistic in the normative sense because it is so strictly ordered within the bounds of stylized comedy. How formal it is, having all the tight, balanced structure of a folk tale — no wonder that has been likened to "Cinderella." This balance can be seen in spatial movement (Fullerton-Bath-Northanger-Fullerton), paralleled by contrasting family units (Morland-Thorpe-Tilney-Morland). Such stylized patterning goes against the grain of the realistic, as do the important authorial intrusions. Then, too, characterization is clearly that of comedy, of farce even. One example will suffice for the moment; John Thorpe arouses General Tilney's interest in Catherine through lies, and Thorpe, at precisely the right moment, destroys the General's interest, again through lies. One critic has complained that it is exceedingly unlikely that the snobbish General would ever have had intimate conversations with Thorpe, let alone believe him. But that is not the point; these are the methods of stylization, and logic of character does not enter into it. Obviously, as Austen's artistry grew, her characters grew in complexity, and actions became more a function of character. Still, for Austen, plot always remained the soul of comedy.

The novel does indeed pit fancy against good sense, and good sense does have its limitations; what is more, the world in which Catherine lives is at times confused with Gothic fictions. The antitheses are not as simplistic as they may at first appear, but the "villains" are frustrated, or at least satisfactorily dealt with, and virtue is triumphant. The Montoni-like General, in fact, has his role in bringing about the requisite happy ending (exactly as does Lady Catherine de Bourgh): "The general's unjust interference, so far from being really injurious to their felicity, was perhaps rather conducive to it, by improving their knowledge of each other, and adding strength to their attachment" (V 252). In other words, his actions serve primarily to advance the narrative and bring about the classical end of comedy: the marriage.

Northanger Abbey is well known for the way in which the author's voice weaves in and out of the novel. The opening and closing chapters, the Morland "frame," are the sections in which the Austen persona is most intrusive, most obviously calling attention to her parody of antecedent works. Her frequent references to her "heroine," her discussions about what a heroine should be, and so forth, reinforce the deliberate, self-conscious literariness of the text. Austen, playing with the notion of novel writing, does everything possible to make the reader ever aware of reading a fiction — yet the narrative skill, and humor, capture our interest all the same. Austen is parodying not only specific novels but the fact of fiction itself — a lie aspiring to truth: "But when a young lady is to be a heroine, the perverseness of forty surrounding families cannot prevent her. Something must and will happen to throw a hero in her way" (V 16). Something does, but it will not be the accidents of "real life;" Austen will do her own throwing. She signals to the reader that hers are controlled characters, comic marionnettes, in fact — Bergson's intrusion of the mechanical into ordinary life. The author remains the puppet-master throughout.

Chapter One establishes Catherine Morland as the antithesis of conventional heroines in the sentimental and Gothic modes; she has only one thing in common with the normative heroine: innocence. Catherine has been called a "goose," absurdly naive and credulous. Yet there is more to her than that; her physical charms and intellectual powers are far from the highest, but she is capable of improvement, which Austen describes through the comic device of frustrated expectation: "In many points she came on *exceedingly well*; and though there seemed no chance of her throwing a whole party into raptures by a prelude on the piano-forte of her composition, she could listen to other people's performances with *very little fatigue*" (my italics, V 16). Unexceptional she may be, but she is well on her way to becoming a young lady of honesty, modesty, and integrity — the finest qualities of the Austen heroine. Catherine's education will enhance these qualities, but she will remain a completely unromanticized heroine. And a comic one. Austen is clearly not concerned with psychological consistency; Catherine is the sympathetic heroine of a sustained comic narrative. Although she never fantasizes about herself, it is her misreading of other personalities — Isabella is a wonderful friend, General Tilney is a uxoricide — which forms the basis for much of the humor.

The first chapter is a model of comic brevity: Catherine moves from infancy to nubility. Chapter Two moves her from Fullerton to Bath, a much shorter distance. She is embarked on her "heroic" career, but the comedy results from the ironic discrepancy between her and the reader's perception of her situation. We had been told that the journey to Bath "was performed with suitable quietness and uneventful safety. Neither robbers nor tempests *befriended* them, nor one *lucky* overturn to introduce the hero" (my italics, V 19). Again comedy is achieved not just by the already well established parody of a certain kind of novel but also by the use of inappropriate words to create comic disjunction.

The longest section of the novel, dealing with Catherine's adventures in Bath, is impressive because of Austen's ability to rivet the reader's attention while describing the most trivial action, achieved through the interplay of naivete, irony, and great good humor. She makes us sympathize with her heroine even while gently making fun of her. Events may be commonplace, but by having us view them from both without and within (through Catherine's eyes) they become important. This double optic, so to speak, is one of the triumphs of Austen's art. We recognize the narrowness of her action, which is treated ironically, and yet we can perceive the broader significance of that action through the reactions of her characters to it. Restrictiveness becomes greatly enlarged, so that *Northanger Abbey*, like the other novels of Austen, has no need of the great world.

As the circle of Catherine's friends grows, the narrative becomes more normalized. The intrusive author retreats, except in the section on the defense of novels, but literary parody continues with the appearance of Henry Tilney. If Catherine was at first described as an unlikely heroine, so it is now Henry's turn to be presented as the unheroic hero, although Austen does not say so, allowing the reader to surmise it for himself. Henry is not an antihero, but he is clearly depicted as something less than a conventional idealized figure. He has none of the stalwartness of Captain Wentworth, none of the knightliness of Mr. Knightly, still less the almost Mr. Rochester-like broodiness of Mr. Darcy. He will, by the end of the book, prove to be a more than adequate hero, but in these early chapters he is a parodic figure: "There was an archness and pleasantry in his manner which interested, though it could hardly be understood by her" (V 25). This playful scene is, in fact, rather complex and superbly worked out. While depicting quite ordinary events, Austen works on several levels: social comedy, literary parody, comedy of character. The meeting of the hero and heroine is matter of fact, lacking anything resembling an *innamoramento* — although both of these amiable persons are quite prepared to be pleased with the other — and if the scene lacks love at first sight it also lacks hate at first sight (like Elizabeth's first meeting with Mr. Darcy), an equally satisfactory mode of romantic encounter.

The deflation of the hero continues:

> Mrs. Allen was struck by his genius. "Men commonly take so little notice of those things," said she. "I can never get Mr. Allen to know one of my gowns from another. You must be a great comfort to your sister, sir." "I hope I am, madam." "And pray sir, what do you think of Miss Morland's gown?" "It is very pretty, madam," said he, gravely examining it; "But I do not think it will wash well. I am afraid it will fray." "How can you," said Catherine laughing, "be so —?" She had almost said "strange." (V 28)

Henry's remarks were they not so obviously teasing might suggest effeminacy, while Mrs. Allen's amiable stupidity does indeed "raise no other emotion than surprises at there being men in the world who could like them [silly women] well enough to marry them," (V 20), but as an instrument of comedy she is a minor delight. More important, however, is the way in which irony functions on two levels; Henry treats Mrs. Allen ironically, but at the same time Austen treats *him* ironically on the level of literary parody.

Chapter Three ends with a return of the author's voice:

> Whether she thought of him so much, while she drank her warm wine and water, and prepared for bed, as to dream of him when there, cannot be ascertained, but I hope it was no more than in a slight slumber, or a morning doze at most; for if it be true, as a celebrated writer has maintained, that no young lady can be justified in falling in love before the gentleman's love is declared, it must be very improper that a young lady should dream of a gentleman before the gentleman is first known to have dreamt of her. (V 29-30)

Austen toys with both her heroine and her reader; her feigned relinquishing of authorial omniscience is coupled with a comic device of which she is master: logical nonsense. The apparent rationality of these remarks masks, but for a moment, the absurdity of asserting a logical relationship between reason and love.

In the very last line of Chapter Three a minor time bomb is dropped: Mr. Tilney is a clergyman. This information, delayed until this final moment, serves as a comic coda, completing the depiction of the unheroic hero. A man of the cloth should never indulge himself "a little too much with the foibles of others" (V 25), but more importantly one is reminded of the foolish curates in eighteenth-century comedies — and of Mary Crawford's cynical disapproval of Edmund Bertram's ordination in *Mansfield Park*. Henry, of course, is not unintelligent, but he has a way to go to achieve Catherine's integrity. He does change in the course of the novel; as he comes to love her he also learns to admire her, thereby achieving a new moral stature himself. Indeed, Henry becomes a worthy hero through a comic education of his own. Catherine, despite her frequent foolishness, especially at Northanger, has from the outset a kind of natural goodness that is finally recognized. But she has one important advantage over Henry — and over every other Austen heroine: she was raised by two good, sensible parents. Henry must deal with his father's rigidity, pretentiousness, and snobbery, while all the other heroines have at least one parent who is either silly, or aloof, or absent.

If the Morland family is the best, the Thorpes, whom Catherine now meets, are among the worst: stupid, vain, greedy, vulgar. Mrs. Thorpe, hardly more than a cipher, is mainly idiotic; when John Thorpe greets his mother by saying: "where did you get that quiz of a hat? It makes you look like an old witch," we are told that "this address seemed to satisfy all the fondest wishes of the mother's heart for she received him with the most delighted and exulting attention" (V 49). Thorpe, perhaps the most boorish of Austen's characters, hippophile, vulgarian, braggart, comes close to the stage *miles gloriosus*, while his sister Isabella, a model of self-seeking hypocrisy, man-(and money-) mad, is the quintessential flirt.

The friendship between Isabella and Catherine develops with hilarious rapidity, and it is sealed by their mutual love of reading sensational fiction. For Catherine the joys of reading novels often supplants other interests, but for Isabella reading is a pleasure distinctly inferior to that of pursuing young men. The apogee of the girls' intimacy is indicated by the fact that "if a rainy morning deprived them of other enjoyments, they were still resolute in meeting in defiance of wet and dirt; and shut themselves up to read novels together. Yes, novels." Thus does Austen introduce her famous defense of fictions. She remarks that novel writers so often have their heroines condemn novel reading and exclaims: "If the heroine of one novel be not patronized by the heroine of another, from whom can she expect protection and regard?" This is comic apologia, but when she goes on to praise the "genius, wit, and taste" of many novelists she seems to be free of irony (V 37-38).

Part of the contradiction can be explained by remembering that Austen lived in an age when the novel was not yet a totally respectably literary genre, but there is more to it than that: "It is to an awareness of the world of illusion, rather than to an acquaintance with this or that novel, or school of novel-writing, that Jane Austen can, and does, appeal through the burlesque element in her work."[6] Indeed, it is important to keep in mind that in this novel the art of fiction itself is a parodic target. This defense not only celebrates that art but also suggests a certain distrust of it because it is, essentially, the art of illusion: books are true; they are also false. I think the reason that Austen pays so much attention to that in this book — far more than in any other — is that *Northanger Abbey* has, as a major subject, an amused condemnation of illusion itself.

Austen's parody of fiction is also to be found in passages where Catherine, inspired by her reading, hopefully imagines what Northanger Abbey may be like: "Its long damp passages, its narrow cells and ruined chapel, were to be within her daily reach, and she could not entirely subdue the hope of some traditional legends, some awful memorials of an injured and ill-fated nun" (V 141). Juxtaposed is Henry's teasing, based on the same novelistic sources: "Are you prepared to encounter all the horrors that a building such as 'one reads about' may produce? Have you a stout heart? Nerves fit for sliding panels and tapestry?" (V 157-58)

Maneuvering Catherine in and out of the Gothic fiction, Austen, in the opening chapters, postulates an exemplary fictive heroine and shows Catherine's inadequacies for filling that role. In the Bath scenes the point of view shifts to a description of the daily life of an "ordinary" girl, with fewer references to the novelistic. At Northanger, however, Catherine is placed in a setting which allows her adolescent imagination to transform literature into life — or vice versa. Thus, the ordinary girl is changed into a parody of the exemplary heroine. Catherine's absurd imaginings, in the Northanger scenes, may seem to be somewhat contradictory to the many instances of good sense exhibited earlier, but for the purposes of comic plotting, her actions could hardly be bettered. It is principally as narrative that *Northanger Abbey* must be considered; the novel may come closer to Austen's juvenilia than her other works, but she never told a better *story*, a story which is about, among other things, telling stories.

Narrative manipulation — for purposes of comedy — is revealed by the fact that after Henry has told his "tale" about what Northanger will be like, including an appropriate, "violent storm," we learn that the first night at the Abbey is stormy. Catherine loves a well-told story almost as much as she loves Henry, and he, of course, is partly to blame for what she imagines later — which helps to explain why he so readily forgives her. And linguistic manipulation reaches farcical heights with Catherine's musings on what *must* be, derived from absurdity;

> For General Tilney to be kept up for hours, after the family were in bed, by stupid pamphlets, was not very *likely*; There *must* be some *deeper* cause: something was to be done which could be done *only* when the household slept; and the *probability* that Mrs. Tilney yet lived, shut up for causes unknown, and receiving from the *pitiless* hands of her husband a nightly supply of *coarse* food, was the conclusion which *necessarily* followed.
>
> Catherine sometimes started at the boldness of her own surmises, and sometimes hoped or feared that she had gone too far; but they were *supported* by such appearances as made their dismissal *impossible*. (my italics, V 187-88)

This is the comedy of false logic; ridiculous effects are drawn from absurd causes, all resulting from accepting illusion (and fiction) as truth. Catherine's fantasies are occasionally interrupted by moments of sense; when she finally manages to visit the late Mrs. Tilney's bedroom and finds it totally normal, her "common sense added some bitter emotions of shame." But when Henry suddenly and unexpectedly enters, melodrama reappears: she exclaims "Good God! ... How came you up that staircase?" When Henry responds "It is my nearest way from the stable-yard to my own chamber"(V 194), fantasy and portentousness are totally deflated by the commonplace. The comic dialectic of the ordinary vs. the extraordinary is clearly delineated here. Catherine's stagy exclamation is comically undercut by the mundaneness of his response; one can almost smell the manure of that stable-yard.

Henry forgives. From this point on, the narrative accelerates, culminating in Catherine's disgrace (for unknown reasons): a *coup de théâtre* so typical of Austen's novels, initiating the final unweaving of the plot. But predictably this *comic* reversal — and it happens in every Austen novel — produces a rise in fortune for the heroine. The final chapters parallel the opening; Catherine is back in Fullerton with the "good" family, the authorial voice again becomes highly intrusive, the narrative becomes once again very rapid. This rapidity, tying up the loose ends, is of course typical of the denouement of classical comedy; the ironic *deus ex machina*: General Tilney. Catherine is openly restored to puppetry; in explaining the origin of Henry's love, the author remarks:

> *I must confess* that his affection originated in nothing better than gratitude; or in other words, that a persuasion of her partiality for him had been the only cause of giving her a serious thought. It is a new circumstance in *romance, I acknowledge* and dreadfully derogatory of a *heroine's* dignity; but if it be as new in common life, the credit of a wild imagination will at least be all *my own.* (my italics, V 243)

This reduction of the heroine to fictive dimensions does not in any way diminish the reader's sympathy or pleasure, and the book concludes with not only a happy ending, but a thoroughly satisfying one.

Four paragraphs before the end, Austen makes a rather startling statement, one that is the culmination of her intrusions:

> The anxiety in which this state of their attachment must be the portions of Henry and Catherine, and of all who loved either, as to its final event, can hardly extend, I fear, to the bosom of my readers, who will see in the tell-tale compression of the pages before them, that we all hastening together to perfect felicity. (V 250)

We are not only told that we are reading, we are reminded that we hold a book in our hands. The joke is on all of us, characters and readers alike.

The joke is far less obvious in *Mansfield Park*. Admittingly, its far greater complexity, and often severe moral tone, create problems absent from the earlier novel. It is, therefore, much more difficult to analyse *Mansfield Park* in terms of comedy; yet it is, essentially a comic work. Rachel Trickett's comments are very useful here:

> The form of comedy consists of a contrived pattern of interrelationships between character and event devised to obstruct the course which should lead to the happy ending .... Sometimes she develops a number of small complications, as in *Mansfield Park* where the heroine's dependent position naturally gives rise to a great many nuisances which serve to set off the real obstacle of Edmund's infatuation with Mary Crawford.[7]

Although the two novels may suggest a polarity, they have certain similarities which set them somewhat apart from the rest of the Austen canon. Only these two books have place-names for titles and both places have symbolic significance.[8] The stability of Mansfield is opposed to the folly of Portsmouth and the degeneracy of London, just as Fullerton, the place of reasonableness, is contrasted with the folly of Bath and the hypocrisy, and snobbery, of Northanger. And, interestingly, both books begin and end at the place of reason and calm. A similar, highly formal structure dominates both works; the pattern of "allegro/andante/allegro," of rapid exposition and denouement surrounding a much more leisurely extended narrative, is typical of Austen's works, but it is particularly noticeable in these two. Both explore the close relationship between scene and character, scene and incident, but these relationships are not a means towards realism; they function in order to create serio-comic narrative, suspense, and laughter. Most of Austen's novels contain some shifts in locale, but it is in these two works that such changes in environment serve most clearly to test the heroine, to foster her education, to make clear to her and to the reader, the virtues of the old home. It is perhaps ironic that although Austen is so often thought of as an author whose work is limited in locale, dealing with a parochial social order, she is yet a writer who attaches great importance, both moral and comic, to movement: movement away from and back to the known and familiar, the virtues of which can only be appreciated if the heroine is forced to experience the alien.

Yet there are great differences, to a large extent resulting from the way the heroines differ. Catherine is robust, adventuresome, and enjoys life greatly; Fanny is frail, timorous, afraid of the world. Catherine laughs, Fanny cries. Catherine is depicted as an inadequate heroine for romance; Fanny seems quite the wrong kind of heroine for comedy. We find it difficult to laugh at Fanny, and we never laugh *with* her — she makes not one witty remark in the entire book. Fanny's sobriety and vulnerability, at the very center of this work, change considerably its tone. Thoughtlessness and selfishness, rude and hypocritical remarks become darker, more biting. What several of the characters do and say might be seen as merely laughable in, say, *Pride and Prejudice*; here they become cruel and insidious. If Fanny were sprightlier, if she were less delicate, the rigidity of Sir Thomas and the nastiness of Mrs. Norris would be less disturbing. Lady Catherine de Bourgh, almost as rude and interfering as Mrs. Norris, can accomplish little against the protective vitality and wit of Elizabeth Bennett. Yet Mrs. Norris is clearly in the comic mold. Her officiousness, her useless and sometimes unfortunate interference, her dishonesty and greed, and her sycophancy are often deliciously amusing, except when her anger is turned against Fanny; then it is difficult to laugh — there is too much malice.

The Crawfords are much more subtly drawn, and much more insidious. Their charm, intelligence, attractiveness, and wit mask deep moral flaws, to which they themselves are quite blind. Indeed, the world as it goes is on their side. They play the flirtation game much better than anyone else; playacting begins long before the proposal of putting on a play, and it lasts long after, especially in their hands. Henry is the best "actor" of all — it is no accident that even Fanny is moved by his reading of Shakespeare — but he is less villainous than Mary because his is the self-deception that believes the lie; he actually thinks for a long time that he wants to reform, while she is ever consciously calculating. And dangerous, for Edmund is long deceived by her, while Fanny is not seriously duped by Henry; Edmund may be a babe in the woods, Fanny never.

The brother and sister are not total amoralists, but they are to some small degree reminiscent of those fascinating monsters, Valmont and Mme de Merteuil. The basic point of resemblance between Laclos' and Austen's characters is their sexual consciousness. They flirt not so much out of attraction as out of calculation, and a desire to be amused, *pour le sport*, so to speak. When explaining to Mary why, at one point, he has decided to extend his stay at Mansfield he remarks: "I have a plan for the intermediate days, and what do you think it is?" When she guesses wrong, Henry replies: "My plan is to make Fanny Price in love with me." "Fanny Price! Nonsense! No, no. You ought to be satisfied with her two cousins." "But I cannot be satisfied without Fanny Price, without making a small hole in Fanny Price's heart"(III 229). They are, indeed, delightful but dangerous acquaintances.

Mary, because of her lively wit, has been compared to Elizabeth Bennett. But often she spoils things; her humorous remarks are often tinged with indelicacy, occasionally verging on the vulgar. What Edmund sees as sprightliness, or at worst the unfortunate results of bad upbringing, Fanny sees as something akin to original sin. After having deprived Fanny of her horseback ride, Mary apologizes by saying, "you must forgive me. Selfishness must always be forgiven, you know, because there is no hope of a cure"(III 203). The speech is disarming, but its amusing charm illustrates what should be a fundamental law of human behavior: To admit to a fault does not necessarily excuse it. Later on, other situations reveal Mary's impropriety, for example, her disparaging remarks about religious vocations: "A clergyman is nothing," and "I am just as much surprised now as I was at first that you should intend to take orders. You really are fit for something better"(III 178). A clergyman as a figure of fun was, of course, well established in the comedy of the age, but there is nothing funny about Edmund. His kindliness and intelligence are exemplary, if limited. Mary's teasing works most against herself; it reveals not only her own lack of piety, but, far worse, her inability to comprehend the natural piety of others.

But the full extent of her insensitivity emerges in a letter; in commenting on the illness of Tom, Edmund's elder brother, she writes: "To have such a fine young man cut off in the flower of his days, is most melancholy. Poor Sir Thomas will feel it dreadfully. I really am quite agitated on the subject. Fanny, Fanny, I see you smile and look cunning, but upon my honor I never bribed a physician in my life. Poor young man! If he is to die, there will be *two* poor young men in the world"(III 402). Her sprightly remarks amuse us, especially the pun on "poor," but to reveal to Fanny, even so wittily — and the wit is lost on Fanny anyway — her own mercenariness and heartlessness is a serious miscalculation. Mary's lively intelligence becomes, in relation to Fanny's excellent perceptions, superficial and limited.

The interplay between these two young women is one of the most complex aspects of this highly complex novel. Much of Austen's comedy is based on the misunderstanding, the misevaluation of character and event. This is what both *Emma* and *Pride and Prejudice* are largely about, and it is a basic element of stage comedy — one need think only of Congreve, Wycherley or Sheridan. But in *Mansfield Park*, delusion and misapprehension belong not to the heroine, but to several of the other characters, notably Edmund, Henry, and Mary. Indeed, Edmund substitutes for the deluded heroine. What saves Edmund is that although he misunderstands Mary, he does not misunderstand himself. The other two are the subtle targets of ironic comedy; although they appear to have far greater awareness than most of the other characters, allowing them to condescend to all, they have in fact, clouded vision, particularly of themselves.

But there is also more robust comedy in *Mansfield Park*. At the opening are introduced, in broad caricature, the opposing figures of the bustling Mrs. Norris and her sister, the inert Lady Bertram, and both are contrasted to the third sister, the unfortunate Mrs. Price who "married, in the common phrase, to disoblige her family, and by fixing on a lieutenant of marines, without education, fortune, or connections did it very thoroughly" (III 162). The character of the meddling Mrs. Norris may darken as the book progresses, but Lady Bertram will remain unchanged, lazy, indulged, sleepily amiable, largely unmoved by the events going on around her. Indolent and empty-headed, like Mrs. Allen or Mr. Woodhouse, she makes a nice contrast with her serious, hidebound husband. Lady Bertram is hardly a good surrogate mother for her niece, but her benignity and calm are often of great comfort to the easily agitated Fanny. Her affection for her niece reaches its climax when she learns of Henry Crawford's proposal, although her enthusiasm reveals how little she knows Fanny; she exclaims with "extraordinary animation, 'Well, Fanny, I have had a very agreeable surprise this morning. I must just speak of it *once*, I told Sir Thomas I must *once*, and then I shall be done. I give you joy my dear niece.' And looking at her complacently, she added, 'Humph, we certainly are a handsome family'" (III 309)! But her most endearing comment occurs upon Fanny's long awaited return to Mansfield: "Dear Fanny! Now I shall be comfortable" (III 447).

Such affection is rare at Mansfield; with the exception of Edmund and Fanny, and later, Sir Thomas, the other members of the family are models of self-seeking and self-love. But if the other young people are unloving, their delight in flirting provides some of the funniest scenes in the book. The meeting with the Crawfords, and the rapid development of intimacy, soon bring about the competition between the sisters for the attention of Henry. Julia and Maria, complacent in their beauty and position, are soon at loggerheads; neither is in love, but both are sexually infatuated. Mary too immediately begins a flirtation with Tom and, after his departure, with the much graver and more vulnerable Edmund. The coach ride to Sotherton, during which Maria is furious because her sister has the seat next to Henry, is followed by the visit, described by Austen largely in terms of flirtation, sexual innuendo, injured or triumphant vanity. The scene in the garden is highly reminiscent of stage farce; the various characters come and go, climb around fences, while a breathless young lady, in hot pursuit of a young man, pauses only long enough to address unpleasant remarks to Fanny who, deserted by Edmund and Mary, sits quietly observing with some distress the antics of the others. The action is worthy of Goldsmith. The consequences of this scene will darken the last part of the novel, but at this point there is little more than absurdity and comic frustration.

Something equally farcical emerges during the scene of Fanny's return to her parent's house in Portsmouth. Once again she is the quiet eye of the storm but this storm distresses her physically as well as mentally. The noise, the meaningless bustle, the shouting of totally undisciplined and unheeding children and servant — the exclamation repeated over and over again that brother William's ship, the "Thrush," "went out of harbor this morning," is the comic leit-motif of the scene — are accompanied by the lack of interest in her displayed by her raucous and slightly dirty father, and her completely disorganized mother.

This scene, more than any other in the novel, clearly illustrates the problem created when Austen chose Fanny as her central figure. But the problem is ours, not Austen's. "Nobody, I believe, has ever found it possible to like the heroine of *Mansfield Park*."[9] Indeed, Fanny is a type of heroine found frequently in eighteenth- and nineteenth-century fiction — delicate, virtuous, put-upon — quite unpalatable to the modern reader. As a result, it is exceedingly difficult to discern the comic irony of Fanny's character, for Austen's deceptive process is to mask strength with weakness. Fanny is, in fact, the strongest of the author's heroines because of her enormous moral steadfastness -- not unlike Shakespeare's Isabella. That strength is often hard to perceive, so subtly is it depicted, but it emerges more clearly as the novel proceeds. The Portmouth episode is a useful example: the reader may be annoyed by Fanny's initial reactions to her former home, but for a passive little creature she accomplishes a fair amount, introducing some order into the house and, most important, acting as her sister Susan's salvation.

If Austen's novels deal with the education of the heroine, and if the education is moral as well as experiential, then Fanny is the heroine who has the least to learn. A key incident illustrates this point. Certainly the most hotly debated event in the novel is the staging of the play and her disapproval of it. Extreme dissatisfaction has often been expressed by commentators on Austen about Fanny's (and Sir Thomas') disapprobation of home theatricals: What is the harm? In point of fact, the novel demonstrates at length that play-acting is subtly corrupting, especially given the kind of play chosen; and it is possible that such disapproval may reflect the author's suspicions about fiction and illusion — mentioned earlier in relation to *Northanger Abbey* — for acting is an extreme form of illusion, the antithesis of truth.

But there are other possibilities. Putting aside the question of conscious disapprobation, there is the fact that Fanny is incapable of acting, in both senses of the word. Her timidity will not allow her to perform before others and her integrity precludes any kind of pretense. Yet there is still something else at work here. *Mansfield Park*, like *Northanger Abbey* and the other novels, has been studied in the light of myth, of folk tale and fairy tale; and there is little doubt that the plot structures of all Austen's books do often parallel such traditional tales. Fanny's actions (or better, reactions) may best be understood by comparing her to the heroes of folk tale who must undergo a test or series of tests: the Arthurian knight, The Princess and the Pea, and the like.[10]

Few of the characters at Mansfield can understand Fanny's refusal to join in the theatricals; her steadfastness provokes one of Mrs. Norris' nastiest comments: "I shall think her a very obstinate, ungrateful girl, if she does not do what her aunt and cousins wish her; very ungrateful, indeed, considering who and what she is" (III 226). How much easier it would have been to give in and join in, particularly after Edmund had rationalized his own capitulation. Fanny never rationalizes; her integrity forbids it. The question of theatricals is a moral issue, but it is an ambiguous one, for if the condemnation is based on the nature of the play chosen, what can be made of Fanny's (and Sir Thomas') *a priori* negative attitude before knowing what the play is about? The point is that Fanny's reaction results from her knowledge that her uncle would object in principle — why he objects, a subject long debated, is unimportant; this is a *donnée* of folk tale, like the first scene of *King Lear*.

Some of Sir Thomas' children, not just Edmund, know full well that he would never approve, but they rationalize away this knowledge. (Tom's assertion that the playacting will divert Lady Bertram, relieving her worry about her absent husband is hilariously absurd — she is placidly asleep in the sofa.) The point is that he is not *there*, he need never know. All the children are being tested, but only Fanny passes the test. (It might also be mentioned that at the very moment when Fanny is being besieged on all sides, and it appears that she cannot hold out one more moment, Sir Thomas suddenly and totally unexpectedly reappears — a *coup de théâtre* typical of fairy tale and comic theater, and wholly unrealistic.)

The final chapter, with the typical speed of the Austen comic denouement, reintroduces in a famous passage the intrusive author so rarely encountered in this novel:

> Let other pens dwell on guilt and misery. I quit such odious subjects as soon as I can, impatient to restore everybody, not greatly in fault themselves, to tolerate comfort, and to have done with the rest. My Fanny, indeed, at this very time, I have the satisfaction of knowing, must have been happy in spite of everything.
> (III 462)

The jocular tone of this opening is not, however, maintained in the rest of the chapter. Indeed, there is a fair amount of serious moralizing, particularly concerning Sir Thomas' recognition of his errors in raising his children and his former lack of appreciation of Fanny. The fate of Maria, Julia, and Mrs. Norris are all summarily described, and Edmund's realization of his love for Fanny is even more quickly dealt with. But there is no need for extended exposition here, for this is the end, once again, of comic folk tale — the wicked step-sisters and evil witch banished, the "good" characters alone left in the terrestrial paradise. *Mansfield Park*, at this point, no longer merely ***resembles*** a fairy tale, it *is* a fairy tale.

Comic tale and comic theatre: these two are important keys to *Mansfield Park*. While so much trouble is caused by the attempted staging of a comedy, Austen bases much of her humor and narrative structure on comic theatre — perhaps the greatest irony in the novel.

Austen's debt to the stage — how often her critics compare her to Molière, Congreve, et al. — can be found not only in her reliance on rapid exposition and denouement, her use of unrealistic devices already mentioned (*coup de théâtre*, *deus ex machina*), but also in her supreme reliance on dialogue. Dramatic action in these novels is invariably dependent on the verbal interaction of characters or a secondary verbal utterance, the letter. What people do is always a function of what they say, or think. (Fanny's soliloquies are as important as Hamlet's, and serve the same dynamic function.) Further, Austen's dialogue has all the artificiality of stage speech, and what her characters say is what they are: characterization is more fully delineated in dialogue than in description.[11]

If comedy is the key to her work, then Austen's comedy must be fully explored. To concentrate exclusively upon other aspects, at the expense of the comic, is not to enrich her novels but to diminish them.

Richard A. Katz
Columbia University

NOTES

1. A notable exception is Rachel Trickett's article, "Jane Austen Comedy and the Nineteenth Century," in *Critical Essays on Jane Austen*, ed. B.C. Southam (London, 1968), pp. 162-81. Also of interest are articles by Patrick Bizzaro, "Global and Contextual Humor in *Northanger Abbey*," in *Persuasions*, V (1985), 82-88, and Kate Fullbrook, "Jane Austen and the Comic Negative," in *Women Reading Women's Writing*, ed. Sue Roe (Brighton, Eng., 1987), pp. 37-57.

2. Cf. Jean Sareil's assertion: "Je crois donc pouvoir affirmer, et je doute que cette affirmation plaise à tout le monde, qu'il n'existe aucune œuvre comique de valeur qui contienne un message positif dissimulé. Bien entendu, cela ne diminue en rien sa valeur." *L'Ecriture comique* (Paris, 1984), p. 32.

3. Julia Prewitt Brown, *Jane Austen's Novels, Social Change and Literary Form* (Cambridge, Mass., 1979), p. 67. Perhaps one reason for the insistence on the search for "rich meaning" at the expense of the comic, on the part of many Austen commentators, may be the (unconscious?) desire to counteract those readers who have found Austen's fictional world much too limited and, what is worse, trivial; *vide* a letter of Charlotte Bronte written in 1848, in which she writes that *Pride and Prejudice* is "a carefully fenced, highly cultivated garden, with neat borders and delicate flowers; but no glance of a bright, vivid physiognomy, no open country, no fresh air .... I should hardly like to live with her ladies and gentlemen, in their elegant but confined houses." (Quoted by Tony Tanner in his introduction to *Pride and Prejudice*, Penguin Books, 1972.) All other Austen quotations which appear in the text are from the Chapman edition, reprinted in 1983 (Oxford) in 5 vols.

4. Years ago, a critic wrote that the denouement of Mansfield Park is "an inevitable failure .... It is the harshest of those ... *coups de théâtre* by which Jane Austen ... is too apt to precipitate the conclusions of her books, and jerk her reader's belief with a sudden peripety for which no previous symptom of character has prepared him." R. Farrar, "Jane Austen," *Quarterly Review*, CCXXVIII (1917), p. 22. Yet the *coup de théâtre* is basic to Austen's novels, as is the rapid denouement. Suffice it to say, Austen is no "realist."

5. Denis Donoghue, "A View of *Mansfield Park*," *Critical Essays*, p. 41.

6. Mary Lascelles, *Jane Austen and her art* (London, 1939), p. 55.

7. Trickett, p. 169. Avrom Fleishman, in *A Reading of Mansfield Park* (Minneapolis, 1967), comments: "This ultimate, though limited, faith in the value of human society preserves *Mansfield Park* for comedy," p. 77.

8. For a discussion of the symbolism of place, see Tony Tanner, "Jane Austen and the 'Quiet Thing'," in *Critical Essays*, ed. B.C. Southam, pp. 136ff.

9. Lionel Trilling, "*Mansfield Park*," in *The Opposing Self* (New York, 1955), p. 186. Calling Fanny a "Christian heroine," Trilling further comments that she is "one of the poor in spirit. It is not a condition of the soul to which we are nowadays sympathetic." His analysis is provocative, but it completely ignores the fact that while Fanny and Edmund are unusually somber characters for Austen, they are at the center of a comic narrative. See also Paul Pickrel, "Lionel Trilling and *Mansfield Park*," in *SEL: Studies in English Literature, 1500-1900* (1987), pp. 609-21.

10. Fanny is frequently "tested" throughout the novel; one of the most notable tests is Henry Crawford's proposal of marriage, which she refuses, despite the pressure applied by several of the other characters; even the reader may at first be tempted to favor Henry, but Fanny alone sees the truth. In Fleischman's *A Reading of Mansfield Park*, there is an analysis of "The Structure of Myth" (pp. 57-69), in which he discusses the Cinderella story and the folk-tale form of the narrative; Fleishman's concern is essentially mytho-Freudian and Austen's debt to traditional narration, but by almost entirely avoiding the question of comedy, he distorts the text almost beyond recognition. See also Janice Simpson, "Fanny Price as Cinderella: Folk and Fairy-Tale in *Mansfield Park*," *Persuasions*, 1987, pp. 25-30.

11. The playlet, "Sir Charles Grandison or the Happy Man, a short, rather inept sketch derived from Richardson's novel, has been attributed to Austen; see an article on it by Logan Speirs in *English Studies* (1985), pp. 25-35. To my knowledge, Austen's debt to stage comedy has never been studied in depth. Tony Tanner, in the introduction to his edition of *Pride and Prejudice* (see above, note 3), comments cogently, if very briefly, on the novel's "close affinities with the drama" (p. 25).

L'écriture comique de La Fontaine dans *Les Amours de Psyché et de Cupidon*

Le dieu qu'on nomme Amour n'est pas exempt d'aimer:
A son flambeau quelquefois il se brûle;
Et, si ses traits ont eu la force d'entamer
Les cœurs de Pluton et d'Hercule,
Il n'est pas inconvénient
Qu'étant aveugle, étourdi, téméraire,
Il se blesse en les maniant;
Je n'y vois rien qui ne se puisse faire:
Témoin Psyché, dont je vous veux conter
La gloire et les malheurs, chantés par Apulée.
Cela vaut bien la peine d'écouter;
L'aventure en est signalée.[1]

"Parler de La Fontaine est tentant. Mais après qu'on l'a si finement et si abondamment commenté, c'est surtout aventureux." Ainsi s'exprime un commentateur rigoureux et original, Marcel Gutwirth.[2] Parler de l'écriture comique de La Fontaine est une autre aventure encore. Mais après le livre que Jean Sareil a publié sur *L'écriture comique* en France, ce serait folie si ce n'était hommage. Hommage que je rends ici à l'auteur d'un livre qui s'avérera séminal, je l'espère; hommage qui se veut aussi modeste qu'il est respectueux. Dans *L'écriture comique* en effet, Jean Sareil montre comment le conteur de *La jeune veuve* écrit plaisamment cette histoire, se situant tantôt du point de vue du narrateur, tantôt du point de vue du père de la jeune femme, mais toujours jouant avec nous, et se jouant de nous et de ses personnages.[3] Nous utiliserons dans cet article une approche similaire pour étudier certains éléments de l'écriture comique des *Amours de Psyché et de Cupidon*. Car s'il est un ouvrage de La Fontaine où le plaisant se fasse jour sous tant de formes diverses et soit sans mélange, — je veux dire sans mélange de morale ni de moralité — , c'est bien cet ouvrage dont il était si fier et qui a eu pourtant si peu de succès: "[...] il a fallu badiner depuis le commencement jusqu'à la fin; il a fallu chercher du galant et de la plaisanterie. [...] La manière de conter est aussi de moi, et les circonstances, et ce que disent les personnages."

Les Amours de Psyché et de Cupidon n'ont guère bonne presse. A sa parution, ce texte, entrelaçant vers et prose, fut dénigré ou passé sous silence. Par la suite, la critique se contenta de l'utiliser pour discuter d'un point de la biographie du fabuliste : on croyait pouvoir identifier les "quatre amis" qui se promènent et conversent dans le parc de Versailles. Mis à part la thèse de John Logan, l'ouvrage n'a pas été étudié pour lui-même; on y fait allusion en passant, très souvent pour le juger inférieur aux autres productions de La Fontaine ou pour n'en louer que quelques passages: ainsi procèdent P. Clarac et A. Adam et, récemment, M.-O. Sweetser. Seul, John C. Lapp, après Leo Spitzer, consacre des pages à "l'esthétique de la négligence" qui aurait inspiré le portrait de Cupidon que peint le conteur indiscret et admiratif.[4] Nous voudrions à présent mettre l'accent sur la voix du conteur. Les accents et inflexions de cette voix, ses ruses et fausses naïvetés contribuent grandement à créer le climat de badinerie et de détachement caractéristique de l'écriture comique; un monde à part naît ainsi sous nos yeux. Cette voix a l'inimitable présence à la fois incarnée et désincarnée qui nous entraîne du jeu de la fiction souriante et détachée à l'émotion délicate des aveux à mi-voix que nous aimons tant chez La Fontaine.

La voix du conteur, on le sait, se fait entendre bien souvent dans les *Fables* et les *Contes*. On se rappelle comment il protège ou fustige les personnages, usant malicieusement de l'adjectif possessif: c'est avec une tendresse amusée qu'il décrit Perrette, "notre laitière" et par une sympathie non dissimulée qu'il appelle les deux pigeons enfin réunis "nos gens"; mais lorsque "mes gens" nomme les deux compagnons en quête d'ours, la sympathie se voile de douce raillerie: ce sont alors "nos deux marchands" qui n'ont rien à vendre, l'ours s'en étant allé "dans la forêt prochaine." Quant à "nos deux messieurs" les plaideurs, ne sont-ils pas bien plaisants d'avoir regardé Perrin Dandin gober l'huître sans mot dire? On pourrait multiplier les exemples d'interventions du conteur, par lesquelles il introduit de la gaieté ou noue une certaine complicité avec l'auditeur, — je veux dire l'ami lecteur! C'est un des charmes du conte, c'est un des charmes de La Fontaine.

Dans *Les Amours de Psyché et de Cupidon* La Fontaine joue ce jeu plus que jamais et mieux que jamais. La structure du texte y aide: le cadre du récit des amours est, comme on sait, constitué par le récit que fait le narrateur principal d'une promenade de quatre amis dans les jardins du château de Versailles. A un moment donné, ces quatre amis s'arrêtent dans une grotte, à la fraîcheur de laquelle ils écoutent un des leurs, Polyphile (celui qui aime et apprécie tant de choses) leur lire un récit qu'il a composé; voilà donc le second narrateur du texte, mais narrateur de première importance toutefois, puisque c'est lui qui va dire l'histoire qui a donné son titre à l'ouvrage entier: les amours du dieu et de la jeune mortelle. Le récit de Polyphile se scinde en deux parties. La première contient le récit du bonheur de Psyché qui se termine dans le malheur; la deuxième partie est le récit des malheurs de Psyché qui se terminent dans le bonheur retrouvé. Entre les deux parties le narrateur principal retrouve sa prééminence, prééminence mise en question cependant, puisqu'il rapporte en style direct la discussion qui a lieu alors entre les quatre amis sur les mérites respectifs du sourire et des larmes. A vrai dire, quand ils sont auditeurs, les trois autres amis interviennent aussi parfois ici et là au fil des narrations, en particulier de celle de Polyphile. On devine donc les possibilités que s'est offertes La Fontaine: quatre points de vue peuvent être présentés pour s'affronter ou se compléter. Cette richesse et ce jaillissement savamment spontané contribuent à l'impression de gaîté et de badinage que cherche à produire l'auteur. Ainsi, après une description de Vénus en alexandrins, Gélaste intervient-il pour faire descendre le ton:

> "Cela devait être beau, dit Gélaste; mais j'aimerais mieux avoir vu votre déesse au milieu d'un bois, habillée comme elle était quand elle plaida sa cause devant un berger." Chacun sourit de ce qu'avait dit Gélaste [...] (409)

La première partie du récit des amours s'achève lorsque Psyché, désobéissant à la consigne, allume une lampe, et, armée d'un couteau, voit que son mari n'est pas un monstre! Le dieu s'enfuit... Mais Polyphile ne le dit même pas; il coupe court à l'émotion qu'il risquerait de provoquer en la mentionnant et s'excuse de rester court par crainte de gâcher le plaisir d'écouter:

> Dispensez-moi de vous raconter le reste: vous seriez touchés de trop de pitié au récit que je vous ferais.
>
> Là finit de Psyché le bonheur et la gloire,
> Et là votre plaisir pourrait cesser aussi.
> Ce n'est pas mon talent d'achever une histoire
> Qui se termine ainsi. (423)

Mais revenons au début du Livre premier pour suivre le jeu de notre narrateur principal. Il nous conte comment s'est constituée la société des quatre amis. Ce narrateur ne fait pas partie de cette société, ou du moins il s'exprime comme s'il n'en faisait pas partie, se contentant d'en être l'historien. Il établit même une distance entre elle et le lecteur, puisqu'il ne nous révèle pas comment se nomment pour de vrai les amis, mais qu'il leur donne un nom de convention; c'est lui qui les "appelle" (405), usant de noms symboliques: l'un est Ariste, le meilleur; un second Gélaste, le riant; Acante est le piquant et, à tout seigneur tout honneur, Polyphile, le narrateur à venir de l'histoire de Psyché, est celui qui s'attache à "tant d'objets divers." La distance entre le narrateur et ses personnages en revanche est beaucoup moins grande; certes, il les domine, les traite comme le ferait un maître indulgent et sympathique: "Nos quatre amis," dit-il, "nos gens." Il raconte leurs actions, les explique et pénètre dans leurs intentions; il rend leurs paroles en discours indirect libre. Polyphile vient d'achever d'écrire les aventures de Psyché:

> [...] Quand l'ouvrage fut achevé, [Polyphile] demanda jour et rendez-vous pour le lire. Acante ne manqua pas, selon sa coutume, de proposer une promenade en quelque lieu hors de la ville, qui fût éloigné, et où peu de gens entrassent. *On ne les viendrait point interrompre; ils écouteraient cette lecture avec moins de bruit et plus de plaisir.* Il aimait extrêmement les jardins, les fleurs, les ombrages. Polyphile lui ressemblait en cela; mais on peut dire que celui-ci aimait toutes choses. (405-06) (je souligne)

Cette suprématie frise bien souvent la désinvolture amusée. C'est un parti pris de style que la Préface de l'auteur, comme je l'ai déjà indiqué, avait exposé en détail (404). Plaisanterie: le narrateur se gausse de la démangeaison qui prend Acante de dire un de ses poèmes ("Acante, dis-je, ne se put tenir de réciter certains couplets de poésie que les autres se souvinrent d'avoir vus dans un ouvrage de sa façon"[406]). Un peu plus tard le narrateur bouscule "nos gens" aussi bien pour les emmener dîner que pour les tirer de table: "La nécessité de manger fit sortir nos gens de ce lieu si délicieux. [...] Les réflexions de nos quatre amis finirent avec leur repas" (406).

La désinvolture et la gaîté (ne s'y joint-il pas une pointe de nostalgique amertume?) s'expriment aussi là où il semble qu'il aurait été préférable de les éviter: lorsqu'il s'agit de l'éloge du roi. Les quatre amis viennent de visiter la

Ménagerie, toute nouvelle d'après le narrateur. Ils se rendent dans l'Orangerie, dépouilles arrachées à Foucquet. Il est fait mention d'un guide ("celui qui les conduisait") et ce n'est qu'en son absence — notons-le — qu'Acante récite les couplets de poésie "que les autres se souvinrent d'avoir vus dans un ouvrage de sa façon" (406). En effet, c'est un poème qui avait été composé à l'intention du surintendant et de son château de Vaux! Après donc ce petit poème à la gloire d'un ennemi de Louis XIV, on se met alors "à parler du monarque pour qui on a assemblé tant de beaux objets." Vient un passage prétendu élogieux et qui ne sut pourtant faire entrer La Fontaine dans les grâces du roi. C'est certainement un texte à la gloire des artistes; c'est donc, en un sens, un texte à la gloire de qui les a choisis, à la gloire de Louis XIV. Mais il semble que le roi ait fait la sourde oreille et n'ait que médiocrement apprécié en 1669 les éloges du fabuliste qu'il avait admiré en 1668; et pourtant La Fontaine ne les a pas ménagés: son narrateur fait louer par les quatre amis réunis en concert les "principales vertus [du roi], les lumières de son esprit, ses qualités héroïques, la science de commander [qui le caractèrise]"; suit l'éloge du roi bâtisseur, éloge fait en des termes qui annoncent ceux qu'on emploiera au siècle suivant:

> "Tant de beaux jardins et de somptueux édifices sont la gloire de leur pays. Et que ne disent point les étrangers! Que ne dira point la postérité, quand elle verra ces chefs-d'œuvre de tous les arts!" (406)

Or ces extraits, soigneusement et malicieusement découpés par nos soins, se situent dans un contexte de gaieté et de badinerie qui dégrade l'éloge et le rend quelque peu impertinent. On en jugera sur pièces; voici le passage sans coupures:

> La nécessité de manger fit sortir nos gens de ce lieu si délicieux. Tout leur diné se passa à s'entretenir des choses qu'ils avaient vues, et à parler du

> monarque pour qui on avait assemblé tant de beaux objets. *Après avoir loué ses principales vertus, les lumières de son esprit, ses qualités héroïques, la science de commander*; après, dis-je, l'avoir loué fort longtemps [on remarquera le changement du ton, qui devient détaché] ils revinrent à leur premier entretien, et dirent que Jupiter seul peut continuellement s'appliquer à la conduite de l'Univers: les hommes ont besoin de quelque relâche. **Alexandre faisait la débauche; Auguste jouait; Scipion et Laelius s'amusaient souvent à jeter des pierres plates sur l'eau. Notre monarque se divertit à faire bâtir des palais: cela est digne d'un roi. Il y a même une utilité générale; car, par ce moyen, les sujets peuvent prendre part aux plaisirs du prince, et voir avec admiration ce qui n'est pas fait pour eux.** *Tant de beaux jardins et de somptueux édifices sont la gloire de leur pays. Et que ne disent point les étrangers! Que ne dira point la postérité quand elle verra ces chefs-d'œuvre de tous les arts!* Les réflexions de nos quatre amis finirent avec leur repas. (406)

J'ai marqué de caractères typographiques différents les passages indubitablement élogieux (italiques) et les passages familiers et badins (caractères gras).[5] Se faire louer sur ce ton ne pouvait guère plaire en effet au roi Soleil. Un peu plus loin, dans la description qu'il donne de la grotte de Téthys, le narrateur fait encore allusion au roi. Le jour s'achève, le Soleil descend chez Téthys:

> C'est ainsi que Louis s'en va se délasser
> D'un soin que tous les jours il faut recommencer. (407)

Et voilà le roi en chaussons, le poète se déclarant incapable de devenir le chantre des exploits guerriers du monarque.

Mais finissons là notre digression. En fait, la suprématie du narrateur principal tient plutôt d'une complicité paternelle avec ses personnages. Ou ne serait-elle qu'un masque? le lecteur s'imagine sans cesse qu'il va pouvoir percer ce masque et identifier le narrateur avec quelqu'une de ses créatures et La Fontaine avec le narrateur; le plus souvent le choix tombe sur Polyphile. Or l'identification serait risquée, du moins à la prendre au pied de la lettre: car les couplets de poésie que récite Acante sur l'Orangerie de Versailles sont ceux mêmes que devaient inspirer à La Fontaine l'Orangerie de Vaux, orangerie du Surintendant Fouquet, vaillamment confisquée par Louis XIV. Cette suprématie paternelle produit d'ailleurs ici un effet de style assez savoureux. Le narrateur rapporte, en la raillant gentiment, la récitation que fait Acante ("Acante, dis-je, ne se put tenir de réciter certains couplets de poésie [...]" [406]) et le poème nous est donné; ce dernier est composé de cinq strophes de quatre vers octosyllabes, plus une strophe finale de huit vers irréguliers. Le premier vers en est:

> Sommes-nous, *dit-il*, en Provence?

"Sommes-nous [...] en Provence?" c'est le texte d'Acante. Mais le "dit-il" qui se trouve au milieu du vers (et si on l'ôte, le vers devient faux!), ce "dit-il" est une intervention du narrateur en plein texte. Tels sont les jeux auxquels se plaît le conteur.

Ce n'est plus un personnage de la promenade, mais le seul narrateur qui compose ensuite la description versifiée de la grotte de Téthys où se rendent nos gens. Morceau de bravoure de cent trente-deux vers, le plus long passage en vers de *Psyché*. Comme le petit poème d'Acante sur les orangers, le poème sur la grotte est écrit à la première personne; l'émotion du poète s'y exprime. Acante disait:

> Orangers, arbres que j'adore,
> Que vos parfums me semblent doux! (406)

Le narrateur, de même, parlant des maîtres du Parnasse avec lesquels il n'ose rivaliser, assume en son nom sa description/récit:

> Et pendant que Louis, peint en dieu de la Thrace,
> Fera bruire en leurs vers tout le sacré vallon,
> Je le célébrerai sous le nom d'Apollon. (407)

On se perd un peu dans ces différents "je", ou plutôt on finit par ne plus prêter attention à leurs différences. Certes le ton du petit poème d'Acante est très différent de celui du long poème descriptif en alexandrins du narrateur principal, mais le fait est que l'intervention du narrateur y est aussi importante, sinon davantage. John Logan l'a souligné à juste titre, cette intervention prend très souvent, dans *Psyché*, la forme de la prétérition:

> J'ai pu jusqu'à présent exprimer quelques traits
> De ceux que l'on admire en ce moite palais.
> Le reste est au-dessus de mon faible génie. (407)

Prétérition malicieuse cependant! Le poète, qui désire surmonter sa faiblesse, sait que seul Apollon pourrait l'aider. Mais Apollon, c'est Phébus, c'est le Soleil; or justement il est temps de parler de lui puisque la nuit tombe, puisque le Soleil/Phébus/Apollon va se coucher. On remarquera alors le changement de ton qui se produit dans les cinq vers qui suivent; deux premiers vers nobles et larges, suivis de trois vers au vocabulaire familier:

> Toi qui lui peux donner une force infinie,
> Dieu des vers et du jour, Phébus, inspire-moi:
> Aussi bien désormais faut-il parler de toi.
> Quand le Soleil est las, et qu'il a fait sa tâche,
> Il descend chez Téthys, et prend quelque relâche. (407)

L'intervention du narrateur conduit parfois à des effets où la sensualité le dispute à la malice (malice à l'égard du personnage, malice à l'égard du lecteur, malice à l'égard de l'écriture...). On vient de nous décrire le dieu Apollon au milieu de sa cour de Néréides. Tous les gestes et tous les objets sont liés à la nature humide de la grotte:

> Doris verse de l'eau sur la main qu'il lui tend;
> Chloé dans un bassin reçoit l'eau qu'il répand;
>
> A lui laver les pieds Mélicerte s'applique;
> Delphire entre ses bras tient un vase à l'antique. (407)

Mais voilà qu'on oublie sculptures et eaux jaillissantes. Clymène se met à pousser des soupirs,

> Elle rougit parfois, parfois baisse la vue,

et, comme le fait remarquer le narrateur, cette rougeur est un peu surprenante:

> (Rougit, autant que peut rougir une statue:
> Ce sont des mouvements qu'au défaut du sculpteur
> Je veux faire passer dans l'esprit du lecteur.) (407)

La description s'achève sur un retour à la prétérition:

> Quand d'une voix de fer je frapperais les cieux,
> Je ne pourrais nombrer les charmes de ces lieux. (408)

Mais là encore l'exercice de rhétorique n'est pas sans comporter une part de raillerie; cette remarque finale vient après une suite de vers éblouissants qui, dans le plus flexible et fluent des baroques, décrivent au mieux le fracas étourdissant de l'onde jaillissante:

> L'onde, malgré son poids dans le plomb renfermée,
> Sort avec un fracas qui marque son dépit,
> Et plaît aux écoutants, plus il les étourdit.
> Mille jets, dont la pluie à l'entour se partage,
> Mouillent également l'imprudent et le sage.
> Craindre ou ne craindre pas à chacun est égal:
> Chacun se trouve en butte au liquide cristal.
> Plus les jets sont confus, plus leur beauté se montre;
> L'eau se croise, se joint, s'écarte, se rencontre,
> Se rompt, se précipite à travers les rochers,
> En fait comme alambics distiller leurs planchers.
> Niches, enfoncements, rien ne sert de refuge.
> Ma Muse est impuissante à peindre ce déluge; (407-08)

Mais, comme on nous le dit aussitôt après —retour au familier plaisant —, "les quatre amis ne voulurent point être mouillés" et se réfugièrent "en quelque coin où ils fussent à couvert de l'eau" (408). Et c'est alors enfin que Polyphile peut commencer la lecture de son conte. Car c'est bien d'un conte qu'il s'agit, et qui se passait dans des temps très anciens, "lorsque les villes de la Grèce étaient encore soumises à des rois" (408). Un de ces rois était aimé; mais pourquoi donc? c'est qu'il avait "beaucoup de bonheur." Il était très recherché; mais pourquoi cela? c'est qu'il avait trois filles à marier. A nouveau prétérition descriptive, à nouveau modestie du poète qui sait pourtant qu'il lutte d'invention avec la réalité:

> [...] Les deux aînées eussent pu passer pour les plus belles filles du monde, si elles n'eussent point eu de cadette; mais véritablement cette cadette leur nuisait fort. Elles n'avaient que ce défaut-là, défaut qui était grand, à n'en point mentir; car Psyché (c'est ainsi que leur jeune sœur s'appelait), Psyché, dis-je, possédait tous les appas que l'imagination peut se figurer, et ceux où l'imagination même ne peut atteindre. Je ne m'amuserai point à chercher des comparaisons jusque dans les astres pour vous la représenter assez dignement: c'était quelque chose au-dessus de tout cela, et qui ne se saurait exprimer par les lis, les roses, l'ivoire ni le corail. Elle était telle enfin que le meilleur poète aurait de la peine à en faire une pareille. (408)

Description hyperbolique; et pourtant description encore incomplète, comme on va le voir. Cependant le récit reprend. On l'aura deviné: Vénus s'irrite d'avoir une telle rivale; elle demande à son fils Cupidon de punir Psyché en l'affublant d'un époux bien laid et qui la maltraite. La déesse parachève le portrait de Psyché, après avoir avoué à son fils que ses fidèles l'abandonnent en foule:

> Des Grâces et des Ris la troupe m'abandonne;
> Tous les Amours, sans en excepter un,
> S'en vont servir cette personne. (408)

Le mot "Grâces" n'est-il pris ici que dans son sens mythologique? il n'en est rien; un peu plus loin en effet le narrateur s'explique sur la double portée du mot. Un mois se passe: voilà soudain que les deux sœurs aînées se trouvent mariées comme par enchantement. Mais pas question de vieil époux bien laid pour la cadette. Or, comme par enchantement encore, le pire se produit: soudain — ou presque —, plus personne ne fait la cour à Psyché. Le narrateur ne sait d'ailleurs où donner de la tête ni à quel dieu se vouer pour trouver l'explication de ce qu'il appelle miracle: est-ce châtiment décidé en chœur par les dieux de l'Olympe ou "vengeance particulière" de Cupidon? Toujours est-il qu'alors le narrateur s'explique sur les sens du mot "grâces":

> [...] De tout temps, l'empire de Cupidon, aussi bien que celui des flots, a été sujet à des changements; mais jamais il n'en était arrivé de semblable: au moins n'y en avait-il point d'exemples dans ces pays. Si Psyché n'eût été que belle [et à partir d'ici je mets en italiques] *Si Psyché n'eût été que belle, on ne l'eût pas trouvé si étrange; mais, comme j'ai dit,* [mais ce n'est pas lui qui l'a dit, pas directement du moins, c'est Vénus qui l'a dit à Cupidon] *outre la beauté qu'elle possédait en un souverain degré de perfection, il ne lui manquait aucune des grâces nécessaires pour se faire aimer: on lui voyait un million d'Amours et pas un amant.*

Nous comprenons mieux maintenant le scandale que provoque la solitude de Psyché. Il est étrange qu'une fille comblée de toutes les Grâces et de tous les Amours soit abandonnée des amants. Nous trouvons là soulignée la prééminence de la grâce sur la beauté, idée chère à La Fontaine. Ajoutons que Vénus avait nommé les Ris après avoir nommé les Grâces; la gaieté accompagne la grâce, qui entre ainsi tout naturellement dans le royaume de l'écriture comique.

La fierté de Psyché l'empêche de se plaindre, mais le désespoir de ses parents les conduit à consulter l'oracle, qui, obscur et désagréable comme tout oracle qui se respecte, n'annonce que malheurs: Psyché épousera un "monstre cruel," ennemi de l'Univers entier, "empoisonneur," "incendiaire," et "tyran." Les prêtres ajoutent leur glose: Psyché sera livrée au monstre "sur un roc, au haut d'une montagne." "Car, [disent-ils aux parents] elle doit mourir pour ses sœurs et pour vous."

Après cet alexandrin sinistre le narrateur reprend la parole et change de ton, non pas en revenant à la gaieté, — ce qui serait choquant, vu les circonstances —

mais en revenant au ton qu'adopte le conteur de fables lors même qu'il parle d'événements horribles. C'est le ton du conteur de *Blanche Neige* et de *La Belle et la Bête*, celui qui fait en même temps peur et plaisir aux petits enfants:

> Je laisse à juger l'étonnement et l'affliction que cette réponse causa. Livrer Psyché aux désirs d'un monstre! Y avait-il de la justice à cela? Aussi les parents de la belle doutèrent longtemps s'ils obéiraient. (409)

On a remarqué au passage la distance qu'établit entre nous et notre émotion le conventionnel, répétitif et léger "la belle." Finalement notre belle gagne le haut d'une montagne où elle s'abandonne au monstre qui doit venir. Mais c'est le Zéphire qui apparaît. Il la transporte dans un palais enchanté. Servie par des Nymphes, revêtue de vêtements nuptiaux, elle se voit servir à dîner "de l'ambroisie de toutes les sortes. Quant au nectar, les Amours en furent les échansons" (411). On lui chante des airs dont le narrateur traduit les paroles "en notre langue au mieux" qu'il a pu... On met au lit la victime. Le conteur intervient pour badiner: "Il [...] prit alors [à Psyché] une petite inquiétude, accompagnée de crainte, et telle que les filles l'ont d'ordinaire le jour de leurs noces, sans savoir pourquoi" (411). Son badinage se voile de grivoiserie lorsqu'il se joue de nous pour ne pas décrire la nuit de noces:

> [...] On n'a jamais su ce qu'ils se dirent, ni même d'autres circonstances bien plus importantes que celle-là: seulement a-t-on remarqué que le lendemain les Nymphes riaient entre elles et que Psyché rougissait en les voyant rire. La belle ne s'en mit pas fort en peine, et n'en parut pas plus triste qu'à l'ordinaire. (411)

Les nymphes riaient, mais Psyché était perplexe: au petit matin, son monstre d'époux s'en était allé sans lui dire qui il était; il lui avait même interdit de jamais le voir. A la suite de Psyché le narrateur visite alors les galeries, les chambres et leurs alcôves, contemple une tenture de six pièces, bref "les merveilles de ce palais, où, par un enchantement prophétique, ce qui n'était pas encore et ce qui ne devait jamais être se rencontrait [sic]" (412). Les jours passent et Psyché se plaît d'autant plus à parcourir son palais que partout elle y trouve son portrait peint ou bien quelque statue la représentant.

C'est sur la pointe des pieds que le narrateur intervient plus tard. Persuadée par ses méchantes sœurs, Psyché s'est finalement décidée à "voir" son époux mystérieux: elle a pris une lampe et, pour plus de sûreté, elle a aussi pris un poignard. C'est un passage-clef du récit et qui va clore la première partie du texte: Psyché va découvrir, explorer le corps de son mari endormi. Jamais autant que dans ce passage le narrateur ne se fait aussi présent.

Un soir donc, le mari revient. Il est nuit. Sa femme le comble de caresses; le mari s'endort. Le conteur note alors l'embarras de Psyché, "combattue de je ne sais combien de passions aussi contraires que violentes." Il énumère ses passions à partir de ce lieu supérieur et privilégié qu'est le lieu où narrateur et lecteur se font complices, lieu d'où l'on voit "notre héroïne" et d'où l'on saisit ses "mouvements."

> [...] L'appréhension, le dépit, la pitié, la colère, et le désespoir, la curiosité principalement, tout ce qui porte à commettre quelque forfait, et tout ce qui en détourne, s'empara du cœur de notre héroïne, et en fit la scène de cent agitations différentes. (421)

Après cette analyse sérieuse, rapide et pourtant complexe, le conteur revient au détachement amical mais un peu supérieur qui le caractérise dans tout le texte. Même la phrase qui suit marque ce détachement amusé: "Il fallut pourtant se déterminer." On ne nous dit pas: "Il *lui* fallut se déterminer," on nous dit: "Il fallut pourtant se déterminer," comme on dit à l'enfant qui hésite: "Allons, il faut se décider" ou: "Il faut être sage."

> [...] Il fallut pourtant se déterminer. Ce fut en faveur de la curiosité que la belle se déclara: car, pour la colère, il lui fut impossible de l'écouter, quand elle songea qu'elle allait tuer son mari. On n'en vient jamais à une telle extrémité sans de grands scrupules, et sans avoir beaucoup à combattre.
> (421-22)

Suit une réflexion qui porte plutôt sur toutes sortes de brouilles et de querelles entre amants que sur l'assassinat d'un époux:

> [...] Qu'on fasse telle mine que l'on voudra, qu'on se querelle, qu'on se sépare, qu'on proteste de se haïr, il reste toujours un levain d'amour entre deux personnes qui ont été unies si étroitement. (422)

Le récit reprend sur le mode supérieur et légèrement railleur que nous connaissons bien: "Ces difficultés arrêtèrent la pauvre épouse quelque peu de temps. Elle les franchit à la fin [...]." Et, armée du poignard et de la lampe, elle s'avance vers le monstre (car maintenant c'est ainsi que l'appelle le conteur, se glissant pour ainsi dire dans l'imagination de son personnage). L'amusement du narrateur et son goût du suspens se lisent dans le ralentissement du récit, ralentissement caractéristique d'une des formes de l'écriture comique[6]:

> [...] [elle] prit le poignard et la lampe qu'elle avait cachés, s'en alla le plus doucement qu'il lui fut possible vers l'endroit du lit où le monstre s'était couché, avançant un pied, puis un autre, et prenant bien garde à les poser par mesure, comme si elle eût marché sur les pointes de diamants. Elle retenait jusqu'à son haleine, et craignait presque que ses pensées ne la décelassent. Il s'en fallut peu qu'elle ne priât son ombre de ne point faire du bruit en l'accompagnant. (422)

Pour faire le portrait d'un époux (plus question de monstre), on glisse à de délicats octosyllabes, élargis ici et là en alexandrins. Là encore, c'est la vision du conteur qui s'impose, l'ordre de ses découvertes et son aveu d'impuissance à décrire. Cela est si frappant que le portrait de l'Amour en est féminisé par le conteur masculin:

Ses bras à demi nus étalaient des appas,
Non d'un Hercule, ou d'un Atlas,
D'un Pan, d'un Sylvain, ou d'un Faune,
Ni même ceux d'une Amazone;
Mais ceux d'une Vénus à l'âge de vingt ans.

Le poète avance avec la jeune épouse, "à pas tremblants et suspendus" et éprouve un choc admiratif devant cet "époux plus beau qu'aucune chose": car enfin c'était l'Amour. Il est frappé dès l'abord par le teint éclatant du dieu. En ce temps-là l'idéal n'était pas le bronzage, artificiel ou naturel, mais bien au contraire la chair de lait des blondes, celle de l'Amour cette nuit-là:

[...] son teint, par sa fraîcheur,
Par son éclat, par sa blancheur,
Rendait le lis jaloux, faisait honte à la rose.

Après un moment de saisissement, le narrateur s'aperçoit qu'il n'a pas procédé à sa description en ordre réglé; à nouveau la douce raillerie s'insinue:

Avant que de parler du teint,
Je devais vous avoir dépeint,
Pour aller par ordre en l'affaire,
La posture du dieu.[...]

Sont décrits les bras et le col, les "cheveux épars et flottants"; est nommée la beauté du visage. Nouvelle série de prétéritions:

Que vous en dirai-je? et comment
En parler assez dignement?
Suppléez à mon impuissance:

Je ne vous aurais d'aujourd'hui
Dépeint les beautés de celui
Qui des beautés a l'intendance.

L'évocation par le nom crée la magie:

> Que dirais-je des traits où les Ris sont logés?
> De ceux que les Amours ont entre eux partagés?

L'enthousiasme du conteur est si grand que, pour mieux invoquer le désir et le plaisir, il va en oublier qu'Amour, endormi, a les yeux fermés:

> Que dirais-je [...]
> Des yeux aux brillantes merveilles,
> Qui sont les portes du désir?
> Et surtout des lèvres vermeilles,
> Qui sont les sources du plaisir? (422)

Fin du petit poème descriptif. Retour au narré, c'est-à-dire à la fois aux sentiments et aux actions de Psyché. Narrateur et lecteur savaient depuis longtemps qu'Amour était le mari de Psyché. A la vue de son époux Psyché n'hésite pas un instant, "car quel autre dieu [qu'Amour] lui aurait paru si agréable?" Petite malice du texte, j'imagine: toute beauté supérieure donne le sentiment de la présence du divin... La certitude de Psyché ne serait donc vraie que par illusion! Désinvolte à l'égard de son gentil personnage, le narrateur va maintenant se montrer sacrilège à l'égard du dieu:

> Cupidon [...] dormait à la manière d'un dieu, c'est-à-dire profondément, penché nonchalamment sur un oreiller, un bras sur sa tête, l'autre bras tombant sur les bords du lit, couvert à demi d'un voile de gaze, ainsi que sa mère en use, et les Nymphes aussi, et quelquefois les bergères. (422)

On a noté l'amusante descente de Vénus aux bergères, qui ne se voilent de gaze que "quelquefois," cela est bien connu des bergères! Psyché se félicite avec complaisance de sa curiosité; elle "se sut très bon gré d'être curieuse." Elle ne regrette qu'une chose, ou plutôt, selon notre conteur, elle se repent: "La pauvre femme se repentait de ne pas lui [...] avoir fait davantage [de caresses]."

Alors que nous approchons du drame, le récit se poursuit, à la fois gentiment railleur et fort sensuel:

> Ce ne fut pas à elle peu de retenue de ne point jeter et lampe et poignard pour s'abandonner à son transport. Véritablement le poignard lui tomba des mains, mais la lampe non: elle en avait trop affaire, et n'avait pas encore vu tout ce qu'il y avait à voir. (422)

Psyché parcourt des yeux son époux (le toucher le réveillerait); elle ne peut croire ce qu'elle voit et le dit dans un joli monologue où elle doit bien reconnaître qu'elle ne risquait guère de tuer le dieu qu'est son mari! La curiosité de Psyché n'est pas complétement satisfaite; maintenant, elle désire voir Cupidon d'encore plus près, hélas!:

> Après ces réflexions, il lui prit envie de regarder de plus près celui qu'elle n'avait déjà que trop vu. Elle pencha quelque peu l'instrument fatal qui l'avait jusque-là servie si utilement. Il en tomba sur la cuisse de son époux une goutte d'huile enflammée. La douleur éveilla le dieu. Il vit la pauvre Psyché qui, toute confuse, tenait sa lampe; et, ce qui fut de plus malheureux, il vit aussi le poignard tombé près de lui. Dispensez-moi de vous raconter le reste: vous seriez touchés de trop de pitié au récit que je vous ferais.
>
> Là finit de Psyché le bonheur et la gloire
> Et là votre plaisir pourrait cesser aussi.
> Ce n'est pas mon talent d'achever une histoire
> Qui se termine ainsi. (422-23)

Dérobade? Les amis ne le toléreront pas. Polyphile sera forcé de continuer son récit et de donner lieu à une deuxième partie des *Amours de Psyché et de Cupidon*. Le jeu léger de l'écriture comique du conteur La Fontaine s'y prolongera, peut-être avec moins de grâce que dans la première partie. Toujours est-il que le "récit poétique," dont nous venons de reconnaître certains lieux, entre dans le jeu subtil et parfois déroutant d'une écriture différente quand même l'objet du récit n'est pas différent. Une nouvelle forme de communication avec le lecteur s'établit ainsi, et qui n'est pas moins complexe et enrichissante que la communication romantique ou tragique.

Jean Macary
Fordham University

NOTES

1. La Fontaine, *Les Amours de Psyché et de Cupidon*, in *Œuvres Complètes*, éd. J. Marmier, (Paris: Seuil, 1965), p. 408. Toutes les pages citées dans mon texte se réfèrent à cette édition.

2. Marcel Gutwirth, *Un Merveilleux sans éclat. La Fontaine ou la poésie exilée* (Genève: Droz, 1986).

3. Jean Sareil, *L'Ecriture comique* (Paris: P.U.F., 1984), p.159 et sq.

4. John L. Logan, *La Fontaine's 'Psyché'. A Critical Study*, unpublished thesis (Yale University, 1975). Pierre Clarac, *La Fontaine, l'homme et l'œuvre* (Paris: Hatier, 1959), pp. 87-104. Antoine Adam, *Histoire de la littérature française du XVIIe siècle*, vol. 4 (Paris: Domat, 1954), ch. 1. Marie-Odile Sweetser, *La Fontaine* (Boston: Twayne Publishers, 1987). John C. Lapp, *The Esthetics of Negligence: La Fontaine's Contes* (Cambridge: Cambridge University Press, 1971), pp. 35-37. Leo Spitzer, "Die Kunst des Übergangs bei La Fontaine," *Publications of the Modern Language Association of America*, LIII (1938), pp. 393-433.

5. Charles Péguy, dans son *Victor-Marie Comte Hugo*, procédait ainsi pour attirer l'attention du lecteur sur les passages où l'Iphigénie de Racine manifeste une cruauté naturelle et ancestrale.

6. Jean Sareil, *L'Ecriture comique*, pp. 153-59.

Gogol and the Tradition of the Word: French Universals and Russian Particulars

Gogol's entire career is marked by a disparity between ideal and practice. He believed that a writer is no different from any other kind of artist in his obligation to give expression to the felt needs of the national community in ways that elicit immediate understanding and compel unquestioning assent. Yet he himself deploys a highly idiosyncratic language that thrives on ambiguity and stimulates controversy, a language endowed with properties, functions and requirements that cannot be defined in terms of the other arts. It took him many years to perceive this disparity; he never could resolve it; and it ended by destroying him as a man and an artist.

Here I propose to focus on the earlier part of Gogol's career — roughly up to the first performance of *The Inspector General* in 1836 — as a note toward the study of a writer who resisted coming to terms with the special nature of his own art. And I shall touch on the not inconsiderable debt these attitudes owe to the

French Enlightenment.

In 1835, Gogol published an article entitled "Sculpture, Painting and Music." Each of these arts characterizes a main stage in the development of art from ancient times to the present. What is interesting, for our purposes, is not the scheme, which is hardly original, but rather, the fact that the article contains only two mentions of the verbal arts, incidental and even somewhat disparaging. Sculpture is described as "the clear specter (*yasnyi prizrak*) of that bright Greek world which has receded from us as into the deep removal of the ages ... and can be reached only through the thought of the poet" — following which is a specification of traits that can be found only in certain kinds of poetry (Gogol undoubtedly has Homer in mind), such as harmony, concrete imagery, strong colors, "beauty and sensuality." Gogol seems to suggest, then, that poetry — at least, ancient poetry — is at best a reminder of a fuller and livelier original. Painting is the achievement of the Christian Middle Ages. Being both sensual and spiritual, it looks back to sculpture and ahead to music; it is "music for the eyes." Unlike sculpture, however, it finds no equivalent in poetry, because it expresses things "for which there are no words." Music has most recently risen to become the highest of the arts; it is all movement, all "impulse;" and again, there is no verbal equivalent.[1]

Such attitudes toward the word might seem astonishing for someone who, after all, was himself an artist of the word. We should remember, however, that the habit of talking about one art in terms of another had been common for centuries. As Paul Oskar Kristeller points out by way of example, music, for the Greeks, "originally comprised much more than we understand by music ... Plato and Aristotle ... do not treat music or the dance as separate arts but rather as elements of certain types of poetry."[2] What is true of music can then be true of poetry; in fact, the properties of music, as Gogol sets them out here, are the same properties he eventually attributed to the word. Painting too consistently stood for literature throughout his career. No doubt he was still beholden to the neo-classical tradition of *ut pictura poesis* — as is painting, so is poetry — as well as to the various theories of the picturesque that had arisen in eighteenth-century Europe. Closer to his native tradition, he was also reflecting a sense of the special place that icons hold in Eastern Orthodox Christianity, which venerates them on the same level as the Bible; in a more secular context, this would in effect make possible the interchange of picture and text.[3] Finally, it may well be that a theory of language widespread in Russia when Gogol was a schoolboy had its influence too. I am speaking of so-called "general" or "philosophical" grammar.

This was a very old idea. But it was the French versions that left the deepest mark on the eighteenth and early nineteenth centuries in Russia and in Europe generally. One interesting though not in itself influential instance is found in Descartes. In his letter to Father Mersenne, dated November 20, 1629, he comments on a proposal for a universal language. Although he finds the proposal wanting, he does not dismiss the idea, provided the proper groundwork is laid. That amounts to working out a "vraie Philosophie," because "il est impossible autrement de dénombrer toutes les pensées des hommes, et de les mettre par ordre, ni seulement de les distinguer en sorte qu'elles soient claires et simples ...." More specifically, "si quelqu'un avait bien expliqué quelles sont les idées simples qui sont en l'imagination des hommes, desquelles se compose tout ce qu'ils pensent, et que cela fût reçu par tout le monde, j'oserais espérer ensuite une langue universelle, fort aisée à apprendre, à prononcer et à écrire, et ce qui est le principal, qui aiderait au jugement, lui représentant si distinctement toutes choses, qu'il lui serait presque impossible de se tromper ...." As matters now stand, Descartes says, "les mots que nous avons n'ont quasi que des significations confuses, auxquelles l'esprit des hommes s'étant accoutumé de longue main, cela est cause qu'il n'entend presque rien parfaitement." With a universal language — which he deems "possible," provided that one can "trouver la Science de qui elle dépend" — peasants will be better able to "juger de la vérité des choses, que ne font maintenant les philosophes."[4]

These remarks foreshadow at least two of the main concerns of general grammar: the essential identity and universality of logical and linguistic categories, and the assumption that words should or can be signs of ideas. It was, however, a book published in Paris in 1660 by two men of more modest talents that was to prove decisive: *Grammaire générale et raisonnée* by Antoine Arnauld and Claude Lancelot. It is often referred to simply as the "Port-Royal grammar," owing to its place of origin. It was Cartesian in inspiration (we might recall that *Discours de la méthode* had been published twenty-three years earlier), and purported to be, in the neat definition of one of its numerous disciples more than a hundred years later, "la science raisonnée des principes immuables & généraux du Langage prononcé ou écrit dans quelque langue que ce soit."[5] Even though the Port-Royal grammar took French as the norm of "generality," its influence was soon felt throughout Europe, and it persisted throughout the eighteenth century. For instance, the French text was reprinted in London as early as 1664, although a translation into English had to wait for nearly a hundred years.[6]

The first philosophical grammar in Russian seems to have been a brief book, extant in but a single copy, written in 1730 by Ivan Gorlitsky and entitled *Grammatika frantsuzskaya i russkaya nyneshnego yazyka, soobshchena s malym leksikonom radi udobnosti soobshchestva (A French and Russian Grammar of the Present-Day Language, Presented with a Small Lexicon in the Interest of Convenient Communication).*[7] Of far greater import were the writings that flowed from the restless pen of Mikhail Lomonosov, the most versatile genius of Russia's eighteenth century. He was a poet, a scientist, a philosopher. He also occupied himself with problems of grammar, rhetoric, and language generally, in such works as *A Short Guide to Rhetoric (Kratkoe rukovodstvo k krasnorechiyu*, 1748), *A Russian Grammar (Rossiiskaya grammatika*, 1757), and the brief but consequential "Foreword on the Utility of Ecclesiastical Books in the Russian Language" ("Predislovie o pol'ze knig tserkovnykh v rossiiskom yazyke," 1757). Even though Lomonosov was mainly interested in the particularities of the Russian language, the marks of philosophical grammar are everywhere present: the noun represents "being" and the verb, "action"; the sentence is an expression of "judgment"; words are "signs" of thoughts or ideas, and so on. However, it was not until well after his death, in 1765, that philosophical grammar came into its own in Russia, to such an extent, in fact, that in 1804 the government prescribed its teaching in all the secondary schools (*gimnazii*) and universities of the Empire, with Russian reserved to the lower schools.[8] Well-known books like Nikolai Grech's *A Practical Russian Grammar (Prakticheskaya russkaya grammatika)* and *An Extensive Russian Grammar (Prostrannaya russkaya grammatika)*, both dating from 1827, are prime specimens of philosophical grammar, and helped extend its influence well into the nineteenth century, long after the government had reversed itself in 1818 and banned the teaching of such grammar in the schools.[9]

This necessarily superficial survey of an important and complex system of thought may help explain the curious phenomenon of Gogol's apparent indifference to the "word" in his early writings. Certainly he was familiar with the precepts of philosophical grammar: they permeated the textbooks used by the secondary school in Nezhin when he studied there between 1821 and 1828. His extensive writings on history, which date mainly from the first half of the 1830's, are clearly marked by the ideas and approaches of the "philosophical" history that Voltaire's *Essai sur les moeurs* (1756) had done so much to implant everywhere in Europe. If, during this same period, he virtually ignored literary and linguistic theory, it may be that he regarded such matters as self-evident. After all, anyone reared on philosophical grammar could easily have developed the habit of talking about one thing in terms of another, "words," say, in terms of "thoughts" or "ideas," just as Gogol was then talking about literature in terms of painting, sculpture and music. At best, the word would be a "sign" of an idea or thought, with, ideally, a perfect match that precluded ambiguity or misunderstanding. The real test of "rightness" of thought and of the words automatically generated was immediate assent on the part of listeners or readers.

Circumstances eventually compelled Gogol to articulate these assumptions. For one thing, the public "assent" that had made him a famous writer with the appearance of his first collection of stories, *Evenings on a Farm Near Dikanka* (1831-32), began to erode as he became controversial. He was particularly shocked by the reactions of audiences to the first performances of his play *The Inspector General* in 1836: the mixture of approval, puzzlement and hostility certainly did not represent a consensus. By dwelling on the negatives, Gogol in effect found a consensus, though not of the kind he had expected. In a tormented letter to a friend, he announced his intention of leaving Russia: "I am going abroad to dispel the anguish my fellow-countryman are inflicting upon me daily .... A prophet has no honor in his native land. The fact that absolutely all classes of society have now risen up against me does not disturb me, but it is somehow painful and sad when you see your own countrymen unjustly ranged against you, those whom you love with all your heart, when you see how falsely and inaccurately they take everything ...."[10] He remained abroad, mostly in Italy, for the better part of twelve years, there producing his masterpiece *Dead Souls*. But he could not escape the responsibilities that for the Russian public went with being a literary celebrity. There had been a tradition in Russia since at least the eighteenth century of making discussions of language the focus for far larger issues — literary, philosophical, political, social — and writers in Gogol's time were still expected to weigh in. Gogol avoided doing so for some time. Besides the pressure of tradition, however subtle, his own practices as a writer made it inevitable that he would have to come to grips with the word.

Phenomenologically, the word is a striking, even obtrusive presence in Gogol's writings (fictional and non-fictional) from the very beginning. Let me take, as just one of many possible instances, a famous scene from a story published in 1835, "The Tale of How Ivan Ivanovich Quarrelled with Ivan Nikiforovich." Here Ivan Ivanovich tries to persuade Ivan Nikiforovich to give him a gun; Ivan Nikiforovich balks and finally calls Ivan Ivanovich a "gander" (*gusak*); this proves such an insult that the two friends become bitter enemies, never to be reconciled. What prevents this scene from being merely comic — and makes the quarrel plausible and ultimately tragic — is the power that becomes invested in the otherwise purely "sign" word *gusak*, making it a taboo or curse. To understand how the word acquires this power we must attend to the dialogue that precedes it.

> Ivan Ivanovich: "I'll give you a gray *sow*." Ivan Nikiforovich: "What use is your *sow* to me? Am I going to give a banquet at *the devil's wake*?" [I.I.]: "Again! You must keep bringing in *the devil*! It's a *sin*, it really is a *sin*, Ivan Nikiforovich!" [I.N.]: "Really, Ivan Ivanovich, how could you give me, in exchange for the gun, *the devil* knows what — a sow?" [I.I.]: "Why is she *the devil* knows what ...?" [I.N.]: "Why? ... This is a gun ... while that — *the devil* only knows what to call it — is a *sow*! ... You can go and kiss *your sow or the devil*, if you prefer him!" [I.I.] "Oh! You'll see, your tongue will be pierced with red-hot needles for such *ungodly* sayings! ... You go on about your gun, Ivan Nikiforovich, like a crazy child with a new toy ...." [I.N.]: "And you, Ivan Ivanovich, are a regular *gander*!"

I have drastically abridged this dialogue, which extends over several pages. But enough survives, I hope, to suggest how the ear is attuned to individual words through the repetition of what otherwise seems trivial. A lowly animal, the sow, is introduced, preparing the way for another lowly animal, the gander. The devil is also invoked, treated by Ivan Ivanovich as the taboo word it intrinsically is, and associated with the sow. "Gander" is simply substituted in the pattern for both "sow" and "devil," and itself becomes taboo. Now, a taboo word characteristically is identical with what it names. Here Ivan Ivanovich immediately begins acting like a "gander." Ivan Nikiforovich asks: "... why are you flapping your arms about like that? ... Why have you set up such a cackling?" It is important that it is Ivan Nikiforovich who makes these remarks, because as taboos work, the person who pronounces them has enormous power over the person at whom they are aimed. As a recent student of the subject points out, the taboo is a kind of magic, whereby the one who knows "the true names of a thing ... becomes its master and can control it."[11] Ivan Ivanovich's violent reaction suggests at least an instinctive awareness of this fact: he has fancied himself the dominant partner in the relationship, but is now the one who is controlled. Ivan Nikiforovich's power in this respect is objectified and further enlarged when he builds a goose-pen that encroaches on Ivan Ivanovich's land.

Several attempts are made to neutralize the taboo. In the first instance, Ivan Nikiforovich himself, as if aghast at what he has uttered, tries to turn it into metaphor: "I said you were like a gander, Ivan Ivanovich!" But that is not what he said; there is no "like" in the fateful words; they are a naming and a fact. In a second attempt, both men submit written complaints to the court. The offending word is mentioned, but it is shrouded in mists of verbiage which are perhaps intended to have the same effect that metallic streamers dropped from warplanes do on radar impulses: derouting, deflecting, counteracting. Since the word is in written form and is read out by a clerk, it has no power: taboos and curses affect only those at whom they are orally and specifically directed. A third attempt is made when the townsfolk try to recreate and then alter the circumstances in which the word first became taboo. Ivan Ivanovich is present at a party; the others decide to "send on the sly for Ivan Nikiforovich and bring them together." As an emissary they elect one Ivan Ivanovich — "not *the* Ivan Ivanovich," we are told, "but the other one who squinted." Of course, *this* Ivan Ivanovich is not affected by the curse, a fact that is further emphasized when he says: "'I am very much surprised that my right eye ... *does not see* Ivan Nikiforovich.'" By substituting a "clean" person bearing the same name as the one who is cursed, they hope, as it were, to confuse and undo the curse. Ultimately, however, this second Ivan Ivanovich is not the one who goes and persuades Ivan Nikiforovich to appear: hereby we are in effect forewarned that this attempt will fail as well. The two men are brought face to face. Just as reconciliation seems imminent, Ivan Nikiforovich says: "You took offense over *the devil knows what*, over *my calling you a gander*." And once again the fateful pattern plays itself out: "Ivan Nikiforovich was instantly aware that he had committed an indiscretion in uttering that word; *but it was too late: the word had been uttered*!" Why then does he repeat the "indiscretion," knowing that it was the cause of the break in the first place? It is because this word, once taboo, retains its power, and needs only to be repeated in order to be revived. The point is reinforced by the narrator's assertion that "had he said 'bird' and not 'gander,' the position might still have been saved. But — all was over!"[12]

The following conclusions are suggested: (1) any word, however neutral or innocent in itself, is potentally taboo; there is no way of knowing in advance; (2) even though the word is aimed at a particular person, and is generated in specific circumstances, it may have repercussions that affect the entire world of the story, in ways that cannot be foreseen, let alone controlled by anyone; (3) the word has the capacity to follow laws of its own, quite apart from from the "real" world, often producing situations that are illogical, even insane in terms of that world; (4) any word, once taboo, no longer functions merely as a "sign," and thus can no longer name the phenomenon to which it was orignally attached. Some other word must be found if one wishes to denote, let us say, the particular animal originally called *gusak*. The lexicon has thereby been amplified or diminished, depending on how one looks at it. However, since *gusak* is not intrinsically taboo, it loses its taboo function once we move beyond the boundaries of this particular story, and reverts to its original sign-function. Put another way, Gogol is suggesting that any word has no intrinsic meanings; everything depends on context.

* * * *

Historically, the ground for this kind of word had already been prepared in the late eighteenth and early nineteenth centuries in a variety of ways. For one thing, the neo-classical idea of genre as a system had all but disappeared. Various attempts to classify literature and language had of course been made since ancient times, as in Aristotle's *Rhetoric*, Quintilian's *Institutio Oratoria*, and — especially important for the eighteenth century — Cicero's *De Oratore*, with its three kinds of rhetorical style. The Russians first became acquainted with ancient rhetoric in the 1600's, mainly through Polish and Ukrainian manuals written in Latin, which formed an essential part of the curriculum of the new schools that were being established in Moscow.[13] By the eighteenth century, translations were being made directly from the ancient writers themselves. Along with them came the neo-classicists, notably Boileau. Antiokh Kantemir had translated several of his satires in the 1740's; but it was Vasily Trediakovsky's rendition, in 1752, of the *Art poétique* (as Poeticheskoe iskusstvo) that brought him fully and explicitly into the literary polemics of the time.[14]

The Russian versions of the "three kinds" owe at least as much to Boileau as to classical sources. Lomonosov, for example, distinguished a "high" style (*vysokii shtil'*), comprising words found in Church Slavonic and comprehensible to Russians, and appropriate for "heroic poems, odes, and speeches in prose on important matters;" a "middle style" (*srednii shtil'*), consisting mostly of Russian words, with an admixture of some Slavonic and even "low" words, and suited for most kinds of plays, for personal letters in verse, and for satires, eclogues and elegies; and a "low style" (*nizkii shtil'*), containing ordinary Russian words not found in Church Slavonic, and appropriate for comedies, amusing epigrams, songs, personal letters in prose, and "descriptions of ordinary matters."[15] It might seem paradoxical that the decay of this system coincided with a vigorous renewal of interest in the ancient classics toward the end of the eighteenth century. However, as Yuri Lotman has pointed out, this renewal was not a response to antiquarian yearnings but was intended to set Russian poetry and Russian culture on a new basis. It very pointedly bypassed French translations of the classics, and in fact the entire tradition of neo-classicism. One of the leaders, Aleksei Merzlyakov, helped define the new attitude toward France that was beginning to emerge when he argued that the hallowed idea of "imitation" had amounted to imitating the imitators:

> In considering models [for our poets], it must be admitted that we do not seek them where we should. French literature has undoubtedly been elevated to the highest possible degree of perfection, but the French themselves have been imitators, and thereby, in their imitating, have adapted themselves to their own times, to taste, which is so inconstant, to circumstances, which are so diverse! Why should we not, for the preservation of our own character and honor, draw from the pure, changeless treasures of that same first treasure-house from

> which they drew? Why should we not also avail ourselves directly of the precepts of their teachers, the Greeks and Romans? Why do we pride ourselves on being imitators of often weak imitators, since we have the capacity and strength to draw from the originals themselves!

He goes on to warn of serious consequences unless France is cast aside: "in imitating the creations of a living people ... we insensibly imitate its manners and customs, and lose our own character and national pride .... In short, it is we who are creating intellectual slavery for ourselves!" The only ways in which he thinks the French can properly and profitably be imitated is "in their labors, their researches, their indefatigability; busy yourselves with the study of ancient writers as they do, and you will reach the desired goal."[16]

The signs of cultural and linguistic independence had already been evident for many years. Lomonosov, for one, had declared that the Russian language was the equal of any of the great modern European languages, including French. But it was not until the first two or three decades of the nineteenth century that Francophobia became a commonplace, and Francophiles an often despised species. Typical was Aleksandr Bestuzhev-Marlinsky's observation that the French literature so uncritically admired by certain Russians was the product of "the soulless smart-Alecs of the age of Louis XV," which was "utterly incompatible with the temper of the Russian people and with the spirit of the Russian language."[17] No doubt Napoleon's defeat in the war of 1812, followed by the Russian occupation of Paris, played its part in boosting national pride and self-confidence. More broadly, there was a feeling that the Enlightenment was played out, that new ideas were needed, and that France had nothing creative to offer. Russians now tended to look to Germany for values found in France half a century earlier. Dmitry Venevitinov, writing in 1825, used literary criticism to draw a graphic contrast between the two cultures. French criticism, he thought, consisted of "scattered observations, at times subtle and lightened with the charm of a picturesque style, but not interconnected, not illuminated with a general view." German criticism was superior, in that it presented "a definite idea, which develops into a system of conclusions," and took account of "poetry's complex participation in the general system of the universe and its dependence on the spirit of the time."[18] A pervasive disillusionment with the Enlightenment also figured in the growing skepticism, within the new schools of Russian linguistics, that philosophical grammar had answers to insistent questions about the special features of the Russian language and their role in the shaping of a new national self-awareness.

* * * *

In some respects, Gogol's early works mirror and in turn contribute to these larger developments. Certainly they owe no allegiance to neo-classical ideas of genre and style. Taken together, they are virtually an anthology of Russian as it was then available in the literature from the past and in the daily usage, spoken and written, of all levels of society, jostling and playing in various combinations. Decorum and *bon usage* are rarely in evidence, except as fossilized ideologies worthy of ridicule. To be sure, there is no significant mention in them of France. It was only in the 1840's that France came to stand for everything that Gogol found unpleasant, threatening, or evil in the modern world. The hero of the late story entitled "Rome," a young Italian prince studying in Paris and obviously Gogol's mouthpiece, observes "the disorder of the roofs, the architectureless unbroken masses ... the formlessness of bare side walls ... the numberless jumbled crowd," and understands that beneath all the bustle lies "a strange inactivity, a dreadful reign of words instead of deeds." The intellectual life of the university is marked by "the desire to display oneself, boast, put oneself forward," that is, by rampant individualism, and the lectures are composed of fragments, "brilliant episodes," with no "triumphant, majestic flow of the whole." And Paris is but a microcosm of France as a whole:

> for all its brilliant traits, for all its noble impulses, for all its chivalrous outbursts, the entire nation was something pale, incomplete, a frivolous vaudeville that it itself had created. No majestic and serious idea rested upon it. Everywhere there were hints at thought, but no thoughts as such; everywhere semblances of passions, but no real passions; everything was unfinished, everything was thrown together, sketched with a quick hand; the entire nation was a brilliant vignette, not a painting by a great master.[19]

The ideas here are strikingly reminiscent of Venevitinov's indictment of French literary criticism. For Gogol, however, it is not Germany but Italy, especially ancient Rome, that embodies the qualities of wholeness and vitality that the prince comes to understand are essential for a viable culture. Later, Gogol was to identify them with ancient Greece and ultimately with a Russia of the future, which he saw as a worthy successor to those ancient cultures. (The Germans were always comic figures for him, little more than industrious ants.) He also deemed those qualities essential to the mind of the literary artist and the medium in which he worked. Unquestionably, Eastern Orthodox Christianity contributed much. Yet I think we also see the continuing presence of France, if only as a subtext. Gogol never really moved away from the ideas embodied in the philosophical grammar on which he had been reared, ideas that for educated Russians of the eighteenth century and even later were most compellingly embodied in the writings of the French Enlightenment. He always remained convinced that "true" language was a language shared, in all essentials, by the poet and the nation. To the end of his life, he clung to the ideal that the word, properly used, was a "sign" that conveyed unambiguous realities and truths. It did not matter to him — if he was even aware of it — that the philosophical grammarians, French and Russian, had long been aware of the polysemous nature of words and had tried in various ways to account for it. Once he began to understand that his practices as an artist of the word stood in drastic contradiction to his idea of what the word should be, he became increasingly incapacitated and finally impotent as a writer.

We cannot follow the process here. But something of its dimensions and its consequences can be seen in an article that Gogol wrote in 1847 under the title "On Defining the Word."

> One must treat the word honestly. It is God's highest gift to man. Woe unto the writer who utters it before his own soul has achieved harmony ... even with the purest of intentions to do good he can create evil .... It is dangerous for the writer to treat the word lightly .... All the great educators used to impose a long silence precisely on those who used the word carelessly .... They heard that it is possible to bring to shame that which one is trying to elevate, and how at every step our tongue is our betrayer.

By now the word had become far more than the medium in which the writer by definition must work; it involved Gogol's personal validity and personal survival. In the last few weeks of his life, he burned most of the second part of *Dead Souls*, and fell almost completely silent. That was an appropriate acknowledgment of the power of the kind of word he had unleashed. Perhaps he had reached the same conclusion that Plato did in one of his epistles: that "knowledge and understanding and correct opinion" of objects are "one thing more that is found not in sounds [i.e., language] nor in shapes of bodies, but in minds," that is, in silence.[20]

Robert A. Maguire
Columbia University

NOTES

1. "Skul'ptura, zhivopis' i muzyka," *Polnoe sobranie sochinenii*, VIII (Moscow-Leningrad: Izdatel'stvo Akademii Nauk SSSR, 1952), pp. 9-13. Gogol dates the article 1831, even though it was actually written three years later. All translations from the Russian are my own unless otherwise indicated.

2. "The Modern System of the Arts,"*Renaissance Thought and the Arts* (Princeton: Princeton University Press, 1980), p. 169.

3. See especially Timothy Ware, *The Orthodox Church* (Penguin Books, 1967), p. 39, and Leonid Ouspensky, *Theology of the Icon* (Crestwood, N.Y.: St. Vladimir's Seminary Press, 1978) particularly chapter x. The literature on the picturesque and on Horace's *Ars Poetica* in Western Europe is vast; but there is a need for specialized studies of the Russian versions of these ideas.

4. *Correspondance*, publiée avec une introduction et des notes par Ch. Adam et G. Milhaud, I (Paris, Librairie Félix Alcan, 1936) pp. 89-93. Regarding the project of which Descartes writes, the editors note that it "avait sans doute été publié dans un placard-annonce (rédigé en latin et contenant six propositions). Mersenne aura communiqué cette pièce à Descartes, mais il ne semble pas qu'il en ait su davantage" (89). And it would appear that Descartes never developed his ideas for a universal language: "On n'a, sur le projet critiqué par Descartes, aucune indication en dehors de cette lettre" (93).

5. N. Beauzée, *Grammaire générale, ou Exposition raisonnée des éléments nécessaires du langage, pour servir de fondement à l'étude de toutes les langues* (Paris, Barbou, 1767), p. x as quoted in Roland Donze, *La Grammaire générale et raisonnée de Port-Royal* (Berne: Editions Francke, 1967), p. 35. For the Cartesian connection, see Noah Chomsky, *Cartesian Linguistics: A Chapter in the History of Rationalist Thought* (New York and London: Harper and Row, 1966). For a compact and stimulating discussion of many of these questions, with special reference to such eighteenth-century representatives as Du Marsais and Condillac, see Karl D. Uitti, *Linguistics and Literary Theory* (New York: W.W. Norton, 1969), esp. pp. 71-73 and 77-92.

6. As *A General and Rational Grammar*. It is available in a reprinted version from The Scolar Press (Menston [England], 1968) as No. 73 in the series entitled *English Linguistics 1500-1800*, selected and edited by R.C. Alston. An introductory note to the reprint gives a useful summary of the publishing history of the *Grammaire* and of *La Logique ou l'Art de penser*, by Arnauld and Pierre Nicole, which in effect is a companion volume.

7. As characterized in F.M. Berezin, *Istoriya russkogo yazykoznaniya* (Moscow: Vysshaya shkola, 1979), p. 14.

8. The decree was entitled "Ustav uchebnykh zavedenii, podvedennykh universitetam." For a brief discussion, see Berezin, esp. pp. 45, 54.

9. The very title of a French version of Grech's grammar indicates its direction: *Grammaire raisonnée de la langue russe I-II* (St. Petersburg, 1828-29).

10. Letter to M.P. Pogodin, May 10, 1836, *Polnoe sobranie sochinenii*, XI, 1952, p. 41. For an interesting discussion of this whole episode, see Victor Erlich, *Gogol*, (New Haven and London, Yale University Press, 1969), pp. 106-11.

11. Pedro Laín Entralgo, *The Therapy of the Word in Classical Antiquity*, edited and translated by L.J. Rather and John M. Sharp (New Haven and London: Yale University Press, 1970), p. 27. Entralgo is speaking specifically of the ancient Babylonians and Assyrians (whom he contrasts in this respect with the Greeks), but his point holds, I believe, for taboos generally and for the situation I am now discussing.

12. The translation used here is that of Constance Garnett, in *The Complete Tales of Nikolai Gogol*, Vol. I, edited, with an introduction and notes by Leonard J. Kent (Chicago and London: University of Chicago Press, 1985). The emphases in the quotes are mine. It is possible that the word *gusak*, in Ukrainian and Russian folklore, is not all that "innocent." Certainly it seems to suggest rampant, irresponsible and threatening sexuality. There is a hint of these aspects in Gogol's own "Ivan Fiodorovich Shponka and His Aunt," one of the stories in *Evenings on a Farm Near Dikanka*, where Shponka, who is terrified of women, notices in his dream that his wife "had the face of a goose. He turned aside and saw another wife, also with the face of a goose" (Garnett translation, as in Kent, I, 196). It is also worth mentioning, as a possible folkloric subtext, the proverb "the goose is no friend of the pig" (*gus' svin'e ne tovarishch*).

13. An interesting example of this kind of work can be seen in Feofan Prokopovich's *De Arte Poetica*, which was written in Kiev in 1706, but was published only in 1786. The original Latin text has recently been published, with commentary and an extensive introduction by Renate Lachmann, as Vol. 27/II in the series Slavistische Forschungen (Cologne and Vienna: Boehlau Verlag, 1982).

14. Trediakovsky's article entitled "Mnenie o nachale poezii i stikhov voobshche" ("An Opinion on the Beginning of Poetry and Verse Generally," 1755) is a document of the first importance for studying the ways in which an influential (though much-maligned) man worked out of the classical and neo-classical traditions to pose questions that had wide reverberations in Russia for at least the next seventy years. Among the authors mentioned or cited are Horace, Lucan, Aristotle, Cicero, Ovid, Plato, Fénelon, Fontenelle, and Charles Rollin. In a sense, this entire article is a gloss on Horace's *ut pictura poesis*.

15. "Predislovie o pol'ze knig tserkovnykh v rossiiskom yazyke" ("A Foreword on the Utility of Church Books in the Russian Language," 1757), as in *Sochineniya*, (Moscow-Leningrad: Gosudarstvennoe Izdatel'stvo Khudozhestvennoi Literatury, 1961), pp. 271-72. Trediakovsky's version is to be found in *Novyi i kratkii sposob k slozheniyu rossiiskikh stikhov (New and Brief Method for Composing Russian Verses,* 1735, revised in 1752), partially translated in Rimvydas Silbajoris, *Russian Versification. The Theories of Trediakovskij, Lomonosov, and Kantemir* (New York and London: Columbia University Press, 1968).

16. "Rassuzhdenie o rossiiskoi slovesnosti v nyneshnem ee sostoyanii" ("A Discourse on Russian Literature in its Present State"), *Trudy Obshchestva lyubitelei rossiiskoi slovesnosti pri Moskovskom universitete*, 1812, Part 1, as in *Russkaya literatura XIX v. Khrestomatiya kriticheskikh materialov*, ed. by M.P. Legavka, compiled by M.G. Zel'dovich and L. Ya. Lifshits, Part 1 ("Literaturnoe dvizhenie pervoi chetverti veka") (Khar'kov: Izdatel'stvo Khar'kovskogo Ordena Trudovogo Krasnogo Znameni Gos. Universiteta im. A. M. Gor'kogo, 1959) p. 47. Lotman's statements can be found in "Russkaya poeziya nachala XIX veka," the introductory article to the anthology entitled *Poety nachala XIX veka*, Biblioteka poeta, Malaya seriya, izd. 3-e (Leningrad: Sovetskii pisatel', 1961).

17. "Vzglyad na russkuyu slovesnost' v techenie 1824 i nachale 1825 godov," *Polyarnaya zvezda na 1825 god*, as in *Polyarnaya zvezda* (Moscow-Leningrad: Izdatel'stvo Akademii Nauk SSSR, 1960), p. 489.

18. "Razbor stat'i o 'Evgenii Onegine,' pomeshchennoi v 5-m No. 'Moskovskogo telegrafa,'*Syn otechestva*, 1825, Part 100, No. 8, as in *Russkaya literatura XIX veka. Khrestomatiya...*, I, 271.

19. "Rim" (Rome, 1842), as in *Polnoe sobranie sochinenii*, III, 1938, pp. 228-29. The earlier quotes from this story are on pages 227-28.

20. Letter VII, as in *The Collected Dialogues of Plato, Including the Letters*, edited by Edith Hamilton and Huntington Cairns, Bollingen Series LXXI (New York: Pantheon Books, 1961), pp. 1589-90. The passages from Gogol are taken from "O tom, chto takoe slovo," as in *Polnoe sobranie sochinenii*, VIII, 229-32.

A Voltairean Problem:
The Seventh *Discours en vers sur l'homme*

As any student of Voltaire will know, the poet's *Discours en vers sur l'homme* consists of seven separate poems on different themes, strung together in a fairly loose structure. Commentaries on the *Discours* have tended to see the poem in this light and to treat the seven pieces as equally integral parts of the whole.

But it was not always so. There have indeed been seven such Epistles ever since the 1752 Walther edition of Voltaire's works. But fourteen years were to pass before the seventh was fully integrated into the poem as a whole. The first six were published together for the first time in the 1740 *Recueil de pièces fugitives en prose et en vers* (RP40), which actually appeared in late 1739. But the seventh did not see the light of day until 1742, when it figured in Volume V of the Geneva edition of the *Œuvres mêlées de M. de Voltaire* (W42). Furthermore, whereas the first six came out together at pp. 32-82, the seventh appeared on its own, entitled *Ce que c'est que la vertu*, at pp. 236-41. In the *Œuvres de M. de Voltaire*, Amsterdam or Leipzig, 1743-1745, the seventh has been moved up to follow directly after the six *Discours*. But it is still entitled *Ce que c'est que la vertu*, and there is no reference to it as "Septième." The 1746 *Œuvres diverses de M. de Voltaire*, Londres (Trévoux) once more separates it completely from the others, and a similar separation occurs in the 1748 Walther edition of the *Œuvres*. In the 1750 *Recueil de pièces en vers et en prose* (RP50), there is a new development; it does not appear at all! The six *Discours* are now followed by the *conte Memnon*, to which is appended the note: "Ce petit ouvrage ayant quelque raport aux Discours en vers cy-dessus, on a cru devoir l'imprimer à leur suite." This suggests that a deliberate choice was made by Voltaire himself to link the *conte* with the poems, and in so doing to jettison the seventh as superfluous. But the latter is retained in the 1751 Paris Lambert edition of the *Œuvres*, albeit once more at a considerable remove from the six *Discours*. Only in 1752, in the Walther edition of the *Œuvres*, do the seven come together definitively, the last poem in the series being explicitly named as "septième" for the first time. Even then, one still has to wait until the 1756 Cramer edition of the *Collection complette* to see the title come into line with the others by being amended to "Sur la vraie vertu."

This curious history of publication is paralleled by a certain mystery attaching also to the original appearance of the Epistle on Virtue. A brief recapitulation of events surrounding the emergence of the other six may help to place the seventh properly in its context.

The opening two *Discours*, "De l'égalité des conditions" and "De la liberté," are first referred to in Voltaire's *Correspondence* in January 1738, when he despatches them to Frederick of Prussia, adding that they are "le commencement d'une espèce de système de morale" which he had begun a year before and that four epistles in all are completed.[1] These two, praised by Frederick three weeks later (D1459), are published by Prault in March under the title *Epîtres sur le bonheur*, having obtained an official approval to print on 1 March. The third, "De l'envie," is sent to Frederick on 8 March (D1468), praised a month later by its recipient even more warmly than the earlier pair (D1482) and published shortly after by Prault, with an *approbation* dated 28 April. The fourth, "De la modération en tout," goes off to Frederick around the end of April (D1484), being praised by the Crown Prince as a "chef d'œuvre" (D1515). It was to be published separately in August (D1597), with an *approbation* of 2 August. That was however the last *Discours* to secure (or, probably, even to seek) official approval. The fifth, "Sur la nature du plaisir," is despatched to Frederick about mid-July (D1558) as is the sixth, which possibly is sent a little earlier (D1537). The latter, "De la nature de l'homme," receives compliments from Frederick in August (D1575) and his German friends von Keyserlingk and Jordan in September (D1613).

With these six, therefore, a clear pattern emerges. Although Frederick is not the only person to whom the Epistles are directed, he is, judging by Voltaire's correspondence, the first or among the first to receive each one. A similar situation appears to have arisen with the seventh. We have no letter from Voltaire announcing its departure, but Frederick replies about it in the same letter in which he mentions the fourth: "Votre quatrième *Epître* est un chef d'œuvre. [...] J'ai reçu encore la cinquième *Epître sur le bonheur* [...]" (D1515 [c.10 June 1738]). This suggests that the latter went off in a separate packet after the fourth, therefore probably some time in May.

Frederick's reaction to this Epistle, unique in all the seven, is one of disapproval. He makes one single other allusion to it, criticising Voltaire's description of Christ as "l'homme dieu."[2] The Crown Prince feels that Voltaire had allowed appeasing attitudes towards the priesthood to influence him in this, to his mind, tendentious choice of name: "une condescendance pour les jésuites ou quelque prêtraille vous a déterminé à parler de ce ton"(ibid). To this criticism Voltaire responded ironically:

> Je jure à votre altesse royale que dès que vous aurez repris possession du château de Cirey, il ne sera plus question de la capucinade que vous me reprochez si héroïquement. Mais monseigneur Socrate sacrifioit quelquefois avec les grecs. Il est vray que cela ne le sauva pas, mais cela peut sauver les petits socratins d'aujourduy. (D1537)

The irony, however, overlies an apologetic attitude. When the free-thinking Frederick has achieved possession of Cirey, things will be different. In the meantime, Voltaire must live in the real world with all its ensuing compromises.

This much is straightforward. But, as we have seen, Frederick had referred to the poem as the fifth Epistle, whereas it is now the seventh (unless of course "L'Homme-Dieu" originally figured in what is the present fifth, for which there is no supporting evidence). Why this anomaly? Lacking Voltaire's original *lettre d'envoi* with this *Discours*, we can never be sure. But there is good reason to suppose that the poet had himself referred to it as the fifth, just as he had been numbering the earlier ones.[3] It fits exactly into the right chronological slot for the fifth, for there is otherwise a gap of nearly three months during this six-month period when Voltaire's thoughts are very much on producing and revising the seven *Discours*.

It also seems likely that this is the poem to which Mme du Châtelet refers in a letter to the ever-faithful guide and counsellor d'Argental in a letter written around 1 July 1738: "Il ne donnera la cinquième que quand vs en serés content [...]" (D1536). Evidently the Epistle had been sent at an earlier date to the comte for his advice about its suitability for publication, just as with all the others. Shortly afterwards, d'Argental must have replied advising caution, for Voltaire rejoins on 14 July:

> Si on ne permet pas de se moquer des convulsions il ne sera donc plus permis de rire.
>
> Si le public devenu plus dégouté que délicat à force d'avoir du bon en tout genre, ne soufre pas qu'on éguaie des sujets sérieux, si le goust d'Horace et de Despreaux sont proscrits, il ne faut donc plus écrire.

The reference is to a passage (vv.50-66) where Voltaire apostrophises a "fanatique indocile":

> Pourquoi ce teint jauni, ces regards effarés,
> Ces élans convulsifs, et ces pas égarés?

The latter and his kind are excoriated:

> Quelques saints possédés dans cet honnête lieu
> Jurent, tordent les mains, en l'honneur du bon Dieu:
> Sur leurs tréteaux montés, ils rendent des oracles,
> Prédisent le passé, font cent autres miracles;
> L'aveugle y vient pour voir, et, des deux yeux privés,
> Retourne aux Quinze-Vingts marmottant son *Ave*;
> Le boiteux saute et tombe, et sa sainte famille
> Le ramène en chantant, porté sur sa béquille;
> Le sourd au front stupide écoute et n'entend rien;
> D'aise alors tout pâmés, de pauvres gens de bien,
> Qu'un sot voisin bénit, et qu'un fourbe seconde,
> Aux filles du quartier prêchent la fin du monde.
> (Mol. ix. 422)

After Voltaire's reply to d'Argental, the poem simply disappears from view. It plays no part in the programme of vigorous rewriting on which Voltaire is embarked in response to comments from such as d'Argental and Thieriot. In all the discussions, often anguished, about how to publish the Epistles without incurring scandal, it nowhere appears. The future seventh *Discours* is left out of account, an irrelevance to current considerations. Of all the seven, it is the only one not read aloud to Mme de Graffigny by Voltaire during the lady's stay at Cirey at the end of the year. Mme de Graffigny, indeed, talks specifically of only six epistles (D1686). At this time, Mme du Châtelet is writing to d'Argental: "Ie voudrais que ces six Epîtres fussent finies, pr n'en plus rien craindre" (D1685). Voltaire for his part tells Thieriot that "L'objet de ces six discours en vers, est peutêtre plus grand que celuy des satires et des epîtres de Boylau" (D1688). It is as if the seventh did not exist — so much so that I.O. Wade is led to conclude that it "does not seem to have been written at this time."[4]

But there is evidence, internal as well as external, that it had already been composed in early 1738. Variants occurring in the Kehl edition appear to suggest that as the relevant period. First, an interpolation at v.14 begins: "Hermotime, il est temps de rompre le silence" (Mol. ix. 425). This invocation of the ancient Greek figure Hermotime is paralleled only in the first *Discours*; he was to be replaced controversially by Thieriot when Voltaire was preparing the poem for the RP40 edition. The author's letter to Thieriot announcing this change (D1665) is dated tentatively by Besterman as 24 [Nov. 1738], a date amply borne out by other letters on the subject dating from early December (D1679, 1688). One may infer that Voltaire had thought of the same dedicatee for both *Discours* at an early stage of composition. Another significant pointer lies in the Kehl edition variant of the opening verses, where Voltaire incorporates references to Marot and Rabelais. These allusions are later plagiarised for use in the third *Discours*. The parallel is particularly striking where Marot is concerned. The variant to the seventh *Discours* reads as follows:

> Qu'un écrit bigarré de grave et de comique,
> Où le rimeur moderne affecte un air gothique,
> Et dans un vers forcé, que surcharge un vieux mot,
> Veut couvrir la raison du masque de Marot.
> (Mol. ix. 425)

In the RP40 edition of the third *Discours* we find:

> Tôt ou tard on condamne un rimeur satirique
> Dont la moderne muse emprunte un air gothique,

Et, dans un vers forcé que surcharge un vieux mot,
Couvre son peu d'esprit des phrases de Marot.
(ibid., 395)

Similarly, the verse:

Mais le vrai veut un air, un ton plus respectable

is lifted wholesale from the seventh (ibid., 425) to be interpolated in the third (ibid., 396). At some time, therefore, by late 1738 Voltaire, in preparing the 1740 edition of the poems, had decided that at least some sections of the seventh *Discours* could be made available for use elsewhere. While not in itself sufficiently important to be a conclusive argument, this detail does fit in with the pattern we have already noted of Voltaire's concentrating entirely upon the other six at this stage, to the exclusion of this particular Epistle.

One further point of interest regarding the dating of this poem merits attention. The twenty-line variant to the opening verses from which we have already quoted the allusions to Marot presents another significant feature: it is dedicated to Louis Racine. Now, we know that the close friendship which had obtained between the latter and Voltaire was definitively at an end in 1738. In a letter tentatively dated by Besterman at 1 May, Voltaire complains to Thieriot: "je suis assez fâché que Racine que je n'ay jamais offensé ait sollicité la permission d'imprimer une satire dévote de Roussau contre moy" (D1489). The decision, referred to here, by Racine openly to take the side of Voltaire's detested enemy Jean-Baptiste Rousseau against him could only mark the end of a personal friendship.[5] Although the relevant letter bears only a provisional date, we can be fairly sure that it is more or less correct, as the letter also alludes to the publication of the third *Discours*, for which approval to print had been granted on 28 April.

Here, then, is a firm *terminus ad quem* for the dedication to Louis Racine. But there are good grounds for supposing a date of composition considerably earlier for this passage. It begins:

> J'ai lu les quatre points des sermons poétiques
> Qu'a débités ta muse, en ses vers didactiques;
> Peut-être il serait mieux de prêcher un peu moins
> . . . .
> Mais j'aime mieux cent fois ta mâle austérité,
> Et de tes vers hardis la pénible beauté.
> (Mol. ix. 425)

The reference Voltaire is making in the opening verse is doubtless to the poem by Racine, *La Grâce*, in four Cantos, which had been printed as early as 1720. This passage, in fact, is reminiscent of the beginning to an *Epître à Monsieur Louis Racine* that dates from 1722:

> Cher Racine, j'ai lu dans tes vers didactiques[6]
> De ton Jansénius les leçons fanatiques.
> Quelquefois je t'admire, et ne te crois en rien.
> Si ton style me plaît, ton Dieu n'est pas le mien.
> (Mol. x. 479)

Indeed, reflection upon the passage leads one to the conclusion that this passage invoking Racine could scarcely have been co-existent with the variant dedicated to Hermotime. No poem can surely serve two masters.

It would seem, then, that this poem goes back to very early origins. Voltaire had apparently intended to write on virtue from the start, as the final lines of the opening variant show:

> Instruis-moi donc, poursuis, parle, et dans tes discours
> Définis la vertu, que tu chantas toujours. (Mol. ix. 425)

But Racine must have ceased to serve as a model, and Hermotime was presumably brought in to replace him, very possibly at the time when Voltaire decided to incorporate this poem as one of the *Discours en vers*. Was Hermotime then displaced in his turn for use in the first *Discours*, just as the lines on Marot and Rabelais were borrowed for the third?

Be that as it may, the W42 edition contains an indication that further work on this poem was carried out during the first half of 1738. Voltaire, having by now dismissed two possible *destinataires*, adopts a third in the closing section:

> Toi qui vas nous quitter, magistrat plein de zèle
> (ibid., 427)

The reference is to his friend d'Argental, who had in February 1738 been appointed as *intendant* in the colony of Santo Domingo, which seemed to entail his departure from France (D1447, n.8). But d'Argental eventually decided to stay in Paris (D1536, [c.1 July 1738]). However, as late as 1 May, Voltaire thought that d'Argental would be leaving.[7] This verse must therefore belong to the period between February and 1 July. That timing, as we have seen, is entirely compatible with the despatch of this poem to Frederick some time in May.

There is therefore strong evidence that a poem on Virtue was completed in the first half of 1738, and that it contained references to Christ as "Homme-Dieu" and to the *convulsionnaires*. These allusions suggest that the basic structure of the poem then was as we have it now, apart from the variants listed in the Kehl edition. Why then did this poem, uniquely of all the seven, disappear from the canon for so long?

Two different aspects need consideration: the criticisms made respectively by Frederick and by d'Argental. Of the two, the reason for the first may strike us today as the more surprising. Here is the figure of Jesus Christ being treated by Voltaire in an exceptionally favourable way. Gone, for instance, is the insidious criticism of Christ underlying the portrayal of George Fox in the third *Lettre philosophique*: like Fox, Christ was implicitly a charismatic illiterate, "de mœurs irréprochables et saintement fou" (G. Lanson éd., Paris, 1964, I 32). Jesus has now become "l'ennemi divin des scribes et des prêtres" (Mol. ix. 421), a veritable precursor of the few occasions on which Voltaire was to present an attractive portrayal of Christ.[8]

Why, then, this unusual stand? It is hard not to share M. Pomeau's view that Voltaire's strategy is one of prudence rather than sincerity. The overall intention becomes clear as the poem evolves. Christ is portrayed as a pragmatist who insists on an active exercise of virtue by one's fellow-men:

> "Aimez Dieu, lui dit-il, mais aimez les mortels."
> Voilà l'homme et sa loi, c'est assez: le ciel même
> A daigné tout nous dire en ordonnant qu'on aime.
> Le monde est médisant, vain, léger, envieux;
> Le fuir est très-bien fait, le servir encor mieux:
> A sa famille, aux siens, je veux qu'on soit utile.
> (ibid., 422)

The polemical value of this approach is quickly underlined. The saintly figure of Christ is placed in immediate opposition to the "fanatique indocile" whose repulsive aspect we have noted above. Having delivered his onslaught on the *convulsionnaires*, Voltaire returns to his main theme. Virtue must be utilitarian; it is not synonymous with asceticism, or stern judicial punishments, or idle hedonism. Justice must be supplemented by charitable compassion: "Le juste est bienfaisant" (ibid., 423). Indeed, *bienfaisance* is the key work, highlighted by Voltaire at the close of the poem:

> Ce mot est *bienfaisance*: il me plaît; il rassemble,
> Si le cœur en est cru, bien des vertus ensemble.
> (ibid., 424)

Voltaire, then, took a decided option here. He would risk once again, as in the *Remarques sur Pascal*, attacking Jansenism head-on. But he would also, this time, invoke the founder of the Christian religion in order to palliate the danger of scandal. However, as d'Argental's advice made clear, Voltaire could not hope thereby to avoid trouble.

As the correspondence of 1738 abundantly reveals, Voltaire was prepared to work at correcting the various *Discours* so as to make them suitable for publication. Why did he not attempt it here? Was it because of Frederick's stinging accusation of clerical support? Or because d'Argental's warning seemed to block any perspective of modification? It seems that both played a part. Voltaire's reply to Frederick's criticism suggests that it hurt him to undertake such a compromise, the more so probably because he had never made that particular gesture of appeasement before. But it looks as if he pressed on for a while with the poem, until d'Argental's reaction put paid to all hopes, as the wearied nature of his reaction to d'Argental on 14 July makes clear. Besides, he respected d'Argental's opinions, distasteful though they might be. As he puts it in the same letter (D1554), "Vos réflexions sur les épîtres [...] me paraissent fort justes ...." So, once d'Argental had delivered his opinion, Voltaire moved quickly and decisively to eliminate the Epistle on Virtue from his forthcoming *recueil*. Other considerations also prevailed. In July he still had two more *Discours* in his locker, each of them quite capable of causing offence. The newly-established fifth, "Sur la nature du plaisir," was troublesome because of its hedonist emphasis. Voltaire had hopes of making it palatable to the devout but, as he acknowledged to d'Argental, there were difficulties in reconciling it with Christian asceticism: "Il est très vray que le plaisir a quelque chose de *Divin* philosophiquement parlant mais téologiquement parlant il sera divin d'y renoncer" (D1691). Mme de Graffigny, after Voltaire had read the poem to her, reported to her friend Devaux that the moral conclusions to be drawn about praising God and loving Him through the enjoyment of pleasure were beyond reproach, but that unpublishable elements still remained: "il y a des traits de sa façon qui en empêcheront l'impression" (D1681). As late as the end of December 1738 Mme du Châtelet was taking steps to ensure that it did not fall into Thieriot's hands (D1710). One can easily see the reason for such anxieties. The fifth *Discours* attacks the Jansenist concept of God and dares to put the claims of humanity before those of the Christian faith: "Il faut que l'on soit homme, afin d'être chrétien."[9] Pleasure may be a sign of God's grace, but the point is made in opposition to the pleasure-hating Jansenists.

Nor was the sixth *Discours*, "De la nature de l'homme," without its controversial side. As Voltaire had put it to Formont: "Le fond du sujet est délicat et pourrait être pris de travers; je voudrais ne déplaire ni aux honnêtes gens ni aux superstitieux [...]" (D1697). Mme du Châtelet, for her part, promised d'Argental that Voltaire would make whatever deletions the *comte* considered necessary. She also urged him to intervene with Prault to gain the requisite *approbation* (D1710). This plea was reinforced by Voltaire himself shortly afterwards (D1746). D'Argental, reliable friend as he was, did not apparently proceed with this request, probably because he judged, or knew, that such an *approbation* would not be forthcoming. Here again, in reading the poem, one can see why. Although, eventually, Voltaire's echoes Pope's attitude in the *Essay on Man* by accepting that "Whatever is, is Right,"[10] he is obviously aware that any such discussion of the problem of evil and of man's place in the universe is fraught: "Pope a droit de tout dire, et moi je dois me taire" (Mol. ix. 416). Besides, the discussion is, for all its quietist conclusions, shot through with ambivalent protests that prefigure Zadig's dialogue with Jesrad. In any event, neither the fifth nor the sixth *Discours* was ever to obtain an official licence to print.

In reading the letters emanating from Voltaire and Mme du Châtelet in 1738-39, one sees how worried they were, separately and jointly, about the possible reaction of the authorities to publication of these *Discours*. Only two years had passed since Voltaire had to flee to Holland because of the fuss over *Le Mondain*, only four since the scandal of the *Lettres philosophiques*. The third *Discours*, "De l'envie," had already caused alarm because of attacks on particular enemies, and Voltaire had been obliged to tone it down. By contrast, the fifth and sixth Epistles were controversial because of the very themes they tackled. However, in each case Voltaire proclaimed his hopes of placating the devout. But, where the Epistle on Virtue was concerned, it must have seemed to him that no minor adjustments were possible. As had already occurred with the *Lettres philosophiques*, in particular with the *Remarques sur Pascal*, the satirical portrait of Jansenism would arouse that sect's wrath without obtaining the approval of the Jesuits. Meantime Frederick, whose opinions mattered deeply to Voltaire at this period, would remain disapproving of Voltaire's favourable portrayal of Christ. In brief, this particular *Discours* carried too much ballast and risked sinking the whole enterprise.

So the Epistle on Virtue disappears from view for a number of years. Voltaire's reservations about its capacity to disturb could only have been increased when, despite all his precautions, the RP40 edition of the other six *Discours*, appearing without official permission, was seized by the authorities on 24 November 1739 and suppressed (D2115, Commentary). When therefore the seventh is first published in 1742 (W42), it bears the title "Ce que c'est que la vertu," whereas one might have expected, if it had remained within the group, either "De..." or "Sur la vertu," in line with all the rest. Only the sub-title "Discours en vers" betrays any suggestion of its original destination. Its return to the group whence it had departed will not take place until the Cirey period is over. In its absence from the RP50 edition one may suspect a continuing inclination towards prudence, or perhaps even indifference. But at last it was doubtless felt, by 1752, not likely to cause any further upset, as indeed turned out to be the case. However, Voltaire made no attempt to restore it to its original place, simply tacking it on at the end.

Would it have fitted in better as No. 5? That is debatable, the more so as the seven *Discours* are only loosely strung together. One may feel that in some respects it would have been more aptly placed at that position. Apart from the section on the *convulsionnaires*, it is not, philosophically speaking, a particularly controversial poem, having more in keeping with the tone of the first four than of the last two. It made sense, too, for the poet to consider diverse aspects of the human condition — social equality, liberty, envy, moderation, virtue and pleasure — before coming to a synoptic view in the sixth *Discours* of man's nature and situation. Seen in this perspective, the seventh Epistle is somewhat anti-climactic. But there is one advantage to the eventual placing of this poem, which perhaps motivated Voltaire positively to make it the conclusion to the whole *Discours*. For Voltaire was never other than pragmatic. The whole purpose of the "système de morale" announced to Frederick at the outset was to clear the decks for action. He had stated it memorably in the *Remarques sur Pascal*: "L'homme est né pour l'action, comme le feu tend en haut et la pierre en bas" (Lanson éd., II 205-06). A clear awareness of man's possibilities, as of his limitations, could lead to only one conclusion: *bienfaisance*. In that respect, the closing lines of the *Discours en vers sur l'homme* open a perspective upon the future defender of Calas.

Haydn Mason
University of Bristol

NOTES

1. *Correspondence*, ed. T. Besterman, *The Complete Works of Voltaire*, ed. T. Besterman, W. H. Barber, *et al* (Geneva, Banbury and Oxford, 1968-), Vols. 85-135, letter D1432 (hereafter all letters will be referred to as D and their number).

2. *Œuvres complètes*, éd. L. Moland, 52 vols. (Paris, 1877-85) (hereafter Mol.), ix. 422.

3. e.g., "J'envoye la quatrième épître par ce paquet. Je corrige la troisième," D1484.

4. *The Intellectual Development of Voltaire* (Princeton University Press, 1969), p. 361.

5. Cf. H. Mason, "Voltaire and Louis Racine," *Voltaire and his world: Studies presented to W. H. Barber*, ed. R. J. Howells *et al.* (Oxford: Voltaire Foundation, 1985), pp. 101-16.

6. This term, of some importance for the parallel between the two passages, did not appear until the 1724 edition of the poem: cf. G. B. Watts, "Voltaire's verses against Louis Racine's *De la grâce*," *Modern Language Notes* 40 (1925), p. 190.

7. D1488: the date assigned by Besterman to this letter is not wholly certain, but he gives good reasons for believing it to be 1 May.

8. R. Pomeau, *La Religion de Voltaire* (Paris, 1974), pp. 142-43.

9. Mol. ix. 409. Unfortunately, the Moland edition renders this incorrectly as "[...] avant d'être chrétien," a reading unsupported by the editions of Voltaire's lifetime and up to Kehl, which all give "afin."

10. M. Mack ed. (London, 1950), I 294.

Sindbad le marin
et les voyages à sens unique

Tout le monde connaît Sindbad le marin. L'affirmation est à peine exagérée. Combien d'autres héros de la littérature universelle ont droit comme lui à des articles d'encyclopédie à son nom, signes généralement d'une existence autre qu'imaginaire? Combien ont comme lui à leur actif d'avoir inspiré la plume de Rimski-Korsakov et le pinceau de Klee, et, gloire suprême, de figurer entre temps sur les assiettes à petits-fours de la tante Léonie à Combray? Anticipant en quelque sorte dès sa naissance sur la célébrité exceptionnelle que le sort lui réservait, Sindbad est même le premier en date des innombrables personnages des *Mille et une nuits* à avoir fait son entrée dans la culture occidentale. C'est sur le récit de ses sept voyages qu'Antoine Galland, l'homme qui révéla ce trésor de contes à l'Europe entière, exerça sa plume, vers 1700, avant même de soupçonner l'existence de ce trésor. Heureux hasard ou signe du destin? Le fait est que, trois siècles ou presque plus tard, Sindbad est si connu qu'insister davantage sur les marques de sa renommée ne ferait qu'apporter une confirmation superflue à ce qui est une vérité d'évidence.

Cette célébrité qui est donc insurpassable par son étendue nous frappe encore plus, à la réflexion, par une caracteristique qui la rend peut-être exceptionnelle, et c'est qu'elle ne repose en aucune manière sur le caractère du personnage. A la différence d'autres héros de fiction dont la gloire est comparable à la sienne — Ulysse, Don Juan, Faust, Don Quichotte, Sherlock Holmes — Sindbad ne doit à aucun trait de sa personnalité le statut mythique auquel il est parvenu. Celle-ci est laissée dans l'ombre tout au long du récit, informulée au point d'en être inexistante ou en tout cas invisible. Tzvetan Todorov doit recourir aux superlatifs lorsqu'il affirme: "L'exemple le plus connu de [l']effacement du sujet grammatical est l'histoire de Sindbad le marin. [...] son récit (mené pourtant à la première personne) est impersonnel. [...] Seul le récit de voyage le plus froid peut rivaliser avec les histoires de Sindbad pour leur impersonnalité."[1]

Si la renommée de Sindbad ne doit donc rien à ce qu'il fut, on est en droit de se demander si, en revanche, elle ne doit pas tout à ce qu'il fit. Hypothèse d'autant plus tentante qu'elle est en accord avec le souvenir qui reste dans la mémoire des lecteurs de l'"Histoire de Sindbad le marin" — tel est le titre que lui donna Galland — dans laquelle tout l'intérêt se concentre sur le déroulement de ses voyages, sur les aventures dont ils regorgent, bref sur l'action, une action caractérisée par ses rebondissements, sa diversité, sa rapidité, sa violence. Comme le dit encore T. Todorov: "l'action importe en elle-même et non comme indice de tel trait de caractère" (79). Modèle donc de l'homme d'action, Sindbad ne doit pourtant pas, quoi qu'on puisse en penser, toute sa gloire à ses hauts faits. Ce qui rend ceux-ci inoubliables, c'est non seulement leur pittoresque et parfois leur étrangeté, mais c'est aussi la manière dont ils nous sont rapportés. La richesse des aventures est si harmonieusement équilibrée par la richesse des procédés narratifs mis en œuvre, qu'on peut se demander si ce n'est pas dans la combinaison de l'une et de l'autre, ou, pour mieux dire, dans la multiplication de l'une par l'autre, que gît le secret de l'extraordinaire célébrité de Sindbad.

La formule sur laquelle repose le thème majeur de ses voyages, cette simple formule combinant navigation et aventures, n'a cessé, au moins depuis l'*Odyssée*, de montrer sa fertilité et son efficacité. Même dans un récit aussi court que celui-ci (une soixantaine de pages dans l'édition Garnier-Flammarion des *Mille et une nuits*, qui en compte plus de 1300) on peut observer que le conteur a réussi à mettre en œuvre à peu près tous les éléments du récit d'aventures maritimes classique: tempêtes, naufrages, pirates, cannibales, contrées mystérieuses et surtout îles, îles innombrables et fascinantes, îles diverses et magiques, îles désertes ou crues telles jusqu'au moment ou les créatures qui les habitent — humains, animaux ou monstres — surgissent pour terroriser le naufragé et du même coup le lecteur. Rien n'y manque, sinon l'histoire d'amour, puisque nous sommes plongés dans un univers strictement masculin, celui des marins et des marchands de l'Islam médiéval. Et s'il arrive tout de même à Sindbad de prendre femme, au milieu de son quatrième voyage, c'est contre son gré et pour ne pas déplaire au roi de l'île où il a échoué:

> Comme je n'osais résister à la volonté du prince, il me donna pour femme une dame de sa cour, noble, belle, sage et riche. Après les cérémonies des noces, je m'établis chez la dame, avec laquelle je vécus quelque temps dans une union parfaite. Néanmoins je n'étais pas trop content de mon état. Mon dessein était de m'échapper à la première occasion et de retourner à Bagdad.[2]

La présence fugitive de cet unique et falot personnage du sexe féminin, lequel ne réussit pas à troubler la neutralité psychologique de Sindbad, a visiblement pour seule fonction de précipiter par sa mort soudaine son époux dans la plus effroyable de ses aventures, les usages du pays exigeant que le veuf soit enterré vivant avec le cadavre de son épouse.

Cette coutume, si étrange, incompréhensible et barbare aux yeux d'un lecteur européen, n'est qu'un exemple d'un des charmes les plus envoûtants des *Mille et une nuits* en général et de l'histoire de Sindbad en particulier, celui de la couleur locale ou de l'exotisme, pour parler comme au XIXe siècle. Quant au public que nous sommes aujourd'hui, il en a tant vu et de toutes les couleurs, sur le grand comme sur le petit écran, qu'il est quelque peu blasé, sinon même immunisé en matière d'exotisme. Il est en tout cas sensiblement moins naïf, moins innocent et moins prêt à s'émerveiller que ne l'étaient les premiers lecteurs de Galland à l'aube du XVIIIe siècle. Et pourtant, il va de soi que l'exotisme dont ne cessent d'être enrobés à nos yeux les voyages de Sindbad nous touche encore davantage qu'il ne pouvait toucher l'auditoire de marchands, de marins et de meneurs de caravanes auquel étaient destinés ces contes dans leur version orale originale. Sans doute est-ce là une des raisons pour lesquelles l'histoire de Sindbad — comme les autres contes des *Mille et une nuits* — jouit d'une réputation plus étendue et plus flatteuse en Occident que dans le monde arabe qui lui donna naissance.

Quoi qu'il en soit de l'exotisme, notion naturellement et essentiellement relative, il est un autre trait dominant des voyages de Sindbad dont l'efficacité demeure immuable: c'est le contrepoint, modulé avec une adresse consommée, entre le vraisemblable et le merveilleux. Les fines analyses de Mia Gerhardt[3] ont mis en lumière le procédé systématique qui fait que chacun des sept voyages contient au moins un épisode allant au-delà du naturel et mettant le plus souvent le héros aux prises avec des créatures fantastiques, effroyables et meurtrières: les chevaux marins, l'oiseau roc, les anthropophages, le cyclope; ceci au sein d'un récit par ailleurs suffisamment réaliste pour que l'érudition moderne en ait tiré une documentation utile sur le commerce et la navigation arabe du Xe siècle, et ait réussi à identifier de manière convaincante la plupart des escales de Sindbad. Dès les premières éditions françaises illustrées, ces deux aspects en quelque sorte contradictoires du récit ont inspiré alternativement le crayon des dessinateurs. Si Huot, par exemple, dans l'édition de 1818, montre sa prédilection pour les créatures monstrueuses, Vieillard de la mer et serpents mangeurs de chair humaine, Marillier, lui, avait choisi en 1785 une scène plus purement documentaire du sixième voyage pour l'édition du *Cabinet des fées*, comme devait le faire aussi, semble-t-il, le peintre de l'assiette de la tante Léonie représentant "Sindbad le Marin embarquant à Bassora avec toutes ses richesses."[4]

Outre le plaisir issu de la diversité, le lecteur dérive de ce contrepoint une excellente excuse pour s'abandonner sans trop de mauvaise conscience au charme du fantastique, vu dans cette optique comme le simple assaisonnement du documentaire. On ne peut donc que saluer le doigté avec lequel des thèmes aussi hétérogènes sont habilement mêlés, selon une formule à laquelle cette histoire exemplaire doit en partie son succès et Sindbad sa réputation. En partie seulement, parce qu'un autre contrepoint, fondé celui-ci non plus sur le jeu des thèmes, mais sur la structure narrative, vient doubler le premier et ajouter encore à l'admiration qu'on éprouve pour les ressources narratives du conteur. C'est celui qui fait alterner les dangers courus par Sindbad au cours de chacun de ses voyages avec les retours au calme, lesquels coïncident avec les propres retours du héros à Bassora, puis à Bagdad. Ces derniers sont régulièrement agrémentés d'un accroissement confortable de sa fortune matérielle, accentuant ainsi le contraste avec le dénuement résultant des aventures qui ont précédé. De son premier voyage Sindbad rapporte "cent mille sequins"; du second "des richesses immenses"; du troisième "tant de richesses que j'en ignorais la quantité"; du quatrième "des richesses infinies"; du cinquième "de très grosses sommes d'argent"; et ainsi de suite.

Comme on peut en juger, ce second contrepoint est fondé en partie sur la structure épisodique du récit, composé de sept voyages distincts, et en partie sur le recours systématique au *happy ending*. Le lecteur savoure à coups répétés la volupté luxueuse de frémir d'autant plus délicieusement des catastrophes qui ne cessent d'accabler Sindbad qu'il sait pertinemment qu'il n'y succombera pas, puisqu'il est là pour en faire lui-même le récit. Aussi bien jouit-il visiblement de la miraculeuse invulnérabilité impartie aux grands aventuriers: Ulysse, Thésée, Lancelot, Candide, Monte-Cristo, Arsène Lupin.

L'éloge du récit à la première personne n'est plus à faire, l'ère du soupçon qui est la nôtre s'étant trop activement employée à discréditer le récit fait à la troisième personne par un narrateur omniscient et anonyme. Encore faut-il admirer l'usage systématique qui en est fait dans l'histoire de Sindbad. En dehors de la fiction qui lui sert de cadre et où on nous raconte comment un pauvre porteur de Bagdad nommé Hindbad est invité à sept reprises par le richissime Sindbad à venir dans sa maison pour y festoyer et y entendre le récit qu'il lui fait complaisamment de ses aventures, tout le reste de l'histoire, c'est-à-dire plus des neuf dixièmes, est fait des sept récits narrés par Sindbad à la première personne. On songe bien sûr à l'*Odyssée*, tant les tribulations du marchand de Bagdad à travers l'Océan Indien rappellent celles du roi d'Ithaque en Méditerranée, et tant les récits de Sindbad à Hindbad rappellent ceux d'Ulysse à Alkinoos. Dans un cas comme dans l'autre l'usage de la première personne tisse entre le narrateur et l'auditeur, et par son entremise le lecteur, un puissant lien affectif et lui assure sa solidarité, sinon même sa connivence. On observe pourtant deux différences importantes sur le plan de l'art du récit. L'une est que seule une partie du périple d'Ulysse est racontée rétrospectivement par le héros à la cour des Phéaciens, alors que tout ce que nous apprenons des voyages de Sindbad nous est dit par sa bouche. L'autre tient à la structure épisodique de l'histoire de Sindbad. A la différence de l'*Odyssée* qui, mise à part la Télémachie, raconte l'histoire d'un seul voyage, voyage fort long sans doute, puisqu'il dura dix ans, mais néanmoins unique, l'histoire de Sindbad est faite des récits de sept voyages distincts, récits dont le plus long ne dépasse pas une dizaine de pages — tout juste de quoi piquer et satisfaire la curiosité, sans lasser l'attention.

Pourquoi tant de voyages, se demandera-t-on? Pourquoi, contrairement à Ulysse simplement désireux de rentrer chez lui pour n'en plus bouger, Sindbad ne cesse-t-il, lui, de reprendre la mer? De son premier voyage, entrepris raisonnablement afin de réparer une fortune dissipée dans les débauches de la jeunesse, Sindbad rapporte à Bagdad, comme on l'a déjà rappelé, de quoi passer le reste de ses jours dans le repos et l'opulence: "J'achetai des esclaves de l'un et de l'autre sexe, de belles terres, et je fis une grosse maison. Ce fut ainsi que je m'établis, résolu d'oublier les maux que j'avais soufferts et de jouir des plaisirs de la vie." Résolution sans lendemain, car Sindbad ne tarde pas à être en proie à un besoin irrationnel, irrésistible et insatiable de voyager. Cette véritable névrose de la bougeotte — que, soit dit en passant, n'allait pas tarder à contracter à son tour le plus prestigieux de ses descendants dans le monde de la littérature, Lemuel Gulliver — s'exprime au début des récits des voyages ultérieurs par des formules révélatrices: "l'envie de voyager et de négocier par mer me reprit" (deuxième voyage); "je m'ennuyai de vivre dans le repos" (troisième voyage); "je me laissai encore entraîner à la passion de trafiquer et de voir des choses nouvelles" (quatrième voyage); "[rien ne put] m'ôter l'envie de faire de nouveaux voyages" (cinquième voyage). Outre qu'il met en relief cette manie qui est le seul trait de caractère de Sindbad précisé dans son histoire, ce refrain a pour effet de communiquer comme par contagion le virus du héros au lecteur ou à l'auditeur. Sensible, lui aussi, à la séduction d'une vie active et aventureuse, surtout lorsque, vécue par personnage interposé, elle est exempte de tout inconvénient: curieux, lui aussi, de découvrir le monde et d'assouvir "la passion [...] de voir des choses nouvelles," il se laisse délicieusement absorber par le charme du récit et de l'évasion.

Une fois ainsi piquée, la curiosité doit, si le conteur est habile, être constamment tenue en éveil ou en suspens. Or Sindbad est un narrateur d'une habileté consommée et pour qui l'art du suspens n'a pas de secret. Ne sortant jamais d'un danger sans tomber dans un autre, en vertu d'un enchaînement d'événements dont l'ordre et les proportions varient d'un voyage à l'autre selon des formules que les analyses de Mia Gerhardt ont brillamment mises en lumière, Sindbad excelle à faire partager à son auditeur l'incertitude, l'inquiétude, voire l'angoisse qu'engendrent à chaque moment du passé ses multiples aventures. Mais il n'est pas le seul à savoir si bien raconter. Son histoire est intégrée dans le répertoire de cette championne de l'art du conte qu'est la sultane Scheherazade, Et c'est ainsi qu'au "Comment va-t-il s'en tirer?" qui nous invite à nous identifier à Sindbad, se combine une seconde mise en suspens, celle dont est victime le sultan Schahriar, avec qui nous sommes aussi, quoique plus insidieusement, invités à nous identifier, lorsque la malicieuse sultane s'arrange pour que son récit atteigne un temps fort au moment où va se lever le soleil qui doit l'interrompre, tout en se gardant bien de permettre à un voyage de Sindbad de prendre fin en même temps qu'une nuit de Schahriar:

> " ... sans me souvenir de la résignation où j'étais le jour précédent, je courus vers la mer dans le dessein de m'y précipiter la tête la première..."
> A ces mots, Scheherazade, voyant qu'il était jour, cessa de parler.
> (fin de la 76e nuit)
>
> "Je vécus quelques jours de mon pain et de mon eau; mais enfin, n'en ayant plus, je me préparai à mourir..."
> Scheherazade cessa de parler à ces derniers mots. (fin de la 81e nuit)

"[Le vieillard] se mit à califourchon sur mes épaules, en me serrant si fortement la gorge qu'il semblait vouloir m'étrangler. La frayeur me saisit en ce moment, et je tombai évanoui..."

Scheherazade fut obligée de s'arrêter à ces paroles, à cause du jour qui paraissait. (fin de la 83e nuit)

Même si la personnalité de Sindbad est, comme on l'a rappelé plus haut, trop effacée pour qu'on puisse vraiment s'y intéresser, le moment est venu de reconnaître qu'en revanche sa présence, elle, est une cause essentielle de la célébrité de ses voyages, puisque c'est lui-même qui les raconte et qu'il est, comme on vient de le voir, un conteur de première force. Reste à savoir si cette cause est suffisante, en d'autres termes si le succès de cette histoire résulte tout simplement de ses qualités artistiques; autrement dit encore si cette belle histoire n'a pas aussi un sens, un sens caché, auquel nous sommes sensibles sans qu'il soit jamais explicité, et qui lui confère une valeur sans laquelle sa réputation serait usurpée.

Les habitudes littéraires qui sont aujourd'hui les nôtres, les présupposés intellectuels qui font partie de notre culture nous engagent à nous dire, devant une œuvre de fiction aussi brillamment réussie: c'est trop beau pour ne rien vouloir dire; il faut bien que cette histoire ait un sens, sans quoi elle ne pourrait pas nous sembler aussi belle. On a donc cherché ce sens caché. Et on l'a trouvé. On en a même trouvé plus d'un. Et ceux-ci vont dans des sens différents. Voici deux exemples, choisis parmi les tentatives les plus remarquables des années récentes de découvrir la vraie signification de l'histoire de Sindbad. La première et la plus célèbre apparaît dans le livre de Bruno Bettelheim traduit en français sous le titre. de *La psychanalyse des contes de fées*. Elle prend pour point de départ les rapports existant entre Sindbad et le porteur qui l'écoute. Nommé Hindbad dans la version de Galland, il porte dans d'autres versions le même nom que son hôte: Sindbad, ou Sindbad le porteur, ou encore Sindbad de la terre, pour le distinguer de Sindbad de la mer, Sindbad le marin; et le conte a pour titre "Sindbad le marin et Sindbad le porteur."

> Le vrai titre suggère immédiatement que l'histoire a pour sujet les aspects contradictoires d'un seul individu: ce qui le pousse à s'évader dans univers lointain d'aventures et de fantasmes, et l'autre partie qui le maintient au contact du pratique et de l'ordinaire — son ça et son moi, manifestations du principe de réalité et du principe de plaisir.[5]

Sur cette hypothèse tentante et pour bien des lecteurs convaincante, B. Bettelheim fonde l'affirmation que: "Le conte nous aide à nous mieux comprendre, grâce au fait que, dans l'histoire, les deux faces de nos ambivalences sont isolées et projetées sur des personnages différents "(85). Après quoi il s'avoue déçu par le dénouement amené par le départ du porteur après la conclusion du dernier récit de Sindbad. Il voit là, en effet, "une faiblesse relative," puisqu'on s'attendrait au contraire à l'association durable des deux personnages, symbolisant la réconciliation permanente des deux aspects de la personnalité. Loin de voir cependant dans le dénouement tel qu'il nous est donné un indice de la fragilité de l'hypothèse de base, le docteur Bettelheim s'emploie à concilier l'un avec l'autre par le raisonnement suivant: "Si l'histoire finissait ainsi [c'est-à-dire par la réunion et non la séparation des deux personnages], il n'y aurait plus guère de raison de continuer à raconter des contes de fées la nuit suivante. 'Sindbad le marin et Sindbad le porteur' est une histoire faisant partie des *Mille et une nuits*" (86). Or il se trouve, malheureusement pour cette manière d'arranger les choses, que, selon les arabisants de notre temps,[6] l'histoire de Sindbad n'a été intégrée qu'à une date relativement tardive dans le cycle des *Mille et une nuits* dont elle était originellement autonome. C'est ce qui explique, par exemple, que le manuscrit arabe dont Galland tira la première version moderne de cette histoire se présentât comme celui d'une histoire indépendante, et que ce fût donc lui qui dut, lorsqu'il inséra sa version dans le troisième volume de son édition des *Mille et une nuits*, découper le texte en tranches correspondant aux nuits de Scheherazade.

Les spécialistes de la littérature arabe nous disent aussi que le septième voyage de Sindbad a été ajouté tardivement à une histoire dont le dénouement avait eu lieu jusque là à la fin du sixième voyage.[7] Laissons de côté les indices de diverses natures qui mènent à cette conclusion, pour observer simplement que celle-ci a pour effet indirect de jeter quelques doutes sur l'hypothèse secondaire de la thèse de Bruno Bettelheim, selon laquelle "Sept est le nombre des jours de la semaine. Dans les contes de fées le chiffre sept représente chaque jour de la semaine et symbolise aussi chaque jour de la vie. C'est ainsi que l'histoire nous dit que, tant que nous vivons, notre existence a un double aspect ..." (84).

Faut-il donc, sur la foi d'observations comme celles-ci, rejeter l'interprétation proposée dans *La psychanalyse des contes de fées*? Bien des lecteurs hésiteront et préféreront voir dans ces objections le fait d'un esprit étroit, tatillon et pédant. Toutefois, même ceux qui demeureront persuadés de la validité de cette interprétation devront reconnaître que celle-ci n'est possible qu'au prix de quelques coups de pouce; que la grille psychanalytique ne s'adapte qu'à condition de fonctionner un peu comme le lit de Procuste. Reste pourtant à se demander si la méthode n'en est pas moins légitime et bénéfique, puisqu'elle permet de dégager une signification importante d'un texte littéraire dont les qualités narratives sont telles qu'on se résigne mal à l'idée qu'il puisse n'avoir aucun sens. Avant d'aborder cette question troublante, un coup d'œil au deuxième exemple annoncé plus haut viendra confirmer l'impossibilité de l'éluder.

Au risque de manquer de justice envers une étude riche et complexe, soigneuse, savante, sérieuse et qui attire l'attention et la sympathie, nous nous attarderons moins sur l'essai de Peter D. Molan qui a pour titre "Sinbad the Sailor: A Commentary on the Ethic of Violence,"[8] et nous nous bornerons à citer une partie du résumé qui, conformément aux normes de la revue où il est paru, accompagne l'essai:

> Le public moderne tend à voir en Sindbad un héros romantique. Cet article examine les récits de Sindbad d'un point de vue structuraliste et mène à la conclusion qu'un désaccord ironique existe entre les actes du protagoniste et sa position morale. Vus dans cette perspective les récits de Sindbad deviennent une parabole visant à rendre le sultan Schahriar conscient de son injustice et de sa tendance à être dupe de lui-même, ce qui intègre les épisodes des voyages du marin dans le cadre de l'histoire de Scheherazade.

La thèse de Peter Molan repose donc en partie sur la même base fragile et contestable que celle de B. Bettelheim, à savoir le statut incertain de l'histoire de Sindbad dans le répertoire de la sultane Scheherazade. Elle suscite donc la même objection et soulève la même question: le fait que l'histoire de Sindbad a d'abord existé indépendamment de celle de Scheherazade suffit-il à réfuter un essai par ailleurs bien informé, lucide et éclairant? Et la réponse est aussi la même: non, mais on ne peut pas non plus l'accepter sans réserve.

Si l'on avait le loisir d'examiner ici d'autres interprétations modernes de l'histoire de Sindbad, par exemple celles de T. Todorov ou de Michel Gall,[9] on aboutirait à des conclusions semblables: dès qu'on veut satisfaire le besoin éprouvé par tant de nos contemporains de trouver un sens aux prestigieuses aventures de Sindbad le marin, on doit être disposé à leur en donner un, c'est-à-dire à leur faire peu ou prou violence afin de leur ajouter ce qu'elles ne possèdent pas intrinsèquement. A qui examine sans parti pris l'histoire de Sindbad, celle-ci apparaît strictement innocente de toute idéologie. Comme l'observe Mia Gerhardt, "l'auteur de l'histoire n'implique nulle part avoir en vue un but moral" (260); et comme le reconnaît André Miquel, "On aurait les plus grandes peines du monde à faire de ce conte un sermon [...] Il me semble que la morale, au vrai, n'a pas plus à faire ici qu'ailleurs" (84-85).

Et pourtant, même devant un texte aussi éloigné de nous par le temps et par le milieu culturel, nous sommes, semble-t-il, impuissants à nous libérer entièrement de nos préjugés, ou, pour user d'un euphémisme à la mode, de notre mentalité. Or, comme nous vivons à une époque visiblement éprise d'idéologies et de systèmes, nous résistons mal à la tentation d'imposer les unes et les autres sur les œuvres que nous lisons, surtout s'il se trouve que celles-ci nous ont particulièrement enchantés. Mais il ne faut pas juger ce comportement avec trop de sévérité. Le mal n'est pas bien grand, tant que nous ne sommes pas trop dupes de nous-mêmes et que nous avons la clairvoyance de reconnaître ce que ces idéologies et ces systèmes, malgré leur soif d'absolu, ont de relatif. La meilleure preuve en est que les lecteurs qui nous ont précédés ne se conduisaient pas autrement, à ceci près que leurs modes intellectuelles n'étaient pas les nôtres, ni non plus par conséquent leur manière de lire.

Il n'y a pas si longtemps encore on cherchait à retrouver dans l'histoire de Sindbad son cadre géographique authentique ou la filiation des mythes et légendes qui y figurent; on identifiait les îles de l'Océan Indien et de l'Insulinde où avait échoué le marchand de Bagdad, et on démasquait les créatures et les phénomènes naturels occultés par les merveilles et les monstres rencontrés au cours de ses voyages. On démystifiait. On lisait les études savantes de Richard Hole, du baron Walckenaer et d'autres grands érudits.[10] En fait, la mode n'en est pas encore tout à fait passée, puisque, dans un livre passionnant paru en 1983, Tim Severin raconte le long voyage qui, de novembre 1980 à juin 1981, le mena avec son équipage de l'Arabie à la Chine, suivant les traces de Sindbad à bord d'un navire expressément construit sur le modèle des voiliers arabes du moyen âge.[11] Mais la plupart des critiques littéraires sourient aujourd'hui de pareilles entreprises, sans se priver pour autant de céder de leur côté à une tentation analogue à celle qui leur servit d'inspiration, c'est-à-dire au besoin de rapprocher les œuvres de nous quand nous nous sentons impuissants à nous rapprocher d'elles.

Le moment est venu de reconnaître que cette démarche n'est ni condamnable, ni même blamable, à condition bien entendu de ne pas perdre de vue ce qu'elle a de relatif. Au fond, elle obéit à des motifs analogues à ceux des metteurs en scène qui font jouer Molière en costume moderne. Elle est fondée sur le postulat, aussi peu original que peu contesté, que les chefs-d'œuvre du passé ont encore des choses à nous dire, des choses qui ne sont pas nécessairement celles qui concernaient le public auquel ils s'adressaient. Notre Racine n'est pas celui de Louis XIV ou de Boileau. Freud ne lisait pas *Œdipe-roi* comme le lisait Aristote. Pourquoi reprocher à des lecteurs attentifs comme Bruno Bettelheim et Peter Molan les petits coups de pouce qui leur permettent de faire entrer l'histoire de Sindbad dans le cadre de leurs systèmes? On pourrait même dire qu'en agissant de la sorte ils lui font beaucoup d'honneur, car ce n'est pas le premier texte venu qui se prête à pareille opération. Rares, on le sait, sont les livres qui se laissent relire à divers moments de notre vie comme s'ils étaient neufs à chaque lecture, à la manière de celui de Marcel Proust, dont Barthes pouvait dire que "d'une lecture à l'autre on ne saute jamais les mêmes passages."[12] Mais rares aussi sont ceux qui se laissent lire par les générations successives, comme si les changements culturels intervenus entre temps, loin de les rendre périmés, ni même démodés, ne cessaient au contraire de révéler en eux, au fil des siècles, des valeurs nouvelles et jusque là invisibles. Cette miraculeuse propriété, monopole des œuvres privilégiées, est aussi bien connue dans ses effets que mystérieuse dans sa nature. Peut-être est-elle ce qui permet de distinguer le plus sûrement les vrais chefs-d'œuvre du tout venant.

Vus dans cette perspective, les divers masques qu'on se plaît à appliquer sur le visage neutre de Sindbad témoignent à la fois de sa célébrité, de son don de conteur et du fait que son histoire doit être mise au nombre des vrais chefs-d'œuvre de la littérature universelle. C'est parce qu'elle est si célèbre qu'on la lit; c'est parce qu'elle est si bien racontée qu'on lui cherche un sens; et c'est parce qu'on y a découvert tant de sens divers et parfois incompatibles qu'elle est un chef-d'œuvre.

L'abnégation heroïque du conteur qui résiste à la tentation d'indiquer lui-même le sens qu'on peut (ou qu'on doit) donner à ses aventures a pour compensation la liberté accordée à chaque lecteur de leur donner le sens qu'elles lui semblent avoir, celui qui est pour lui le bon sens. Liberté mesurée, cependant, puisqu'elle a pour limite la tentation de remplir lui-même les blancs laissés dans le récit — la réussite suprême du conteur étant de s'assurer ainsi la collaboration bénévole d'un lecteur qui jouit de toutes les libertés sauf celle de ne donner aucun sens à ce qu'il lit. Rien de plus naturel donc que la diversité observée dans les interprétations données à l'histoire de Sindbad. Seuls les ouvrages franchement et ouvertement didactiques n'ont qu'un seul sens, et encore, pas toujours. Et cette histoire, comme André Miquel nous l'a rappelé, n'est pas un sermon. Réduire les voyages de Sindbad à un sens unique c'est donc en nier la véritable nature — d'autant plus que ce qui est sens unique pour tel lecteur s'avérant le plus souvent sens interdit pour tel autre, aucun sens n'est légitime dès qu'il exclut la possibilité des autres.

Georges May
Yale University

NOTES

1. Tzvetan Todorov, *Poétique de la prose* (Paris: Editions du Seuil, 1971), p. 79.

2. *Les Mille et une nuits*, éd. Jean Gaulmier, 3 vols. (Paris: Garnier-Flammarion, 1965), I 260. Toutes les autres citations de l'histoire de Sindbad dans la suite de cet article sont empruntées à cette édition.

3. Mia I. Gerhardt, *The Art of Story-Telling: A Literary Study of The Thousand and One Nights* (Leiden: Brill, 1963), pp. 253-57. Traduction de notre main.

4. Marcel Proust, *A la recherche du temps perdu*, "Pléiade" (Paris: Gallimard, 1954), I 904.

5. Bruno Bettelheim, *The Uses of Enchantment; The Meaning and Importance of Fairy Tales* (New York: Knopf, 1976), pp. 83-84. Traduction de notre main.

6. Voir, par exemple, André Miquel, Sept contes des Mille et une nuits (Paris: Sindbad, 1981), p. 82.

7. Voir, par exemple, Miquel, pp. 93, 99-100 et 109, note 109.

8. *Journal of the American Oriental Society*, 98 (1978), pp. 237-47. Traduction de notre main.

9. Todorov, *Poétique* ... et Michel Gall, "Sindbad, le grand initié," dans *Le secret des Mille et une nuits* (Paris: Laffont, 1972), pp. 17-73.

10. Richard Hole, *Remarks on the Arabian Nights' Entertainments; in which the Origin of Sindbad's Voyages and other Oriental Fiction is Particularly considered* (Londres, 1797); et C.A. baron Walckenaer, "Analyse géographique des voyages de Sind-Bad le marin," *Nouvelles annales des voyages et des sciences géographiques*, t. 53 (1832), pp. 5-26.

11. Tim Severin, *The Sindbad Voyage* (New York: Putnam's, 1983).

12. Roland Barthes, *Le Plaisir du texte* (Paris: Editions du Seuil, 1973), p. 22.

Tocqueville on the Role of Women in a Democracy

When on the morrow of the 1830 Revolution Tocqueville undertook to visit the United States, his primary goal was to observe at first hand the workings of a democratic state, the way federalism operates, the penal system (the official goal of his trip), and, perhaps most importantly, the factors that had ensured the survival of the republic, a particularly significant issue since such eighteenth-century political writers as Montesquieu and Rousseau believed that a republic could subsist only in a small territory. He hoped that this visit would provide him with some of the answers to fundamental questions raised by recent political events in Europe, especially in France. His aim in writing *De la Démocratie en Amérique* (published in 1835) was to glimpse what course one might expect not only France but other nations as well to follow, since America offered, he believed, a mirror image into the future:

> Ce n'est ... pas seulement pour satisfaire une curiosité, d'ailleurs légitime, que j'ai examiné l'Amérique; j'ai voulu y trouver des enseignements dont nous puissions profiter. On se tromperait étrangement si l'on pensait que j'aie voulu

> faire un panygérique... J'avoue que dans l'Amérique j'ai vu plus que l'Amérique; j'y ai cherché une image de la démocratie elle-même, de ses penchants, de son caractère, de ses préjugés, de ses passions.[1]

Tocqueville was not only intent upon seeing as much as possible of this vast land, he also wanted to meet as many Americans as possible. For nine months he kept up a feverish pace, meeting ordinary city dwellers and rural folks, as well as some of leading political figures of the day (Andrew Jackson and John Quincy Adams, among others).

He was especially impressed by the dynamic nature of American society and by the apparent limitless possibilities afforded individual enterprise. That this fostered a spirit of restlessness, even among those who had everything to be content with their fate, did not escape him.

> L'Amérique habite une terre de prodiges, autour de lui tout se remue sans cesse, et chaque mouvement semble être un progrès. L'idée du nouveau se lie donc intimement dans son esprit à l'idée du mieux. Nulle part il n'aperçoit la borne que la nature peut avoir mise aux efforts de l'homme; à ses yeux, ce qui n'est pas est ce qui n'a point encore été tenté. (I 422)

His journey to America led him to the conclusion that mores, beliefs and ways of thinking and feeling, more than written laws, determine the historical course of a democratic nation:

> Ce sont ... particulièrement les mœurs qui rendent les Américains des Etats-Unis, seuls entre tous les Américains, capables de supporter l'empire de la démocratie.... Ainsi, l'on s'exagère en Europe l'influence qu'exerce la position géographique du pays sur la durée des institutions démocratiques. On attribue trop d'importance aux lois, trop peu aux mœurs. (I 322)

In this respect, Tocqueville, refining upon Montesquieu's theory of the impact of geography and climate upon civilization and culture, was one of the first to realize the importance of collective psychology, what the French call *mentalité*, a view of history fostered by such *Annales* School scholars as Fernand Braudel and

Le Roy Ladurie. To understand a society, we must begin with its environment, climate, and resources, and then proceed to study its political and economic organization. It is this broad concept of *mentalité* that gave Tocqueville's concept of history a new depth and vitality which places him in a line that can directly be traced to Montesquieu.

In *L'Ancien Régime et la Révolution*, Tocqueville analyzes those factors that made the Revolution inevitable, musing on the reasons why eighteenth-century writers, unlike their immediate predecessors, became involved in politics and why, in turn, the ideas they advocated, instead of remaining in the minds of a few *philosophes*, found their way "jusqu'à la foule," and acquired "la consistance et la chaleur d'une passion politique, de telle façon qu'on pût voir des théories générales et abstraites sur la nature des sociétés devenir le sujet des entretiens journaliers ... et enflammer jusqu'à l'imagination des femmes et des paysans."[2]

It is within the concept of collective psychology or *mentalité* that one should examine the way in which Tocqueville observed and commented on the role of women in early American society. Montesquieu, Diderot and Rousseau had each written at some length about what has been characterized as the "woman question." As an attentive reader of these authors and, more importantly, as a thinker in his own right, Tocqueville felt it incumbent upon himself to tackle the whole problem in the context of the American experience. No wonder, therefore, that four chapters of Book III of *De la Démocratie en Amerique* (all of Tocqueville's chapters are quite brief, in the stylistic tradition of pithiness reminiscent of Montesquieu's *Esprit des Lois)*, examine in turn the impact of social and political changes in American society upon women, specifically with respect to their education (ch. ix), their marital status (chapter x), their legal and moral status (ch. xi), and the way in which Americans deal with the problem of "equality" of men and women (ch. xii).

In his analysis of the family in America (chapter viii of Book III), Tocqueville noted a lessening in patriarchal authority, which he directly ascribed to the political and social revolution that had produced democracy. In a democratic state, the father is, in the eye of the law, only a member of the community, and not a figure of absolute authority (II 202), for such a society encourages individuals to think and judge for themselves and not to act out of fear and blind submission to rules and traditions: "La puissance d'opinion exercée par le père sur les fils devient moins grande, aussi bien que son pouvoir légal" (II 202). Ties of intimacy, trust and affection between generations can only benefit from this greater freedom and informality: "Les rapports du père et du fils deviennent plus intimes et plus doux; la règle et l'autorité s'y rencontrent moins; la confiance et l'affection y sont souvent plus grandes, et il semble que le lien naturel se resserre, tandis que le lien social se détend" (II 203).

Tocqueville must have realized that his analysis of the political, legal and social structure of American society and its impact on the family framework would not be complete without an attempt to assess the role of women, and in this respect, his ideological stance is, on the whole, reminiscent of, yet more progressive than, Rousseau's in the latter's fifth book of the *Emile*, devoted to the education of Sophie, the young woman destined to be Emile's lifelong companion. Present-day feminists have understandably balked at Rousseau's portrayal of Sophie as a rather pliable, docile and passive creature, but earlier readers, including such notable women as Madame Roland, Germaine de Staël and George Sand, thought her an admirable, moving character, capable of ennobling life by endowing marriage and motherhood with a new moral seriousness and dignity.[3]

To a certain extent, Tocqueville perpetuated the Rousseauistic concept of womanhood by stressing those qualities of morality and devotion that make

American women good wives and mothers. At the same time, however, he soon became aware of an important new factor in the many households he visited. The hardships and trials to which women in America were subjected, especially those who had to follow their husbands into the nearly wild frontier areas, played a crucial role in elevating their status in a way that had no equivalent in Europe.

Tocqueville was among the first observers and commentators to realize that the character of American women was largely shaped by the harsh experience of frontier life. That they were as deeply involved in the struggle for survival as their male companions did not escape him. He also believed that in these very trying conditions both men and women had to learn self-reliance and resourcefulness, and as a result quickly came to judge an individual on his or her ability, rather than on some preconceived notions and prejudices. Frontier life, by playing a significant part in molding the national character, proudly individualistic, egalitarian and distrustful of all forms of authority, also contributed to the emergence of a new type of woman, strong-willed, independent, yet fiercely dedicated to home and hearth.

In short, frontier life not only fostered democracy and equality of conditions, it also fostered equality of the sexes. The women Tocqueville encountered in his travels both in well-established towns and communities and even more in the rough borderline areas of settlement impressed him with those bold qualities of the mind and spirit that can best be described as characteristic of the pioneer.

In Tocqueville's travel journal there is a particularly revealing episode, added as an appendix to chapter x, Part III, of *De la Démocratie en Amérique*, which strikingly illustrates what I mean in its graphic, vivid detail and painstaking concern for accuracy. The geographical location is not pinpointed, but the description makes it obvious that we are somewhere on the frontier, in a fairly wild area of

Tocqueville and his travel companions eventually come to a clearing in the forest. There cattle with bells hanging around their necks, a road strewn with cut branches and tree-trunks indicate the presence of human habitation, and soon enough a log-cabin comes into view:

> Ainsi que le champ qui l'entoure, cette demeure rustique annonce une œuvre nouvelle et précipitée; sa longueur ne nous paraît pas excéder trente pieds, sa hauteur quinze; ses murs ainsi que le toit sont formés de troncs d'arbres non équarris, entre lesquels on a placé de la mousse et de la terre, pour empêcher le froid et la pluie de pénétrer à l'intérieur. (II 344)

The description of the interior of the log-house shows Tocqueville's keen powers of observation and rare ability to translate his visual impressions into a striking, painstakingly detailed tableau in the tradition of genre painting:

> Il n'y a qu'une seule fenêtre à laquelle pend un rideau de mousseline; sur un foyer de terre battue pétille un grand feu; ...au-dessus de ce foyer on aperçoit une belle carabine rayée, une peau de daim, des plumes d'aigle; à droite de la cheminée est étendue une carte des Etats-Unis que le vent soulève et agite en s'introduisant entre les interstices du mur; près d'elle, sur un rayon formé d'une planche mal équarrie, sont placés quelques volumes: j'y remarque la Bible, les six premiers chants de Milton et deux drames de Shakespeare; le long des murs sont placées des malles au lieu d'armoires; au centre se trouve une table grossièrement travaillée, et dont les pieds, formés d'un bois encore vert et non dépouillé de son écorce, semblent être poussés d'eux-mêmes sur le sol qu'elle occupe; je vois sur cette table une théière de porcelaine anglaise, des cuillers d'argent, quelques tasses ébréchées et des journaux. (II 344)

A double portrait of the master and mistress of the dwelling follows. Tall and lanky, and with strong, angular features the master seems to embody "cette race inquiète, raisonnante et aventurière ... qui se soumet pour un temps à la vie sauvage afin de mieux vaincre et de civiliser le désert" (II 345).

But the centerpiece of this remarkable tableau is the mother surrounded by her brood:

> A l'autre bout du foyer est assise une femme qui berce un jeune enfant sur ses genoux; elle nous fait un signe de tête sans s'interrompre. Comme le pionnier,

cette femme est dans la fleur de l'âge, son aspect semble supérieur à sa condition, son costume annonce même encore un goût de parure mal éteint; mais ses membres délicats paraissent amoindris, ses traits sont fatigués, son œil est doux et grave; on voit répandues sur toute sa physionomie une résignation religieuse, une paix profonde des passions, et je ne sais quelle fermeté naturelle et tranquille qui affronte tous les maux de la vie sans les craindre ni les braver. Ses enfants se pressent autour d'elle; ils sont pleins de santé, de turbulence et d'énergie; ce sont de vrais fils du désert. (II 345)

That there was something of the pioneering spirit even in those American women who had never personally experienced frontier life did not escape Tocqueville. Besides, frontier life was never very far, and many a young woman Tocqueville encountered in his travels had been brought up amidst all the comforts and refinements of well-established families in large New England towns but by marrying adventurous and ambitious settlers had abruptly passed, from the elegant dwellings of their parents to "une hutte mal fermée au sein d'un bois" (II 211). Yet these young wives and mothers faced the trials and tribulations of life on the edge of wilderness with great fortitude and determination:

La fièvre, la solitude, l'ennui, n'avaient point brisé les ressorts de leur courage. Leurs traits semblaient altérés et fletris, mais leurs regards étaient fermés. Elles paraissaient tout à la fois tristes et résolues. (II 211)

This steadfastness in the face of hardship and adversity on the part of young women who otherwise would seem totally unprepared for such vicissitudes was, however, no mere coincidence:

Aux Etats-Unis, les doctrines du protestantisme viennent se combiner avec une constitution très libre et un état social très démocratique et nulle part la jeune fille n'est plus promptement ni plus complètement livrée à elle-même. (II 206)

Similarly, in no other country do young girls have a greater say in the choice of their husbands. Already at a tender age, they are permitted to think, speak and act without undue constraints (II 206). American young girls, unlike their French counterparts, are not deliberately kept in ignorance of the dangers and corruptions to which they will soon be exposed. Honesty as a conscious moral virtue, rather than innocence based on ignorance, is the goal of a democratic education. A young woman is best able to preserve her virtue if her reason and her judgment have been fully developed and if she is allowed to be her own mistress. Tocqueville could not help remarking that he was frequently "surpris et presque effrayé" at this "audace" of thought, behavior, manner and even language, which distinguish American women from their European counterparts (II 207). But that he was basically sympathetic to the cause of women is made clear by the way he defined the problem and linked it directly to the hopeful outlook of women in America thanks to the successful workings of the democratic process:

> J'ai fait voir comment la démocratie détruisait ou modifiait les diverses inégalités que la société fait naître; mais est-ce là tout, et ne parvient-elle pas enfin à agir sur cette grande inégalité de l'homme et de la femme, qui a semblé, jusqu'à nos jours, avoir ses fondements éternels dans la nature? Je pense que le mouvement social qui rapproche du même niveau le fils et le père, le serviteur et le maître, et, en général, l'inférieur et le supérieur, élève la femme et doit de plus en plus en faire l'égale de l'homme. (II 219)

But like Rousseau, Tocqueville seems to subscribe to the notion that is now characterized as "biological destiny," for he approvingly points out that Americans in no way attempt to mingle and blur the respective activities and duties of men and women. A division of labor according to each gender's strengths and abilities appears to work to the advantage of all:

> Ils [les Américains] ont jugé que le progrès ne consistait point à faire à peu près les mêmes choses à des êtres dissemblables, mais à obtenir que chacun d'eux s'acquittât le mieux possible de sa tâche. Les Américains ont appliqué aux deux sexes le grand principe de l'économie politique qui domine de nos jours l'industrie. Ils ont soigneusement divisé les fonctions de l'homme et de la femme, afin que le grand travail social fût mieux fait. (II 220)

According to the Rousseauistic doctrine, women who swerve from their essential calling as wives and mothers and strive to compete with men in the community and public affairs betray their very nature. Likewise, Tocqueville believes in the complementarity, not the equality, of the sexes, and further points out that "l'Amérique est le pays du monde ou l'on a pris le soin le plus continuel de tracer aux deux sexes des lignes d'action nettement séparées, et où l'on a voulu que tous deux marchassent d'un pas égal, mais dans des chemins toujours différents" (II 220). Tocqueville's conclusion to the chapter ends on a positive yet ambiguous note:

> Pour moi, je n'hésiterai pas à le dire: quoique aux Etats-Unis la femme ne sorte guère du cercle domestique, et qu'elle y soit à certains egards, fort dépendante, nulle part sa position ne m'a semblé plus haute; et si, maintenant que j'approche de la fin de ce livre, où j'ai montré tant de choses considérables faites par les Américains, on me demandait à quoi je pense qu'il faille principalement attribuer la prospérité et la force croissante de ce peuple, je répondrais que c'est à la supériorité de ses femmes (II 222).

Although Rousseau had hardly advocated equal rights for women, he had painted an extremely appealing picture of women as devoted wives and mothers. If nature did not destine women to be the intellectual equals of men, it conferred on them the more precious privilege of exerting a moral ascendancy over the family by their innate aptitude for love and unselfish devotion. Thus, their sphere of influence would be far greater than if they attempted to compete with men and to arrogate some of their authority. That they were necessary for the happiness of men made them their indispensable mates and trusted friends rather than their subservient vassals. A woman's fulfillment could only be found in her role as guardian of the home and hearth, since the natural order of things has preordained her, both physically and mentally, for this place in society. Tocqueville gave this exalted view of domesticity a new, epic dimension by inscribing it within the

American social context and especially in terms of the experience of pioneer life and its direct impact on women.[4]

Tocqueville returned to France convinced that the United States represented a new symbol of hope for humankind and living, enduring proof that the eighteenth-century melioristic beliefs in the possibility of establishing a more just social order had not been a merely utopic dream:

> C'est là que les hommes civilisés devaient essayer de bâtir la société sur des fondements nouveaux, et qu'appliquant pour la première fois des théories jusqu'alors inconnues ou réputées inapplicables, ils allaient donner au monde un spectacle auquel l'histoire du passé ne l'avait pas préparé. (I 25)

Tocqueville was a passionate believer in human rights. In *De la Démocratie en Amérique* he eloquently denounced the oppression of the Indians and the evils of slavery (I 331-431). It is all to his credit that he also perceived more subtle forms of inequality and oppression and that he did not overlook the fact that the great American experiment in democracy was also bound to benefit women. His book aimed above all at demonstrating his profound conviction that the irresistible forces at play in American society would eventually result in a greater equality of all citizens, notwithstanding their race, religion or gender, without loss of individual liberty.

Gita May
Columbia University

NOTES

1. *De la Démocratie en Amérique*, éd. J.-P. Mayer (Paris: Gallimard, 1951), 2 vols. (I, II). Henceforth all quotations from this work will refer to this edition and will be identified by volume and page in the body of the text.

2. *L'Ancien Régime et la Révolution*, introduction par G. Lefebvre (Paris: Gallimard, 1952), 2 vols. (I 194).

3. See Gita May, *Madame Roland and the Age of Revolution* (New York: Columbia University Press, 1970); "Des *Confessions* à l'*Histoire de ma vie*: Deux auteurs à la recherche de leur moi," *Présence de George Sand*, May 1980, VIII, 40-47; also "Rousseau's 'Antifeminism' Reconsidered," *French Women and the Age of Enlightenment*, ed. Samia I. Spencer (Bloomington, Indiana University Press, 1984), pp. 309-17.

4. For an excellent historical survey of the role of women in American society, see Carl N. Degler, *At Odds; Women and the Family in America from the Revolution to the Present* (New York: Oxford University Press, 1980).

Une haine de Voltaire:
l'empereur Constantin "dit le grand"

L'histoire n'est jamais, pour Voltaire, un exercice innocent et gratuit. Elle n'est pas non plus, comme c'était l'usage en son temps, une collection d'images édifiantes destinées à renforcer le sens religieux ou la dévotion au service de l'Etat. Il y voit, pour sa part, l'énorme poids de la barbarie, de la violence et de la sottise humaines, contre lesquelles se dressent un certain nombre d'êtres de qualité, en qui s'incarne la volonté de progrès matériel et moral qui poursuit difficilement une œuvre d'émancipation et de sagesse toujours fragile, sans cesse menacée par les résurgences du passé. Sur cette longue trajectoire, quelques personnalités exceptionnelles: les bons législateurs, les gouvernants soucieux du bien-être de leur peuple, les philosophes porteurs de vérité, les adeptes de la tolérance et de la raison.

Nourri, — comme tous les hommes cultivés de son époque et comme tous les anciens élèves des Jésuites, — de l'histoire exemplaire de la Rome antique, c'est à elle qu'il emprunte le plus volontiers ses références et ses exemples. Non à la Rome républicaine, chère à Rousseau et aux démocrates, mais à la Rome impériale, où ses figures de dilection sont les empereurs de la dynastie des Antonins, et davantage encore son héros chéri, Julien dit l'Apostat, si cruellement maltraité par l'historiographie chrétienne. C'est que, pour Voltaire, l'histoire est le théâtre d'une interminable lutte entre les forces de ténèbres et celles qui tendent vers la lumière. Selon l'éclairage qu'il projette sur cet immense drame, l'historien prend parti, consciemment ou non. Dans son cas, le choix est très conscient, tout en se voulant scrupuleusement documenté et soucieux d'aller au vrai. En va-t-il autrement de nos jours entre historiens de la Révolution française? L'historiographie voltairienne refuse la neutralité et la prudence. Elle s'engage ouvertement et milite pour une cause qu'elle tient pour juste. Inévitablement, elle a ses idoles (comme Julien), mais aussi ses repoussoirs, ses âmes damnées. Voltaire n'écrit pas un manuel scolaire, mais un ouvrage de combat et de défense. L'*Essai sur les Mœurs* est le reflet fidèle de ses obsessions et de ses sympathies. Il ne faut pas, aujourd'hui, y chercher une histoire sereine de l'Europe et de son développement, mais y lire en filigrane sa philosophie de l'histoire, sa conception de l'homme, et jusqu'à son système de valeurs. A ce titre, l'*Essai* reste une œuvre passionnante.

On sait la place déterminante que Voltaire accorde au facteur religieux dans l'établissement des empires et dans leur évolution. Qu'il s'agisse de l'Inde, de l'Egypte ou de la Grèce, la place de la religion dans la vie publique est un fait qu'il souligne volontiers, mais lorsqu'il en vient au christianisme la curiosité de l'historien se teinte de passion. Au détachement parfois ironique se substitue l'indignation; la narration se transforme en réquisitoire. Pour Voltaire, le christianisme est la seule religion qui ait voulu se soumettre l'Etat, qui se soit même substituée à lui, et qui ait revendiqué à son avantage le privilège exclusif et universel de la vérité absolue. Cette inconcevable prétention a supprimé toute tolérance; elle a justifié la violence, la torture, le bûcher et, dans le meilleur des cas, l'exclusion des mal-pensants. L'histoire de l'établissement du christianisme au sein de l'empire romain est donc nécessairement, dans la réflexion de Voltaire, un thème central auquel il ne cessera de revenir après 1750 et jusqu'à la veille de sa mort.

Puisque Constantin est, dans la vision voltairienne, le responsable de la christianisation de l'Empire, il l'est aussi de son déclin et, à plus long terme, de sa chute. Ce personnage lui paraît à la fois funeste et odieux. L'Eglise l'ayant célébré en lui conférant l'épithète de *grand*, il va inlassablement ruiner ce mythe et dévoiler les turpitudes du faux grand homme.

Pour commencer, Constantin est un abominable criminel, aux mains couvertes de sang, détesté du peuple romain:

> Il est évident que le meurtre de Licinius, son beau-frère assassiné malgré la foi des serments; Licinien, son neveu, massacré à l'âge de douze ans; Maximien, son beau-père, égorgé par son ordre à Marseille; son propre fils Crispus, mis à mort après lui avoir gagné des batailles; son épouse Fausta, étouffée dans son bain; toutes ces horreurs n'adoucirent pas la haine qu'on lui portait.
>
> (*Essai sur les Mœurs*, ch. x, éd. Pomeau, I 298)

L'*Examen important de Milord Bolingbroke*, au chapitre xxx, reprend cette énumération de crimes atroces et stigmatise le tyran qui, "souillé de meurtres et de parricides, étalant le faste le plus révoltant, se livrait à tous les plaisirs dans la plus infâme mollesse" (*O.C.*, t. 62, Oxford, 1987, p. 310).

A l'article VII des *Fragments sur l'Histoire*, autre œuvre de la vieillesse de Voltaire, il se félicite d'avoir fait triompher la vérité sur le détestable Constantin:

> Le même esprit d'équité nous anima quand nous nous crûmes obligés de ne point dissimuler les crimes de Constantin, de Théodose, de Clovis, etc. Ils favorisèrent le christianisme, nous en bénissons Dieu; et si Constantin mourut arien après avoir tour à tour favorisé et persécuté Athanase, on doit en être affligé, et bénir les décrets de la Providence. Mais les meurtres de tous ses proches, de son fils même et de sa femme, n'étaient pas sans doute des actions chrétiennes.

> Constantin, tout voluptueux qu'il était, s'était fait une telle habitude de la ferocité, qu'il la porta jusque dans ses lois.

C'est ainsi qu'il rétablit la vieille loi barbare permettant aux citoyens romains de vendre leurs enfants, et Voltaire conclut; "l'assassin de son fils devait approuver qu'un père vendît les siens."

Dans le dialogue où il oppose *Le Mandarin et le Jésuite*, il fait dire au mandarin:

> "Votre premier empereur chrétien se souilla de parricides, comptant qu'il serait un jour purifié avec de l'eau."

A l'entrée *Tyran* des *Questions sur l'Encyclopédie*, Constantin est dénoncé commme tel, à la fois parce qu'il usurpa la couronne "malgré le sénat et le peuple, qui élurent légitimement Maxence" et en raison de ses crimes:

> Il passa toute sa vie dans le crime, dans les voluptés, dans les fraudes et dans les impostures. Il ne fut point puni; mais fut-il heureux? Dieu le sait. Et je sais que ses sujets ne le furent pas.

Dans une note consacrée aux mystères antiques, au début de l'édition de sa tragédie *Olympie*, il rappelle l'affirmation de Zosime qui assure "que Constantin, après avoir fait mourir sa femme, son fils, son beau-père et son neveu, ne put jamais trouver d'hiérophante qui l'admît à la participation des mystères."

Les crimes de Constantin n'auraient pourtant pas suffi à le vouer à l'exécration toute particulière de Voltaire si ce politicien cruel et retors n'avait pas pris la responsabilité de faire du christianisme la religion de l'empire romain.

L'épisode fameux du *Labarum* devait, à plusieurs reprises, déchaîner sa verve critique. Le sujet le passionne à tel point qu'il lui consacre, dans les *Questions sur l'Encyclopédie*, tout l'article *Vision de Constantin*. Aucun auteur païen n'a fait mention de cette merveille, et les écrivains chrétiens eux-mêmes semblent l'ignorer, jusqu'à Lactance, qui écrit pourtant deux ans après la fameuse vision. Eusèbe de Césarée n'en parle pas dans *Histoire ecclésiastique*, mais il l'évoque longuement dans sa *Vie de l'empereur Constantin* et certifie la tenir de Constantin lui-même qui l'aurait confirmée par serment. Voltaire souligne les nombreuses contradictions entre les versions ultérieures de la vision et conteste l'autorité d'Eusèbe en matière historique.

Reste que celui-ci avait soin d'attribuer à Constantin lui-même la responsabilité de la vision de la croix et de l'inscription "Vainquez par ce signe" inscrite dans le soleil baissant. Mais, si même le témoignage était authentique, quelle foi pouvait-on accorder au serment d'un criminel parjure? Voltaire en profite pour rappeler les crimes de l'empereur, tels qu'ils sont rapportés par de nombreux historiens, même chrétiens, et pour flétrir la servilité d'Eusèbe, qui les passe sous silence.

Il faut en conclure, selon Voltaire, qu'il s'agit bien d'une fraude politique imaginée par un politicien cynique:

> N'a-t-on pas lieu de penser après cela que l'apparition prétendue de la croix dans le ciel n'est qu'une fraude que Constantin imagina pour favoriser le succès de ses entreprises ambitieuses ... tout cela, dis-je, ne prouve que l'orgueil immodéré de ce prince artificieux, qui voulait répandre partout le bruit de son prétendu songe, et en perpétuer la mémoire.

L'*Examen important* relate les faits plus brièvement et sur un ton moins grave. Le miracle y tourne à la bouffonnerie dans le chapitre xxx intitulé *De Constantin*:

> ...il vient en Gaule et ramasse des soldats chrétiens attachés à son père; il passe les Alpes, grossissant toujours son armée; il attaque son rival, qui tombe dans le Tibre au milieu de la bataille. On ne manque pas de lui dire qu'il y a eu du miracle dans sa victoire, et qu'on a vu dans les nuées un étendard et une croix céleste où chacun pouvait lire en lettres grecques: *tu vaincras par ce signe*. Car les Gaulois, les Bretons, les Allobroges, les Insubriens, qu'il traînait à sa suite, entendaient tous le grec parfaitement, et Dieu aimait mieux leur parler grec que latin. (309)

Dans le résumé qui clôture l'*Essai sur les Mœurs* (éd. Pomeau, ch. cxcvii, II 800), Voltaire invite ses lecteurs, instruits par tout ce qui précède, à "regarder en pitié toutes les fables dont le fanatisme, l'esprit romanesque et la crédulité ont chargé dans tous les temps la scène du monde," et l'épisode qu'il cite en premier lieu est celui du *Labarum*:

> Constantin triomphe de l'empereur Maxence; mais certainement un *Labarum* ne lui apparut point dans les nuées, en Picardie, avec une inscription grecque.

Dans l'*Histoire de l'établissement du Christianisme*, une des dernières œuvres de Voltaire, Constantin fait l'objet de quatre chapitres (xvi, xvii, xviii, xix) où il est traité avec la plus grande sévérité. Ses crimes sont rapportés in-extenso, après quoi Voltaire ajoute sarcastiquement:

> Mais il faut bien pardonner cette multitude de fratricides et de parricides à un homme qui tint le concile de Nicée, et qui d'ailleurs passait ses jours dans la mollesse la plus voluptueuse. Comment ne pas le révérer, après que Jésus-Christ lui-même lui envoya un étendard dans les nuées; après que l'Eglise l'a mis au rang des saints, et qu'on célèbre encore sa fête chez les pauvres Grecs de Constantinople et dans les églises russes? Avant d'examiner son concile de Nicée, il faut dire un mot de son fameux *labarum* qui lui apparut dans le ciel. C'est une aventure très curieuse.

Le ton est donné. C'est celui de l'ironie la plus dévastatrice. Qu'on en juge par ces quelques extraits:

> Jésus-Christ, soit par reconnaissance, soit par politique, lui apparut, et lui montra en plein midi un nouveau *labarum*, placé dans l'air immédiatement au-dessus du soleil. Ce *labarum* était orné de son chiffre; car on sait que Jésus-Christ avait un chiffre.
>
> Cet étendard fut vu d'une grande partie des soldats gaulois, et ils en lurent distinctement l'inscription, qui était en grec... car nous nous piquons d'entendre le grec beaucoup mieux que nos voisins... Les uns disent que c'était à Besançon, les autres vers Trèves, d'autres près de Cologne, d'autres dans ces trois villes à la fois, en l'honneur de la sainte Trinité...
>
> Nous croyons aisément que Constantin se fit un plaisir de tromper un prêtre; ce n'était qu'un rendu...

> Si Maxence avait vaincu, Maxence aurait reçu sans doute un étendard de la main de Jupiter.

Dans l'alliance tactique de Constantin et de l'Eglise chrétienne, c'est la collusion du politique et du spirituel que Voltaire dénonce, en même temps qu'il incrimine la volonté hégémonique de la nouvelle religion d'Etat. Au début de son règne, Constantin avait accordé la liberté de conscience à tout le monde: "il ménageait les deux religions, en quoi il se conduisait très prudemment" (*Ex. imp.*, p. 310). Plus tard, s'il faut en croire Zosime, "Constantin, aussi faible que cruel, mêlant la superstition aux crimes, comme tant d'autres princes, crut trouver dans le christianisme l'expiation de ses forfaits." Et Voltaire de s'indigner:

> A la bonne heure que des évêques intéressés lui aient fait accroire que le Dieu des chrétiens lui pardonnait tout, et lui saurait un gré infini de leur avoir donné de l'argent et des honneurs; *pour moi, je n'aurais point trouvé de Dieu qui eût reçu en grâce un cœur si fourbe et si inhumain*; il n'appartient qu'à des prêtres de canoniser l'assassin d'Urie chez les Juifs, et le meurtrier de sa femme et de son fils chez les chrétiens. (Ibid.)

Le rôle prépondérant accordé au christianisme transforme immédiatement les persécutés en persécuteurs:

> Dès que les chrétiens furent les maîtres, ils oublièrent le précepte de Jésus et de tant de philosophes, de pardonner à leurs ennemis.
> (*Hist. de l'Etabl. du Chr.*, ch. xviii)

Quant à l'Eglise elle-même, "à peine établie, (elle) était déchirée par les disputes de ses prêtres, devenus presque tous sophistes depuis que le platonisme avait renforcé le christianisme, et que Platon était devenu le premier père de l'Eglise" (ibid.). Mais ceci n'était plus de la responsabilité directe de l'empereur Constantin. Voltaire le crédite, d'ailleurs, du rôle de médiateur qu'il jouera pendant le concile de Nicée et de la lettre très digne qu'il adressa aux chefs des deux factions, Alexandre et Arius:

> L'empereur Constantin était despotique et dur; mais il avait du bon sens; il sentit tout le ridicule de la dispute. On connaît assez cette fameuse lettre qu'il fit porter par Ozius aux chefs des deux factions... La lettre les exhortait à la paix, mais il ne connaissait pas encore les théologiens. (*Ex. imp.*, p. 316)

Le vrai problème, dans l'esprit de Voltaire, est de mesurer la responsabilité de Constantin dans la décadence, puis dans la chute, de l'empire romain. Son analyse est, en définitive, plus nuancée que ne le faisaient présager certaines des pages citées plus haut. Visiblement, le personnage l'intrigue et son destin le fascine:

> Notre avide curiosité voudrait pénétrer dans les replis du cœur d'un homme tel que Con-stantin, par qui tout changea bientôt dans l'empire romain: séjour du trône, mœurs de la cour, usages, langage, habillements, administration, religion. Comment démêler celui qu'un parti a peint comme le plus criminel des hommes, et un autre comme le plus ver-tueux? Si l'on pense qu'il fit tout servir à ce qu'il crut son intérêt, on ne se trompera pas.
> De savoir *s'il fut la cause de la ruine de l'empire*, c'est une recherche digne de votre esprit. *Il paraît qu'il fit la décadence de Rome*. Mais en transportant le trône sur le Bosphore de Thrace, il posait dans l'Orient des barrières contre les invasions des barbares qui inondèrent l'empire sous ses successeurs, et qui trouvèrent l'Italie sans défense. *Il semble qu'il ait immolé l'Occident à l'Orient. L'Italie tomba quand Constantinople s'éleva*. Ce serait une étude curieuse et instructive que l'histoire politique de ces temps-là....
> (*Essai sur les Mœurs*, I 299)

La responsabilité de Constantin serait donc lourde, mais inconsciente. En abandonnant la religion traditionnelle, il coupait l'Etat de ses racines et le vidait de sa force:

> *Le christianisme ouvrait le ciel, mais il perdait l'empire*: car non seulement les sectes nées dans son sein se combattaient avec le délire des querelles théologiques, mais toutes combattaient encore l'ancienne religion de l'empire: religion fausse, religion ridicule sans doute, mais sous laquelle *Rome avait marché de victoire en victoire pendant dix siècles*. (Ibid.)

C'est ce qu'avait compris Julien, l'antithèse absolue de Constantin et l'idole de Voltaire. L'article *Philosophe* des *Questions sur l'Encyclopédie* les oppose radicalement:

> Le grand Julien était philosophe...
> Constantin n'était pas philosophe...

Le chapitre xi de l'*Essai sur les Mœurs* (I 303) présente Julien comme le sauveur potentiel de Rome:

> Si quelqu'un avait pu raffermir l'empire, ou du moins retarder sa chute, c'était l'empereur Julien... Nul philosophe ne fut plus sobre et plus continent. Il régnait donc par les lois, par la valeur et par l'exemple. Si sa carrière eût été plus longue, il est à présumer que l'empire eût moins chancelé après sa mort.
>
> Deux fléaux détruisirent enfin ce grand colosse: les barbares et les disputes de religion.

La responsabilité de Constantin est donc lourde dans le processus qui aboutira à la décadence du monde romain:

> Lorsqu'on passe de l'histoire de l'empire romain à celle des peuples qui l'ont déchiré dans l'Occident, on ressemble à un voyageur qui, au sortir d'une ville superbe, se trouve dans des déserts couverts de ronces... L'Europe entière croupit dans cet avilissement jusqu'au XVIe siècle et n'en sort que par des convulsions terribles. (*Essai*, ch. xii, I 309-10)

On retrouve les mêmes arguments, les mêmes accusations, les mêmes associations aussi, à travers toute la correspondance de Voltaire, pendant les quatre décennies qui séparent 1735 et 1775.

Dès le 17 avril 1735, il écrivait à Jean-Baptiste-Nicolas Formont (Best. D864):

> Mon cher Formont, vous me pardonnerez si vous voulez, mais je ne me rends point encore sur Julien. Je ne peux croire qu'il ait eu les ridicules qu'on lui attribue, qu'il se soit fait débaptiser et tauroboliser de bonne foi. Je lui pardonne d'avoir haï la secte dont était l'empereur Constantin, son ennemi; mais il ne m'entre point dans la tête qu'il ait cru sérieusement au paganisme.

Il est significatif que la première attaque contre Constantin apparaisse dans une défense de Julien. Le débat se situe ainsi d'emblée dans la problématique du conflit entre paganisme et christianisme, et cela avant les œuvres publiées par Voltaire sur ce sujet après 1750.

Quelques années plus tard, le 12 février 1738, dans une lettre envoyée de Cirey à M. Berger, Voltaire formule pour la première fois des accusations explicites contre la personne de Constantin:[1]

> Vous avez grande raison assurément, Monsieur, de vouloir me développer l'histoire de Constantin; car c'est une énigme que je n'ai jamais pu comprendre, non plus qu'une infinité d'autres traits d'histoire. Je n'ai jamais bien concilié les louanges excessives que tous nos auteurs ecclésiastiques, toujours très justes et très modérés, ont prodiguées à ce prince, avec les vices et les crimes dont toute sa vie a été souillée. Meurtrier de sa femme, de son beau-père, plongé dans la mollesse, entêté à l'excès du faste, soupçonneux, superstitieux, voilà les traits sous lesquels je le connais. L'histoire de sa femme Fausta et de son fils Crispus était un très beau sujet de tragédie; mais c'était Phèdre sous d'autres noms. Ses démêlés avec Maximien Hercules et son ingratitude envers lui ont déjà fourni une tragédie à Thomas Corneille... (Best. D1450)

Le temps passe, et Voltaire serait assez inclin à attaquer au vif ce sujet délicat, mais il hésite encore. Le 12 juillet 1757, il écrit au marquis de Courtivron, dans une lettre datée des Délices:

> A l'égard de Constantin, je vous répondrai que si je ne m'étais pas imposé une autre tâche, celle-là me plairait beaucoup, mais on serait obligé de dire des vérités bien hardies, et de montrer la honte d'une révolution qu'on a consacrée par les plus révoltants éloges. (Best. D7310)

La révolution en question est celle du passage radical du paganisme au christianisme. Quant aux hésitations de Voltaire, elles disparaîtront avec l'*Examen important de Milord Bolingbroke*. Longtemps cependant, les critiques lancées par Voltaire contre le christianisme resteront voilées et discrètes, ce qui lui vaut la sympathie et l'admiration des milieux calvinistes: tous ne sont pourtant pas dupes, ainsi qu'en fait foi une lettre de Jean-François de Luc à Jean-Jacques Rousseau, datée de Genève du 24 septembre 1762 (B.9911). De Luc y fait allusion à ce que Voltaire aurait déjà écrit sur les Juifs, sur Constantin, Dioclétien, Julien et les autres et il se dit "frappé de ses tours insidieux contre la religion chrétienne."

Bientôt, Voltaire va pouvoir passer de la guerilla larvée à la critique ouverte.

Il s'est fait définitivement une opinion sur ce grave et dangereux problème, et il ne s'en cache pas devant ses correspondants les plus sûrs. Le 30 septembre 1767, il écrit de Ferney au comte russe Shuvalov:

> Vous savez que les querelles de religion et l'horrible quantité de moines qui couraient comme des fous du fond de l'Egypte à Rome ont été la vraie cause de la chute de l'empire romain, et je crois fermement que la religion chrétienne a fait périr plus d'hommes depuis Constantin qu'il n'y en a aujourdhui dans l'Europe. (Best. D14450)

L'association du christianisme et de l'Etat lui semble funeste à la liberté et au progrès de la raison:

> Je n'entre point dans la politique qui a toujours appuyé la cause de Dieu depuis le grand Constantin, assassin de toute sa famille, jusqu'au meurtre de Charles premier qu'on fit assassiner par le bourreau, l'évangile à la main. (Best. D15985)

C'est en ces termes qu'il écrit le 31 octobre 1769, de Ferney, à Frédéric. A cette date, la guerre ouverte est déclarée contre "l'infâme," tenue pour responsable de l'assassinat juridique du chevalier de La Barre.

Il est vrai que Voltaire n'a pas la partie facile et que de nombreux adversaires le criblent de leurs traits. Ceux auxquels il se révèle le plus sensible concernent la qualité de son information. Il est agacé, révolté parfois, par les démentis que le P. Nonnotte apporte à bon nombre de ses assertations historiques dans ses *Erreurs de Voltaire* (1772). Voltaire tient à ce que les rieurs restent de son côté. Son amour-propre froissé s'exprime dans une lettre du 19 avril 1772 à La Harpe (Best. D17702), où nous lisons entre autres:

> C'est une plaisante chose à considérer que tous ces bas satiriques qui osent avoir de l'orgueil. En voici un qui reproche cent erreurs historiques à un homme qui a étudié l'histoire toute sa vie.

Il y revient, sur le même ton du bon droit offensé, dans une lettre à Frédéric II du 31 août 1775:

> Paulian écrit contre l'empereur Julien et contre moi. Nonote m'accuse en deux gros volumes d'avoir trouvé mauvais que le grand Constantin ait autrefois

> assassiné son beau-père, son beau-frère, son neveu, son fils et sa femme. J'ai eu la faiblesse de répondre quelquefois à ces animaux-là.... (Best. D19635)

A ces inutiles polémiques personnelles, Voltaire préfère depuis longtemps le recours direct au grand public par le biais d'une histoire critique de la religion chrétienne, sa préoccupation majeure dorénavant.

Au-delà de la personnalité de l'empereur Constantin, finalement perçue comme assez complexe, c'est le rôle historique funeste du christianisme que Voltaire ne cessera plus de dénoncer, ce qu'il appelle tantôt "la superstition," tantôt "le fanatisme," tantôt "le délire théologique," autant de facettes de "l'infâme." Il combat pour une autre idée de Dieu, pour un déisme dépourvu d'agressivité, pour une religion intériorisée, sans sectarisme et sans dogmes. Dans son ultime lettre, adressée à Frédéric II deux mois avant sa mort, Voltaire associera encore ouvertement ses deux haines et ses deux combats:

> J'ai vu avec surprise et avec une satisfaction bien douce, à la représentation d'une tragédie nouvelle,[2] que le public, qui regardait, il y a trente ans, Constantin et Théodose comme les modèles des princes, et même des saints, a applaudi avec des transports inouïs à des vers qui disent que Constantin et Théodose n'ont été que des tyrans superstitieux. J'ai vu vingt preuves pareilles du progrès que la philosophie a fait enfin dans toutes les conditions. Je ne désespérerais pas de faire prononcer dans un mois le panégyrique de l'empereur Julien...
>
> Il est donc vrai, sire, qu'à la fin les hommes s'éclairent, et que tous ceux qui se croient payés pour les aveugler ne sont pas toujours les maîtres de leur crever les yeux! .... (lettre écrite de Paris, le 1er avril 1778. Best. D21.138)

Voltaire n'est plus seul, dorénavant, à tenir Constantin le Grand pour un monstre. Il peut mourir tranquille et satisfait. La "révolution" des esprits est en marche.

Roland Mortier
Université libre de Bruxelles

Notes

1. On les trouve déjà, dans le désordre, dans les *Carnets* de Voltaire (*Notebooks*, 149-50).

2. Il s'agit de sa propre tragédie *Irène*, tirée de l'histoire de Byzance.

A Reappraisal of *Les Scythes*

Voltaire's tragedy *Les Scythes* is unusual in many respects and poses many textual problems as well as problems of interpretation. There is first the subject of the play which is set against a background of strife between the Persians and the Scythians. The plot seems straightforward: the Persian Athamare, Prince of Ecbatane, has come to Scythia to claim Obéide whom he professes to love passionately. Obéide's father Sozame, who had been a Persian general, had sought asylum some four years before from the persecution of Athamare's predecessor among the hospitable, primitive, independant and proud Scythians, and had struck up a friendship with Hermodan, "habitant d'un canton Scythe," as the list of Characters describes him. Hermodan's son, Indatire, an upright and attractive hero, is about to marry Obéide when Athamare appears. Whilst recognising the merits of her future husband and her own desire to fall in with her father's wish to cement their ties with the Scythians, Obéide still loves Athamare, a fact which is only hinted at before the end of Act III and the tragic dénouement. Athamare, after failing to win over Obéide as also Indatire to whom he offers service as a mercenary in his army, challenges the latter who is killed in a fight off-stage. In the ensuing conflict the Persians are defeated and Athamare is made prisoner. According to a barbarous custom which Voltaire claimed to be nothing else than an old Scythian custom,[1] the widow of a husband who has been killed must avenge his memory by sacrificing his murderer on the altar. Obéide secures a promise that when the deed has been done and guilty blood has been shed all the Persians, which of course includes Athamare, will be set free. She then confesses her love and kills herself. Athamare seeks to join her in death but Sozame and the Scythians agree that he should be set free and the play is brought to a close with Hermodan's words: "Scythes, que la pitié succède à la justice."

The plot superficially resembles that of some of Voltaire's other plays and has something in common with *Hirza ou les Illinois* by Sauvigny which was performed at the Théâtre Français in May 1767, whilst *Les Scythes* was first performed on 26 March 1767, but had been communicated to the *Comédiens* in 1766. It has many incongruous features which go beyond the *invraisemblances* we have come to expect and accept in a tragedy of the XVIIIth century: Obéide's love for Athamare whom she has not seen for four years when he was a married man and could not have appeared in a very favourable light; the coincidence of Athamare's arrival on her wedding day; the barbarous law which brings about her death. Voltaire and the spectators were at one in preferring Indatire who has always right on his side to the "malheureux Athamare" whom he changed into the "généreux Athamare"[2] which rendered him hardly less odious.

But who in fact are these Persians and these Scythians? The play has an *actualité* which Voltaire stresses in his Correspondence.[3] Is *Les Scythes* a sort of *roman à clef*, the clue to which is to be found in the Preface? The latter is dedicated to Elochivis, an anagram for the duc de Choiseul, and to Nalrisp, an anagram for the duc de Praslin, and wittily makes clear that Babylon is Paris, Persia is France and that the *bon vieillard* who lived at the foot of the Caucasus (i.e., the Alps) and wrote the play *cultivait son jardin*. But if the Persians are in many ways the French, are the Scythians really the Swiss? Undoubtedly if one turns to the correspondence, but Voltaire shows some inconsistency in his references. Sometimes the Swiss are the primitive inhabitants of the founding *cantons*[4] sometimes the citizens of Geneva,[5] an independant state not thought of as part of Switzerland, sometimes also the good people of Ferney. Invariably they speak the language of the French court whose way of life they know full well. In this curious tragedy he has undoubtedly transposed his own situation, but no simplistic identification should be attempted. There are conflicting interpretations of the play. Jean David[6] went so far as to question any identification of the Scythians with the Swiss, but F. Baldensperger[7] had little trouble in refuting him. It has been argued that Voltaire here shows an unwonted predilection for the man of nature, the independant, freedom loving, heroic Swiss, whilst others detect in the play a gradual turning away from their primitive values and see mainly in his early apologia a critique of the corruption and effete manners of the French court as also of the savage practises of the Scythians, i.e., the Calvinists, but ultimately showing to advantage the values of the culture and civilisation of the French. Th. Besterman[8] quotes Hermodan:

> Et la simplicité de notre république
> N'est point une leçon pour l'état monarchique. (Act I, sc. 3.)

and twelve lines of Obéide's 30 lines of *imprécations* in Act V, sc. 4, which Voltaire undoubtedly enjoyed writing:

> Je m'étais un peu égayé dans les imprécations; j'avais fait là un petit portrait de Genêve pour m'amuser, mais vous sentez bien que cette tirade n'est pas comme vous l'avez vue; elle est plus courte et plus forte.

he writes to d'Argental on 8 December 1766 (D13719). But without going into a lengthy disquisition on Voltaire's real attitude to the French and the Swiss we may feel that Voltaire was entitled to admire certain Swiss qualities without necessarily endorsing Rousseau's admiration for natural man, and whilst condemning their less likeable characteristics, their lack of sophistication, and above all the fanaticism that had led Servetus to be burned alive at the instigation of Calvin — and to Obéide's suicide! Similarly Voltaire did not hesitate to condemn the despotic regime, the corruption and injustice prevailing in France, whilst keeping his eyes firmly fixed on Paris and on the consecration of success for his play at the Théâtre Français. Voltaire suffered serious constraints as a person living in exile, but his fundamental attitude remained cosmopolitan. The philosophical conversations between Sozame and Hermodan, the two old men who sit on a *banc de gazon* and bring the action of the play to a standstill, reflect better his private opinion which may be crudely summed up as 'a plague upon both your houses and the lord be praised for Ferney.' The point that the critics have missed in picking out a few 'telling' quotations is the need to relate them to the characters's situation at the time. Obéide's tirade, which Voltaire certainly enjoyed writing, although it gave him trouble to draft,[9] is no more than one might expect from a person driven to kill herself by an inhuman law, and no doubt Mme Vestris, when playing the part in the revival of *Les Scythes* in 1770 (21, 24, 28 February, 3 and 4 March), did full justice to the scene in her own passionate and inimitable way,[10] whilst Mlle Durancy, absurdly dressed and feeble in her performances in 1767 (26, 28, 30 March and 1 April), toned down the passage. It is worth noting that the ambivalence of the play on this issue did not prevent its being performed in Lausanne and Geneva, let alone Paris, without questions being asked or actors being stoned as Voltaire at one time feared.[11] Only the duc de Choiseul, colonel général des Suisses et Grisons, complained that certain lines, probably four lines in Act IV, sc. 2 which criticise mercenaries, 'cognent trop le nez sur les Suisses' (D13725).[12] Certainly Voltaire did not write his play to vent his spleen on either the Swiss or the French, nor was the play generally viewed from that standpoint. But what then was his true motive? To provide himself with an alibi as he frequently asserted? No one would believe that he had drafted his tragedy in only ten days and had found time to write anti-christian pamphlets for which some were holding him responsible. He makes frequent reference to *Les Scythes* as his alibi in his correspondence,[13] but surely this was only a pretext. He may have wished to compete with Sauvigny's *Hirza* which in turn owed something to *Alzire*, but contemporary critics attached little importance to Sauvigny's charge of plagiarism.[14] Certainly Voltaire felt no qualms over reworking a subject treated by other playwrights, witness his treatment of Crébillon's tragedies, and he knew that dramatic quality does not hinge on the bare bones of a plot. He would have liked to forestall Lemierre's *Guillaume Tell* which was in fact performed on 17 December 1766, but he had no wish to choose the national hero of Switzerland as his chief character in an historical play and soon discovered that Lemierre had missed the most effective background for his play. On 19 December 1766 he wrote to d'Argental:

> Je craignais beaucoup que Guillaume Tell ne fut précisément mon Indatire. Il était si naturel d'opposer les mœurs champêtres aux mœurs de la cour que je ne conçois pas comment l'auteur de Guillaume a pu manquer cette idée. (D13746)

He called his tragedy a *bergerie* and finds its subject interesting

> par la peinture des mœurs agrestes, opposées au faste des cours orientales, par des passions vraies, par des événements surprenants et naturels... (D13676)

and defends the term *sénat agreste* (D14017) which had been criticised. It is pointless to try to find anything but the most general sources for his Scythians and his Persians. lndatire, a name which Grimm criticised,[15] is in fact close to a Scythian name (Indathyrses as found in the fourth book of Herodotus) and to the Indatise which we find in *Le Grand Cyrus*. Smerdis was too unpleasant a name, but he did retain it and repeat it a few times in Act I, sc. 3. A stickler for accuracy, he asks his publisher Lacombe to change:

> Nous partons dans la nuit, nous traversons le Phase,
> Elle affronte avec moi les glaces du Caucase.

to:

> Nous partons, nous marchons de montagne en abime,
> Du Taurus escarpé nous franchissons la cime.

recognising that he had made a *sottise géographique*, for, as he says,

> Le Phase est à plus de cent Lieues d'Ecbatane. Sozame lui tourne le dos aussi bien qu'au Caucase en allant vers l'Oxus. (D14057)

This correction he sent also to Cramer, his Geneva publisher (D14055), and to Belmont (D14058), Directeur des spectacles at Bordeaux, for a performance of his play in that town.

Les Scythes met with considerable success on the small stage of Ferney, Mme Laharpe especially meeting with his approval in the part of Obéide, but Voltaire's personality, enthusiasm and gift as a producer had no doubt much to do with it. The comment of Lady Holland in a letter to Emily, duchess of Leinster, dated 24 May 1767, although brief, is significant in this connection:

> I was at Voltaire's play (at Ferney shortly before) which entertained me of all things, tho' he did not act. The play was *Les Scythes*, a play of his own, and the

petite pièce, *La Femme qui a Raison*, his own also, they were really well acted; but the best part of the show was his eagerness and commendations both of the play and the performance. (D14196, in a note)

Although Voltaire was anxious to have his play put on wherever possible, it was no doubt at Ferney, where it was constantly rehearsed and performed, that it won most acclaim. The hitherto unknown marginal directions on a copy[16] of the play used at rehearsals which has corrections in the hand of Wagnière, Voltaire and Rieu, are revealing. They are too numerous for more than a few samples such as:

L'actrice doit faire sentir dans cette scène (II,1) un grand mélange d'attendrissement, de douleur et de fermeté — avec un soupir — douloureux — noble et ferme — avec larmes en soupirant avec bonté et avec regret (II,2) — on ne peut mettre dans ce couplet trop d'onction et de sensibilité noble (II,4) — tendresse — colère — joie — passionné — avec larmes — sans déclamation — douleur etouffée et noblesse — tendrement — il faudra lier les quatres derniers vers et apuyer sur le dernier (III,sc.4, at end) — ces quatre derniers detaillés avec force et noblesse (end of Act III) — ce couplet exige de la déclamation elle doit être vive et douloureuse (IV,7 against Obéide's first words) — tous les vers de cette scene demandent un recit entrecoupé des poses un air sombre et terrible (followed by) d'un air morne et embarassé (against Obéide's lines, Act V,1, in Voltaire's hand). —
L'actrice s'emporte dans cette tirade (V,4) elle s'abandonne à sa douleur furieuse; elle finit par des éclats; mais quand elle dit *j'ai fui pour ces ingrats* etc. — elle s'attendrit et verse des larmes après quoi elle reprend ses imprécations.

In the last scene of the play we read against Athamare's last tirade: "point de ton tendre dans cette tirade"; and against Obéide's *Athamare est mon Prince*: *il est plus — je l'adore*: "extréme tendresse sans larmes."

In his letters to his friends, to Lekain and others, Voltaire never fails to point out how a part should be acted, what décors adopted and what costume would prove most suitable[17] and roughly deals with any deviation from his own conceptions. On the title-page of the copy referred to, after *Les Scythes*, *tragédie*, Rieu wrote:

> Représentée à Genève par la troupe du Sr Rosimond le samedy 21 mars 1767, reprise le Lundy suivant 23 & le samedy 28 du meme mois

words which come close to those appearing on the title-page of the edition of the play by Pellet (Geneva, 1767) and to which Voltaire understandably took exception since they were in contradiction with the statement he had made in his preface to the effect that his tragedy was only for production at Ferney. But in practise Voltaire was far from averse to having his play put on at such widely apart locations as Bordeaux, Lyon, Avignon, Copenhagen, Lausanne as well as Geneva. In most cases he sent *corrections* for the benefit of the actors and also the publishers who could claim to print a "*Nouvelle édition* plus correcte qu'aucune de celles qui ont paru jusqu'à présent, augmentée de plusieurs Vers fournis par l'auteur" or words to that effect. This helped publicity and sales and some variants may have no other justification, but here again Voltaire's avowed excuses for inflicting modifications on his publishers are not to be taken at their face value.[18] Geneva being close to Ferney he was able to invite the company of Sr. Rosimond to his home, put them up royally and give them his considered advice as to how to produce his play. There can be no doubt that one reason for writing his tragedy was to find distraction from the distressing Sirven affair in which he was engaged[19] in the feverish activity of producing, rehearsing, performing, discussing and correcting his play, let alone writing about it to his friends, urging them to have it put on, and to his publishers whose dilatoriness always distressed him. He combined with his other roles that of impresario and public relations officer with skill and personal satisfaction. He was a first-class propagandist for his own wares as well as for his righteous causes.

R.S. Ridgway has described *Les Scythes* as a "philosophic allegory, a sort of Voltairean conte in five acts and in verse"(203), a point taken up with approval by

Th. Besterman (457). Undoubtedly Voltaire has made more "philosophical" points in this play than in others, as befitted a septuagenarian with an unrivalled reputation as a leader of the Enlightenment.

> Nous sommes tous égaux sur ces rives si chères,
> Sans rois et sans sujets, tous libres et tous frères.
> (in italics in the first edition)

declares Indatire at the very beginning of the play, and Hermodan brings the play to a close with a couple of lines that gave their author some trouble: He first wrote:

> Scythes, contentez-vous de ce grand sacrifice,
> Et sans être inhumains cultivons la justice.

then: Déplorez avec moi ce fatal sacrifice

before finally deciding on:

> Nous sommes trop vengés par un tel sacrifice
> Scythes que la pitié succède à la justice.

which has a finer philosophical ring.

One should not reproach Voltaire for the banality of his philosophical pronouncements. It was necessary to beat the drum, for, a little more than twenty years later, Voltaire's plea in the last line was completely forgotten. Repetition of simple truths is all that is possible in a play that is not offered as a philosophical dialogue, and these truths cannot be spiced with wit as in a *conte* — yet they did meet with approval. Palissot, when commenting on *Les Scythes* in his edition of Voltaire's works[20] invariably singles out for praise in his notes all philosophical statements which could be construed as having a contemporary relevance. But in spite of his efforts Voltaire failed to integrate the philosophical message in the action of the play from which it distracts and detracts. This aspect enriched the tragedy in the eyes of many readers and some spectators, but remains extraneous to the tragedy as such.

In the eyes of Voltaire if not of his admirers the tragedy itself hinged on the role of Obéide which first fired his imagination. In the earliest mention of his tragedy, in a letter to d'Argental of 26 September 1766, he writes:

> C'est vrai que j'ai un beau sujet, mais c'est une belle femme qui me tombe entre les mains à l'âge de soixante treize ans. (D13588)

He was attracted to this character because she would prove to be a tearful heroine, for the most part obedient to the dictate of others until the very end when at last she could give expression to her passion. Whilst remaining sincere she needed to suppress her true feelings. He recognised that her role was a very demanding one and despaired of ever finding the perfect actress for the part. On 11 February 1767 he writes to d'Argental:

> Si Melle Durancy entend, comme je le crois, le grand art des silences, si elle sait dire de ces non qui veulent dire oui, si elle sait accompagner une cruauté d'un soupir, et démentir quelquefois ses paroles, je réponds du succès, sinon je réponds des sifflets... La pièce dépend entièrement des acteurs. (D13945)

Over and over again he insists that the actress must be able to cry, failing which she will be unable to move her audience.

> Que Mlle Durancy passe toute la semaine de Quasimodo à pleurer, qu'on la fouette jusqu'à ce qu'elle répande des larmes; si elle ne sait pas pleurer, elle ne sait rien. (D14107)

he writes to the d'Argentals on 13 April 1767.[21] But Mlle Durancy did not live up to his early expectations. He personally liked the melodramatic change from the tender and compliant if troubled Obéide to the passionate and desperate character of the fourth and fifth act and, although yielding to entreaties, he tried to prepare the ground a little for the final *coup de théâtre*, he wanted to keep his audience in suspense for as long as possible and reserve a strong element of surprise and shock for his "shakespearian" dénouement in which the heroine plunges a dagger in her bosom on stage, and, moreover, in the presence of her father, a fact which, according to d'Argental, flouted all the *bienséances*.[22] He wished to inspire terror at that moment, whilst everywhere else he wished to move the hearts of the spectators to pity; the latter, however, found it very difficult to understand the behaviour of Obéide during most of the play and this, together with the unattractive character of Athamare[23] even when played by Lekain, led to the tragedy being abandoned from the first, and long before Mlle Durancy's performance, critics had singled out Obéide as unconvincing and cold. On receipt of the manuscript copy of the first draft of *Les Scythes* which Voltaire sent the d'Argentals on 19 November 1766, d'Argental sent him some *Observations* including five points, three of which concern Obéide:

> 1. La passion d'Obéide pour Athamare n'est pas assés développée. Le spectateur est trop tard dans la confidence de ses sentiments...
> 3. Le denouement est trop prévu, dès qu'Obeide a prononcé *j'accepte* (V,1) on est certain de ce qu'elle fera. Il faudroit que sans refuser elle differat de consentir ce qui produiroit la suspension qu'on desire et cela sera d'autant plus raisonable qu'Obeide ne doit point prendre de parti qu'elle ne soit sure du traité puisque sans cela se tuer ne seroit pas sauver son amant.
> 4. Il y a des longueurs dans le 5eme acte qui nuiroient beaucoup si elles subsistoient comme par exemple les imprécations d'Obeide. Elles refroidissent parce qu'elles sont deplacées et de plus elles contrarient trop la peinture douce et agreable qu'on a fait des mœurs des Scites.[24]

Voltaire replied on 8 December 1766 (D13719) accepting most of his friends detailed criticism but failing to respond to their views on Obéide. In the name of his wife as his own, d'Argental then wrote an *Humble replique sur les Scites*[25] which with the *Observations* has only this year come to light. Here are the opening paragraphs of this *réplique*:

> Il est très heureux que M. de Voltaire ait senti la necessité de reculer l'acceptation d'Obeide au 5e acte et qu'il ait reformé ses imprecations [Voltaire

> did eventually cut them down] mais nous persistons toujours a desirer que le spectateur ne puisse pas douter des le commencement de la piece de la passion d'Obeide pour Athamare et des motifs pressants qu'elle a eû pour se determiner a epouser Indatire. Ils doivent etre developés d'un manière claire, forte et precise. Quand a la passion nous convenons qu'Obeide ne doit pas en instruire d'une facon qui repugne a la modestie et a la decence de son caractere mais nous allons rappeller à M. de Voltaire ses propres expressions et il jugera lui même s'il a fait ce qu'il dit.
>
> *Nous pensons que rien n'est si interessant que de vouloir se cacher son amour a soi même, dans des circonstances delicates, de le laisser entrevoir par des traits de feu qui echappent; de combattre en effet sans dire, je combats; d'aimer passionement sans dire j'aime; et que rien n'est si froid que de commencer par tout avouer.* (See D13719)

The duc de Choiseul on returning a manuscript of *Les Scythes* on 10 December 1766 wrote:

> … la pièce m'a fait en tout un grand plaisir, le rôle persan est admirable; je voudrais qu'Obéide fût plus passionnée, qu'elle dît son secret plus tôt et qu'elle regrettât vraiment son amant dans les Iers actes, en le blâmant de lui avoir mis la main sous la jupe; elle paraît au contraire regretter les joujoux d'Ecbatane. (D13725)

and the cardinal de Bernis in a letter dated 11 January 1767 is equally critical:

> Il faudroit bien establir dès Les premiers actes que la femme scythe doit tuër de sa main Le meurtrier de son mari. Cela augmenteroit la vraisemblance et doubleroit le trouble du spectateur. Obeide renferme trop sa passion; on ne voit pas assés les efforts qu'elle a faits pour L'étouffer et pour la sacrifier au devoir et à l'honneur. L'outrage qu'elle a reçu n'est pas assés démêlé. Athamare a t'il voulu L'enlever, ou Lui faire violence? Le spectacle françois ne souffriroit pas cette dernière idée; elle révolteroit la décence des mœurs générales et réveilleroit Le goust des mauvaises plaisanteries si naturel à un François. Obeide ne se défend pas assés de l'horrible fonction de poignarder son amant; elle souscrit trop tôt à une Loy des Scythes qui n'est fondée ni dans La pièce, ni dans L'histoire. On est surpris qu'Athamare conserve La vie par La seule raison qu'Obeide a préféré de se tuër elle meme; car, convenés en, ce n'est que par une subtilité qu'il se trouve compris dans Le traité passé entre les Scythes et les Persans. *Le coupable respire et l'innocence meurt.* L'âme du spectateur n'est guères satisfaite quand les malheurs ne s'accordent pas avec La justice. (D13832)

Later critics[26] invariably question the plausibility of the plot. Voltaire changed a few lines, provided a few hints — and silences — that served to bewilder the spectators, but refused to meet d'Argental's main criticism. He could not comply with this demand without changing the whole play and destroying what was for him its originality as well as the core of the drama. He would not or could not weaken the effect of the final catastrophe, failing to realise that the latter was contrived, artificial and mere melodrama. One can point to prosaic passages and stylistic blemishes in spite of all the corrections, yet the main cause of the failure of the play as a play lies in the role of Obéide and there was virtually nothing Voltaire could do about it. The flaw is less objectionable if one is content to read the play, but it is apparent.

Just before the passage quoted by d'Argental from Voltaire's letter of 8 December 1766 Voltaire had written:

> nous condamnons, nous anathématisons votre idée de développer dans les premiers actes la passion d'Obéide. (D13719)

and later, after d'Argental's further representations, he replies:

> Je ne doute pas qu'après y avoir réfléchi, vous ne sentiez combien une scène d'Obeide au premier acte serait inutile et froide. Un monologue d'Obeide au commencement du second acte serait encore pis. Il y a sans doute beaucoup plus d'art à développer son amour par degré; j'y ai mis toutes les nuances que ma faible palette m'a pu fournir. (D14138)

Three days later, on 27 April 1767, Voltaire returns to the attack and shows how much thought he had given to the role:

> J'ai toujours voulu faire d'Obeide une femme qui croit dompter sa passion secrète pour Athamare, qui sacrifie tout à son père, et je n'ai point voulu déshonorer ce sacrifice par la moindre contrainte. Elle s'impose elle même un joug qu'elle ne puisse jamais secouer, elle se punit elle même, en épousant Indatire, des sentiments secrets qu'elle éprouve encore pour Athamare, et qu'elle veut étouffer. Athamare est marié, Obéide ne doit pas concevoir la moindre espérance qu'elle

> puisse être un jour sa femme. Elle doit dérober à tout le monde et à elle même le penchant criminel et honteux qu'elle sent pour un prince qui n'a persécuté son père que parce qu'il n'a pu déshonorer sa fille. Voilà sa situation, voilà son caractère.
>
> Une froide scène entre son père et elle au premier acte pour l'engager à se marier avec Indatire, ne serait qu'une malheureuse répétition de la scène d'Argire et d'Aménaide dans Tancrède au 1er acte. Il est bien plus beau, bien plus théâtral qu'Obeide prenne d'elle même la résolution de fuir Athamare, et de suivre son père dans des déserts. Ce serait avilir ce caractère si neuf et si noble que de la forcer de quelque manière que ce fût, à épouser Indatire; ce serait faire une petite fille d'une héroïne respectable. Un monologue serait pire encore, cela est bon pour Alzire ...
>
> Je vois trop évidemment et je sens avec trop de force combien je gâterais tout mon ouvrage, pour que je puisse travailler sur un plan si contraire au mien. Je ne conçois pas encore une fois, comment ce qui intéresse à la lecture pourrait ne point intéresser au théâtre ... (D14145)

The question of the proposed monologue continued to haunt him. He seems to have attempted two drafts, for on 4 May 1767 he writes to d'Argental:

> Moi qui suis ordinairement si docile je me trouve d'une opiniâtreté qui me fait sentir combien je vieillis. Ce monologue que vous demandez, je l'ai entrepris de deux façons. Elles détruisent également tout le rôle d'Obeide. Ce monologue développe tout d'un coup ce qu'Obeide veut se cacher à elle même dans tout le cours de la pièce. Tout ce qu'elle dira ensuite n'est plus qu'une froide répétition de son monologue; il est de plus si indécent qu'une jeune fille aime un homme marié, cela est si révoltant chez toutes les nations du monde que quand vous y aurez fait réflexion, vous jugerez ce parti impracticable.
>
> Il y a plus encore, c'est que ce monologue est inutile. Tout monologue qui ne fournit pas de grands mouvements d'éloquence est froid. Je travaille tous les jours à ces pauvres Scithes malgré les éditions qu'on en fait partout. (D14159)

He was provoked by Thibouville's support for the idea of a monologue and in an angry mood writes to the d'Argentals his final words on the subject:

> ... toutes les belles dames qui se sont imaginé qu'Obeide doit commencer par un beau monologue sur son amour adultère pour un homme marié qui a voulu l'enlever, et en faire une fille entretenue, monologue qui certainement jetterait de l'indécence, du froid et du ridicule sur tout son rôle ...
>
> Il est beau qu'Obeide étant adultère dans son cœur se cache dans son crime;

> il est beau qu'elle l'expie en épousant Indatire, mais il faut que l'actrice fasse sentir qu'elle est folle d'Athamare; il y a vingt vers qui le disent. Comment n'a-t-on pas compris que ce détestable monologue serait absolument incompatible avec le rôle d'Obeide? Une telle proposition excite ma juste colère.
>
> (15 May 1767 - D14173)

A study of the variants to be found in the correspondence and the early editions of the play, some with manuscript corrections, would, I believe, bring out Voltaire's obsessive preoccupation with the role of Obéide.

It is commonly held that *Les Scythes* was a failure. It had a mixed reception from the critics and also from the spectators, judging by the figures of attendance at the Théâtre français,[27] but the play aroused curiosity and was put on with apparent success in Lausanne, Geneva, Lyons, Bordeaux, Avignon, Copenhagen and even in Saint-Omer (Pas de Calais) as a letter to Voltaire from George Keates written in Brussels on 10 August 1767 testifies (D14349). There must have been many performances on private as well as municipal theatres which have so far gone unrecorded, but it is the number of editions of the play that causes astonishment. For the years 1767-68 we have counted 24 editions or fresh impressions, many of them hitherto unknown, the latest in the possession of M.J. Candaux who kindly drew my attention to it. Published in Geneva by Les Frères associés in 1767 it claims to be 'plus ample et plus correcte que celles qui ont paru jusqu'à présent.' Still missing is a Dutch edition — and translation — which Voltaire mentions more than once.[28] The text is also to be found in volumes of *Théâtre de Voltaire* and *Œuvres complètes de Voltaire*. The definitive text is first to be found in the edition published by the Périsse brothers in Lyons in 1767 and reproduced in Cramer's in-4° edition of Voltaire's works in 1768.[29] In the critical edition of *Les Scythes* which we are preparing we will give variants drawn from the early editions, from the Correspondence dating them wherever possible (they frequently confirm the final reading) and from a few short manuscript papers, together with the more significant variants to be found in manuscript corrections on printed volumes. Some of the corrections suggested by the d'Argentals, as Ch Wirz's efforts at location attest (6-8), are to a manuscript copy of a first draft which has been lost, but many can be situated by reference to the first impression of the play undoubtedly brought out by the Cramer brothers in Geneva in the last days of December 1766 or the very beginning of 1767. This edition, unknown to Bengesco and Besterman, was probably from the outset intended as part of *Nouveaux mélanges philosophiques, historiques, critiques,* 4e partie, which Cramer published in April/May 1767. Two copies are to be found in the Bibliothèque Royale, Brussels[30] and two in the Saltykov-Schedrin Library, Leningrad, bound in a *Recueil* bearing Rieu's *Ex-libris*.[31] The text of all four copies is the same, for Ulla Brown has been successful in reestablishing the obliterated lines of one of the Leningrad copies by collating it with that of the other, unopened copy. One copy, the Van Hulthem copy in Brussels, lacks the *Errata* on p. 76 and the catchword OCTAVE and we are inclined to think that it is an earlier impression.[32] That this edition is the first is certain if one compares the text with the quotations to be found in the *Correspondance littéraire* of January 1767 and in virtue of the page references given by Voltaire in his letters to the French publisher Lacombe and to his friends. The Leningrad copy that has been cut has some 100 lines corrected in the hand of Wagnière, Voltaire and Rieu and is probably the very copy Voltaire asked Rieu to bring along with him for a rehearsal — and emendation — in a letter to Rieu (D13963 February 1767).[33] An exhaustive scrutiny of the text and all the corrections still remains to be done,[34] but it will certainly bring out clearly Voltaire's hesitations, his readiness to modify his text in the light of dramatic experience and the advice of friendly critics, whilst reserving for himself the right of a final decision. The variants raise problems of all kinds but show that the "successeur et rival de Racine,"[35] the "Sophocle français,"[36] was often less sure of his ground than many might imagine and more open to suggestion. We shall understand better Voltaire's unwillingness to change Obéide and his original plot, but all the care lavished on the work could not save it, although its complexities and blemishes are fascinating to anyone interested in the way Voltaire's mind worked and how this is reflected in his manuscript corrections and comments. A systematic study of the variants would, I believe, bear out the shift in emphasis in the overall view of the tragedy which we have proposed.

Robert Niklaus
University of Exeter

NOTES

1. Cf. Voltaire's letter to Lekain, 4 March 1767, *Correspondence and related documents*, ed. Th. Besterman, in *The Complete Works of Voltaire*, 115 (The Voltaire Foundation, 1974), letter D14017. See also Grimm, Diderot, etc., *Correspondance littéraire, philosophique et critiques*, éd. Maurice Tourneux, VII (Paris: Garnier frères, 1879), February 1767, p. 223.

2. Cf. Voltaire's letter to the d'Argentals, 16 February 1767, D13965. See also: Jerome Vercruysse, "Quelques vers inédits de Voltaire," *Studies on Voltaire and the Eighteenth Century*, XII (1960), p. 57.

3. See Voltaire's correspondence, D13953, 13991, 14014, 14017, 14087, 14112, 14126, and D13685, 13705, 13746, 13748, as also the *Préface de l'édition de Paris,* Voltaire, *Œuvres complètes*, éd. Louis Moland (Paris, 1877-85), VI, 267.

4. Cf. Préface de l'édition de Paris, p. 267, and correspondence, D14087 and *passim*.

5. See Voltaire's correspondence, D13719, 13823, 14003, 14016, 14117. For identification of his Scythes with the inhabitants of Ferney, see D13878, 13929, 14100, 14107, 14122, 14133, 14171, 14173, 15458.

6. "Les Scythes et les Tartares dans Voltaire et quelques-uns de ses contemporains," *Modern Language Notes*, 53:1-10.

7. "Voltaire contre la Suisse de Jean-Jacques: la tragédie des *Scythes,*" *Revue des Cours et Conférences*, Paris, 32e année, 2e série, no. 16, 30 July 1931, pp. 673-89. On the whole issue see H. Lion, *Les tragédies et les théories dramatiques de Voltaire* (Paris 1895), pp. 323-30, 333-36, 338-39; H. Carrington Lancaster, *French tragedy in the time of Louis XV and Voltaire, 1715-1774* (Baltimore, London, Paris: 1950), II, 426-27 and 430; Ronald S. Ridgway, *La propagande philosophique dans les tragédies de Voltaire, Studies on Voltaire and the Eighteenth Century*, vol. XV (Geneva, 1961), pp. 203-17, 225-26, 237: Haydn Mason, *Voltaire*, (European Masters) (London: Hutchinson, 1975), pp. 28-30; Charles Wirz, *L'Institut et Musée Voltaire en 1986* (Geneva, 1987) (Extract from *Geneva*, nouvelle série. t.XXXV, 1987), pp. 2-8. Subsequent page references to these works will appear in parentheses in the text.

8. *Voltaire* (London: Longman, 1969), p. 458. Besterman sees the play as essentially a confrontation between natural man and artificial man (p. 457) which is only partly true and at one level only.

9. Cf. D14021.

10. Cf. *Mercure de France*, April 1770, p.171. "Mme Vestris a été justement applaudie dans le rôle d'Obéide, qu'elle a rendu avec beaucoup d'énergie & de vérité. Elle a fait sentir sur tout les beautés fortes du 5e acte."

11. Cf. D14003.

12. See also Act III, sc.1 and Act IV, sc.5.

13. See D13680, 13686, 13695, 14060.

14. See Grimm, *Correspondance littéraire*, VI, 325; Collé *Journal*, III, 322 and H.C. Lancaster, p. 542.

15. *Correspondance littéraire*, VI, 268.

16. I am indebted to S.S.B. Taylor for making this copy known to me. For information on this first edition of *Les Scythes*, see *supra*, pp. 15-16. See S.S.B. Taylor, "La collaboration de Voltaire au *Théâtre français* (1767-1769)," *Studies on Voltaire and the Eighteenth Century*, XVIII (1961).

17. In a letter to Gabriel Cramer (c. 1 February 1767) Voltaire writes: Si on voulait faire une décoration, il faudrait deux berceaux en demi cercle aux soins du théâtre. Ces deux berceaux percés à jour feraient un effet très agréable. Une banquette serait sous l'un des deux berceaux; mais on peut simplement mettre ce banc dans un coin, et un Scithe l'aprocherait sur le devant du théâtre pour la conversation des deux vieillards. Il faut un poignard sur l'autel. Il est probable que la troupe a un de ces poignards à ressort, meuble comique très ordinaire! D13906 and D14023, D14126. On costume see D13969 and 13931.

18. D14111, 14112, 14114.

19. Cf. D13744, 14014, 14016.

20. *Œuvres de Voltaire. Nouvelle édition, avec des notes et des observations critiques*, par M. Palissot, *Théâtre*, tome VI, (Paris: Chez Stoupe, Imprimeur, Servière, Libraire, 1792). Whilst expressing approval of Voltaire's attack on tyranny and despotism, he points out that Voltaire needed to be cautious. At times critical, Palissot is highly laudatory of scenes and lines of verse that were much applauded.

21. See also D14016, 14114.

22. See *Observations sur les Scithes*, 5e in Ch. Wirz, p. 3; and *Humble réplique*, passage quoted, pp. 11-12.

23. Cf. D14145. "On veut qu'Athamare soit moins criminel; et moi je voudrais qu'il fût cent fois plus coupable."

24. Ch. Wirz, pp. 2-3. The mss. is in the Institut et Musée Voltaire. Voltaire had sent the d'Argentals the text of *Les Scythes* on 19 November 1766. Voltaire answered on 8 December 1766 (D13719; cf. D13722)

25. P.3. The *Humble réplique* is d'Argental's answer to D13719 and possibly D13722. It may have been despatched on 13 December 1766 and Voltaire's letter of 22 December (13754) which acknowledges receipt of a *paquet* sent by the d'Argentals may be read as including it in his thanks.

26. See *L'Année littéraire*, 1767, Lettre VII; Grimm, *Correspondance littéraire*, April 1767: Bachaumont, *Mémoires secrets*, III, 163.

27. 1052 spectators paid for admission on the first day and 785 on the fourth and last day. See *Registres*, p. 818a; and p. 827 for attendances in 1770.

28. In his *Préface des éditeurs de Lyon* (often published as *Préface des éditeurs qui nous ont précédé immédiatement*); and D14133, 14147, 14149.

29. The Veuve Duchêne in her edition of the *Œuvres de théâtre de M. de Voltaire*, dated 1767, and Cramer and Bardin's *Ouvrages dramatiques*, VI (1775) (the edition commonly called 'l'encadrée'), merely follow the text of the Périsse brothers.

30. See J. Vercrusse, M. Mat-Hasquin, A. Rouzet, Catalogue de *Voltaire*, exposition organisée à l'occasion du bicentenaire de sa mort (Brussels, Bibliothèque Royale Albert Ier) 17-19 August 1978; J. Vercruysse, 'Inventaire raisonné des manuscrits voltairiens de la Bibliothèque Royale Albert 1er,' *Bibliologia* 2 (Brepols-Turnhout, 1983). One of the copies with manuscript corrections in the hand of Wagnière is in the Collection Launoit, the other belonged to the well-known bibliophile Charles Van Hulthem (1764-1832).

31. The volumes are no doubt part of a collection of books sent by Rieu to Catherine the Great.

32. J. Vercruysse, however, suggests that it may be a later impression, in his *Inventaire*.

33. See also Voltaire's letter to Rieu (D14088 — c.5 April 1767) in which he requests that Rieu send him his copy for collation with his own.

34. For general purposes a comparison between the text of the first edition, the corrections on the Leningrad copy and the text of the definitive edition would suffice, but only the full list of variants and their dates will tell the whole story and in many cases help to determine the order of publication of all the early editions.

35. Cf. *Mercure de France*, April 1770, p. 171.

36. Cf. *Mercure de France*, June 1767, p. 11. Sophocles is said to have composed *Œdipus Coloneus* at the age of 90.

Les Philosophes et l'Islam
ou de la lettre A à la lettre M de l'*Encylopédie*

Depuis la naissance de l'Islam, le monde musulman et oriental, le monde européen et chrétien vivent au contact l'un de l'autre. Entre eux s'établissent des relations plus riches qu'on ne le croit souvent. Faut-il rappeler que la première grande œuvre de la littérature française, la *Chanson de Roland*, à la fin du XIe siècle, a pour sujet un épisode conflictuel des rapports entre chrétiens et musulmans? Au XVIIIe siècle, ces rapports, fort différents de ce qu'ils sont aujourd'hui, sont déterminés par deux facteurs: une situation historique, une idéologie religieuse.

Disons quelques mots de l'un et de l'autre.

Pour les Européens du XVIIIe siècle, l'Islam est essentiellement la religion de l'empire ottoman. Le nom même du Prophète, sous sa forme Mahomet, vient de sa transcription turque Méhémet, alors que l'orthographe française Mohammed serait plus conforme à la prononciation arabe. L'empire des sultans avait atteint son apogée en 1683, lorsqu'une immense armée avait mis le siège devant Vienne, la capitale de l'Autriche. Mais l'empire ottoman était en proie à une profonde désorganisation. Des reculs successifs lui furent imposés, jusqu'au traité de Kainardji (1774). Néanmoins il continuait à occuper de vastes territoires: Belgrade et la Serbie (reprise en 1719), les principautés roumaines, la Bulgarie, la Grèce, tous pays de population chrétiennes. Et dans la deuxième moitié du siècle, l'empire est devenu l'objet des convoitises de la tsarine russe Catherine II, qui voudrait par Constantinople déboucher sur la Méditerranée. Elle n'y parvient pas, mais cela restera l'objectif de la politique russe.

Situation de conflit, donc. Le pouvoir ottoman a contre lui en France la partie philosophique de l'opinion, qui soutient Catherine II, en tant que souveraine éclairée. Ce qui favorise l'hostilité à l'égard de la religion de ce pouvoir. Le philhellénisme antiturc et antimusulman de l'époque romantique s'esquisse à la fin du XVIIIe siècle.

Un autre facteur est une idéologie religieuse à laquelle nous sommes aujourd'hui tout à fait étrangers. Traditionnellement les Européens chrétiens considéraient le christianisme comme la seule vraie religion, les autres, dans la mesure où l'on connaît leur existence, étant réputées aberrantes et marginales. Il n'est que de voir comment Bossuet parle de l'Islam dans son *Discours sur l'histoire universelle*, qui prétend retracer l'histoire de toute l'humanité depuis Adam jusqu'à Charlemagne. De cette histoire, en fait si peu "universelle," le monde musulman est presque totalement absent. Et dans les quelques phrases qu'il lui consacre, Bossuet le traite comme l'ennemi. Il annonce Mahomet comme étant "un plus grand mal [qui] s'éleva contre l'empire [byzantin] et contre toute la chrétienté." "Mahomet, continue-t-il, s'érigea en prophète parmi les Sarrazins; il fut chassé de la Mecque par les siens. A sa fuite commence la fameuse hégire, d'où les mahométans comptent leurs années. Le faux prophète donna ses victoires pour toute marque de sa mission. Il soumit en neuf ans toute l'Arabie, de gré ou de force, et jeta les fondements de l'empire des califes."

Sur ce mouvement si important de "l'histoire universelle," Bossuet n'en dit pas plus. Il eut lui-même le sentiment qu'il passait trop vite. Dans la conclusion de son ouvrage, il reconnaît qu'il aurait dû parler de l'empire des califes, qui commença deux cents ans avant Charlemagne. Il aurait fallu exposer "les causes des prodigieux succès de Mahomet et de ses successeurs."[1] Il promet qu'il le fera dans la suite de son ouvrage, sur l'histoire du monde après Charlemagne. Mais cette suite, Bossuet ne l'a jamais écrite.

Au XVIIIe siècle, on a souvent protesté contre ce parti d'ignorer le monde musulman. La philosophie des lumières découvre, pour le dénoncer, l'universalité du phénomène religieux. On fait ressortir contre le christianisme combien celui-ci, et plus particulièrement le catholicisme, est limité, localisé dans le temps et dans l'espace. Mais les philosophes du XVIIIe siècle n'en sont pas venus encore aux conceptions modernes, à savoir que le phénomène religieux, répandu dans toute l'humanité, peut-être depuis les origines de l'*homo erectus*, se présente comme prodigieusement multiforme, et que chacune de ses modalités a son sens et sa fonction dans le groupe humain où elle apparaît. Cette vue ethnologique de la religion se prépare au XVIIIe siècle. Mais elle n'est pas encore celle de la philosophie des lumières. La conception déiste, la plus répandue dans cette philosophie, pose l'idée d'une religion naturelle. Ce serait là la base commune de toutes les religions. A partir de cette religion simple et naturelle auraient proliféré les religions actuellement existantes, comme autant d'excroissances parasitaires: déformations nées de la superstition, à la faveur de la fraude et de la ruse ourdies par d'habiles imposteurs. Le concept d'imposture, utilisé par l'apologétique chrétienne pour expliquer la naissance de religions autres que le christianisme, est repris par les philosophes et appliqué au christianisme lui-même.

La tragédie de *Mahomet* par Voltaire relève de cette vision de l'histoire religieuse. Voltaire y présente le fondateur de l'Islam comme un politique et un conquérant, se servant de la religion qu'il instaure pour fanatiser ses troupes lancées à l'assaut de l'Orient, après la décadence de l'empire romain.

Il va sans dire qu'une telle philosophie historique est aujourd'hui absolument inacceptable. L'idée d'une religion fondamentale, sous-jacente dans toute l'humanité, pour avoir été celle de ses débuts, ne correspond certainement pas à la réalité historique. Encore plus inacceptable pour nous apparaît l'explication par l'imposture. Cela tout spécialement dans le cas de l'Islam.

Il se trouve que Mahomet est parmi les grands initiateurs religieux — Moïse, le Bouddha, Zoroastre, Jésus... — celui qui est le mieux connu, historiquement parlant. Or, au regard du moins des non-musulmans, il s'affirme comme une personnalité forte, douée d'un riche psychisme. Des pensées, des paroles surgissaient en lui, procédant d'un inconscient exceptionnellement puissant. Il était donc fondé à les accepter, en toute sincérité, commme des inspirations divines. C'est le méconnaître de ne voir en lui, comme Voltaire en son *Mahomet*, que le politique et le chef de guerre. Une autre tragédie voltairienne rend mieux justice au monde musulman. C'est *Zaïre*. Cette pièce qui connut un succès inouï et durable fit beaucoup pour diffuser en France et dans toute l'Europe une image favorable de l'homme musulman. Voltaire avait acquis une connaissance de l'Islam indirecte, mais non entièrement livresque. Il avait pendant son séjour en Angleterre fréquenté son ami Everard Fawkener. Or cet homme d'affaires britannique venait de passer plusieurs années dans le comptoir d'Alep (aujourd'hui Halab en Syrie). Il faut lire dans le livre que Norma Perry lui a consacré[2] ce qu'était l'existence des marchands anglais, français, italiens qui vivaient totalement immergés en milieu musulman, adoptant le mode de vie oriental. En général, les relations des commerçants européens en Orient ont fait beaucoup pour une meilleure connaissance de cet autre monde. Qu'on pense aux *Voyages* du chevalier Chardin, négociant en pierres précieuses.

Inspiré donc par les confidences de Fawkener, Voltaire entreprit de porter à la scène une confrontation des deux civilisations chrétienne et musulmane, à l'époque des Croisades, à Jérusalem. Le christianisme est représenté par le vieux Lusignan, prisonnier de guerre depuis vingt ans, l'Islam par le "soudan" de Jérusalem, le jeune Orosmane. Voltaire s'applique à souligner la noblesse d'âme, la justice, la générosité du chef musulman. Il en fait l'antithèse du despote sensuel imaginé par la tradition chrétienne (sur lequel avait à son tour complaisamment brodé l'érotisme libertin). Non seulement Orosmane n'a pas de concubine, mais il ne veut même pas prendre les quatre femmes que lui permet le Coran: il fera de la jeune Zaïre son unique épouse. Il égale en tout par ses vertus ses adversaires chrétiens. La pièce illustre l'idée que l'adhésion au christianisme ou à l'Islam ne se détermine pas par une supériorité de l'une ou de l'autre, mais par les hasards de la naissance et de l'éducation. La jeune Zaïre est née fille de Lusignan, mais enlevée dès le berceau, elle a été élevée dans l'Islam. Elle est musulmane, lorsqu'elle retrouve son père Lusignan et son frère Nérestan; alors elle consent par attachement familial à revenir au christianisme. Le drame se corse d'un fatal malentendu. Orosmane s'imagine qu'elle le trompe avec Nérestan — il ignore qu'il est son frère. Dans un accès de jalousie, il la poignarde. Quand il comprend, hélas! trop tard, son erreur, il libère tous ses prisonniers chrétiens et se donne la mort. Servi par de grands acteurs, ce rôle d'Orosmane a répandu dans le public, jusqu'à l'époque romantique, la figure d'un héros grand par la générosité et par la passion.

Une autre image positive se fait jour dans la littérature française du XVIIIe

siècle, celle du sage musulman: loyal et raisonnable comme Orosmane, mais non emporté comme lui par la passion. Montesquieu en propose l'une des premières images en ses Persans, notamment Usbek. Celui-ci ne manque pas, sur la route d'Ispahan en Europe, de faire ses dévotions aux sanctuaires qu'il traverse; mais c'est un esprit libre, un philosophe. Il va, dit-il, chercher au loin "laborieusement la sagesse."[3] Il est croyant, mais détaché des superstitions. Musulman éclairé, il jugera l'Europe avec une raison saine. Autre figure du même type, celle qui est introduite à la fin de *Candide*. On sait qu'au dernier épisode du conte, les personnages rencontrent, dans les environs de Constantinople, un vieillard turc qui visiblement a découvert le secret de la sagesse. Il est désigné dans le texte comme un "bon musulman." C'est lui qui enseigne à Candide ce qu'est une vie aussi heureuse qu'il est possible à l'homme de l'obtenir.

Un troisième personnage de la même sorte se trouve dans les *Mémoires* de Casanova. L'aventurier vénitien raconte, en son chapitre xiv, comment à Constantinople il s'est lié avec Jossouf-Ali, noble vieillard à la fois philosophe et musulman. Ce dernier est même, de ceux qu'on vient de citer, le seul qui soit vraiment caractérisé comme adepte de l'Islam. Casanova rapporte les entretiens qu'il eut avec lui sur la religion. Jossouf-Ali exalte la supériorité du monothéisme du Prophète, rigoureux, simple et rationnel. Dans *Zaïre* au contraire, Orosmane n'apparaissait guère comme musulman, à la différence de Lusignan, bien campé quant à lui comme militant chrétien. Et Usbek est bien plus un obervateur philosophe, une manière de double exotique de Montesquieu qu'un disciple du Prophète. La littérature française du XVIIIe siècle, dans les cas où elle présente des personnages de musulmans positifs et sympathiques, ne réussit pas, le plus souvent, à évoquer de façon vivante leur croyance.

C'est l'approche historique et sociologique qui est ici la plus efficace. Montesquieu dans l'*Esprit des lois* s'efforce de conduire une analyse en profondeur. Il croit voir une relation étroite entre l'Islam et le climat des pays où il est établi. Le climat aurait donné naissance aux prescriptions interdisant les boissons alcoolisées, recommandant les ablutions fréquentes, et autorisant la polygamie. C'est même, selon lui, par le climat que s'expliquerait la diffusion de l'Islam, et les limites de cette diffusion. Il tente de pénétrer l'esprit de cette religion par une réflexion comme celle-ci (1.xxv, ch.2): "Les mahométans ne seraient pas si bons musulmans, si d'un côté il n'y avait pas des peuples idolâtres qui leur font penser qu'ils sont les vengeurs de l'unité de Dieu, et de l'autre des chrétiens, pour leur faire croire qu'ils sont l'objet de ses préférences."

Mais le jugement de Montesquieu est en définitive défavorable. Car il estime que ce qu'il appelle le gouvernement despotique a partie liée avec "la religion mahométane," alors que le "gouvernement modéré convient mieux à la religion chrétienne." Malgré sa volonté d'objectivité le jugement de Montesquieu est orienté par les présupposés de sa philosophie politique: à savoir ses idées sur le climat, sa volonté de distinguer entre monarchie et despotisme. Et, comme beaucoup de ses contemporains, il ne retient guère comme pays musulmans que les grands empires du sultan ottoman ou du shah de Perse.

Voltaire dans son *Essai sur les mœurs*, comme il est normal de la part d'un historien, considère l'Islam non dans sa structure, comme Montesquieu, mais dans son devenir. Le plus remarquable d'abord est la place qu'il lui assigne dans la disposition de l'ouvrage. Il a voulu rompre avec l'européocentrisme. Il commence par les grandes civilisations hors d'Europe: la Chine, l'Inde, et vient ensuite le monde musulman. Celui-ci cesse donc d'apparaître comme marginal. On doit souligner cette intention de Voltaire de lui reconnaître sa juste importance.

A chacune de ces civilisations, l'*Essai sur les mœurs* consacre deux chapitres, l'un proprement historique, l'autre surtout analytique. Il en est ainsi du monde musulman. Un premier chapitre, "De l'Arabie et de Mahomet," retrace la vie du Prophète.[4]

Voltaire abandonne ici, *presque* entièrement, l'interprétation par l'imposture. Il prête pourtant à Mahomet une sorte de préméditation: celui-ci, observant intelligemment l'état religieux de ses contemporains, "vit qu'il pouvait s'ériger en prophète." Il est, précise l'historien, "de bonne foi": il veut "rappeler les hommes à l'unité d'un Dieu." Voltaire pourtant nuance cette sincérité du Prophète: il ajoute qu'il "se trompa lui-même en trompant les autres." La propagande a ses exigences. Il fallut pour imposer la foi nouvelle recourir à "des fourberies nécessaires." Voltaire porte donc sur le fondateur de l'Islam une appréciation mitigée: Mahomet mourut étant regardé "comme un grand homme par ceux mêmes qui le connaissaient pour un imposteur [encore ce mot], et révéré comme un prophète par tout le reste." "Grand homme" pour avoir conquis si vite toute l'Arabie, "par la parole et par les armes." Voltaire nie qu'il ait été, comme on l'a prétendu, un ignorant, ne sachant ni lire ni écrire: il était au contraire "savant" pour son pays et pour son temps. Il fut un poète comme l'atteste le Coran, dont le début est "sublime."

Voltaire n'aime pas beaucoup les fondateurs de religions. S'il reste réservé à l'égard de Mahomet, il se montre en revanche plein d'éloges pour la civilisation musulmane et favorable dans son jugement sur l'Islam en tant que règle de vie.

Il compare les juifs, repliés sur eux-mêmes, hostiles aux étrangers, et les musulmans expansifs, accueillants, porteurs d'un enthousiasme contagieux. Retraçant la conquête de l'Orient jusqu'à Samarcande et de l'Occident jusque dans le midi de la France, il écrit que "tout ce qui arrive alors caractérise un peuple supérieur." Par son "génie" le peuple arabe ressemble aux anciens Romains. L'historien n'accorde pas beaucoup d'importance à un épisode souvent reproché aux conquérants arabes: l'incendie de l'immense bibliothèque d'Alexandrie. Il met en valeur au contraire le creusement d'un canal du Nil à la mer Rouge, entreprise "digne des siècles les plus éclairés." Le monde musulman, vu par Voltaire, est déjà un monde des lumières. "Dès le second siècle de l'hégire, les Arabes deviennent les précepteurs de l'Europe dans les sciences et dans les arts, malgré leur foi qui semble l'ennemie des arts." Par la suite, le calife Haroun-al-Rachid "fit succéder dans ses vastes Etats la politesse à la barbarie." Les Arabes inventèrent des chiffres plus commodes que le système romain; ils créèrent l'algèbre, développèrent l'astronomie, la chimie, la médecine, et ce qui est pour Voltaire la valeur suprême, "une poésie sage et hardie," la langue arabe étant dès ce temps-là "perfectionnée" et "fixée," pendant que les peuples chrétiens d'Europe ne parlaient encore que d'informes jargons.

S'agissant de la religion, Voltaire s'élève contre ceux qui expliquent son succès par le fait qu'elle favoriserait la sensualité. En permettant quatre épouses, Mahomet imposait une restriction à une polygamie avant lui illimitée: l'historien rappelle les sept cents femmes et les trois cents concubines du roi Salomon. Le paradis de l'Islam est-il un lieu de voluptés? Il ne l'est pas plus que l'Olympe gréco-latin ou le paradis des premiers chrétiens. Religion "austère et simple" que le mahométisme, inspirant "respect et confiance." Elle ne s'est pas établie, comme on le croit, par la force des armes, mais "par l'enthousiasme, par la persuasion et surtout par l'exemple des vainqueurs, qui a tant de force sur les vaincus."

Voltaire relève deux traits qui lui sont particulièrement chers. Il cite avec éloge la définition de Dieu dans le Coran. Il approuve ce dogme de l'unité de Dieu "présenté sans mystère et proportionné à l'intelligence humaine." Second trait: la tolérance. L'Islam est une religion "indulgente et tolérante" bien qu'elle ait été instaurée par un homme "puissant et terrible." Le christianisme au contraire, dont le fondateur vivait "dans l'humilité et dans la paix, prêchant le pardon des outrages," est devenu avec les siècles, affirme Voltaire, "la plus intolérante" de toutes les religions.

Au total, l'historien de l'*Essai sur les mœurs* brosse un tableau très sympathique du monde musulman. Il n'en efface pas certaines ombres, mais il écarte les préjugés, les jugements sommaires ou ignorants. Il peint le monde arabe des deuxième et troisième siècles après l'hégire comme un grand moment dans l'histoire de l'humanité.

Ce texte est encore mis en valeur par comparaison avec l'*Encyclopédie*. On ne s'arrêtera pas sur l'article "Islam" du *Dictionnaire*, très court et peu substantiel, dont on retient surtout que le mot Islam fut introduit en français par la *Bibliothèque orientale* d'Herbelot de Molainville (1697). Mais le tome I de l'*Encyclopédie* contient un article "Alcoran" assez copieux. Or, dans ce texte, paru au premier volume d'un ouvrage se réclamant d'un esprit moderne, si l'on s'attend à trouver quelque ouverture sur le monde musulman, on est bien déçu. Le rédacteur anonyme répète les préjugés les plus traditionnels. Il définit tout bonnement le Coran comme "le livre de la doctrine du faux prophète Mahomet." Il fait écho à la légende selon laquelle ce livre aurait été inspiré au Prophète par des réfugiés juifs et chrétiens hérétiques. Il s'agissait, prétend-il, de "tromper tout un peuple." Il ne veut voir dans le Coran qu'une "infinité de fables et d'absurdités." Il affirme enfin que l'Islam s'est imposé "par la violence et par la force des armes." Si l'*Encyclopédie* est une œuvre novatrice, ce n'est certainement pas par son article "Alcoran."

Mais l'*Encyclopédie*, en son tome IX, contient aussi un article "Mahométisme," fort long (neuf colonnes de l'in-folio), signé du chevalier de Jaucourt. Ici la perspective a totalement changé. La sympathie a remplacé le préjugé routinier. C'est que dans l'intervalle entre "Alcoran" du tome I (1751) et "Mahométisme" du tome IX (1765) avait paru en 1756 l'*Essai sur les mœurs*. Jaucourt adopte tout simplement le point de vue de Voltaire. Il le déclare en préambule: "L'historien philosophe de nos jours en a peint le tableau si parfaitement que ce serait s'y mal connaître que d'en présenter un autre aux lecteurs."

Après avoir en ces termes avoué sa dette, Jaucourt se contente de recopier, sans guillemets, des pages entières de l'*Essai sur les mœurs*, qu'il donne comme siennes. Son article est ce qui s'appelle aujourd'hui un plagiat. Presque tout le chapitre "De l'Arabie et de Mahomet" passe ainsi dans "Mahométisme." Mais Jaucourt ne suit pas son guide jusqu'au bout. Il ne reproduit pas le tableau de la civilisation musulmane. Il retranche la présentation de l'Islam comme religion, dans le chapitre intitulé "De l'Alcoran et de la loi musulmane." A la place, il donne une histoire événementielle, sans grand intérêt. Il raconte les vaines tentatives des musulmans contre la Rome pontificale, leur reflux en Espagne, et l'invasion turque. Ce qui le conduit jusqu'aux campagnes de Pierre le Grand contre l'empire ottoman. Ainsi, en dépit du plagiat, l'article "Mahométisme" de l'*Encyclopédie* demeure nettement en retrait par rapport à l'*Essai sur les mœurs*.

Pour conclure, deux remarques.

D'abord il apparaît qu'au XVIIIe siècle les auteurs de fiction, un Montesquieu dans les *Lettres Persanes*, un Voltaire dans *Zaïre* (pour ne rien dire de *Mahomet*), ont de la peine à entrer dans l'esprit et dans l'âme de l'homme musulman. Ce n'est pas par la création, romanesque ou théâtrale, que la littérature française du XVIIIe siècle approche le mieux la réalité musulmane. C'est par l'enquête historique, qui s'efforce de saisir l'Islam en tant que phénomène social. De ce côté, les deux chapitres de l'*Essai sur les mœurs* sont une réussite, confirmée par le plagiat du chevalier de Jaucourt.

Cette approche de l'Islam peut aujourd'hui paraître bien insuffisante. Mais il convient de porter sur elle un jugement historique. On en donnera pour preuve le livre récent de C. Grossir, *L'Islam des romantiques (1811-1840)*.[5] L'auteur montre comment au début du XIXe siècle, en une période de réaction contre la philosophie des lumières, un Chateaubriand, en son *Itinéraire de Paris à Jérusalem*, refuse la sympathie que le XVIIIe siècle avait témoignée pour l'Islam. Chateaubriand s'est rendu en Orient plutôt pour discréditer que pour comprendre la religion musulmane. Les choses changeront après 1830, grâce notamment à Lamartine: celui-ci fait le voyage d'Orient dans un esprit tout autre que Chateaubriand. Il met sur le même plan les deux religions, l'Islam et le christianisme, estimant qu'il existe entre elles des affinités.

Ainsi, avec le recul, il ressort qu'au XVIIIe siècle un certain nombre d'esprits en Europe ont cessé de considérer le monde musulman comme l'Ennemi. La volonté de connaître l'Autre, qui est l'une des composantes de la philosophie des lumières, a même obtenu ce résultat que l'Islam a cessé d'être pour des esprits véritablement éclairés tout à fait *étrange* et *étranger*.

René Pomeau
Institut de France

NOTES

1. Bossuet, *Discours sur l'histoire universelle* (Paris: Garnier-Flammarion, 1966), pp. 132, 429.

2. Norma Perry, *Sir Everard Fawkener, friend and correspondent of Voltaire, Studies on Voltaire*, CXXXIII (Banbury, 1975).

3. Montesquieu, *Lettres persanes*, lettre I.

4. Voltaire, *Essai sur les mœurs*, éd. R. Pomeau (Paris: Garnier, 1963) I, 255-76.

5. Paru dans la collection "Islam et Occident" (Paris: Maisonneuve et Larose, 1983).

Alfieri between France and Italy as Reflected in the *Vita*

Alfieri first saw Paris in mid-August 1787 at the end of a precipitous trip from Marseilles which took him across the better part of France in little more than a week. He had spent a month in Marseilles, anxious to avoid travelling in the excessive heat of July and attracted by that city's "cheerful aspect, new, well laid out, clean streets, beautiful *corso*, beautiful harbor, [and] graceful, lively women" (III 4)[1] — "ses femmes, si jolies et agaçantes," in the words of the anonymous translation of the *Vita*, his autobiography, into French.[2] This is the very translation from which Chateaubriand quotes in his own memoirs, precisely apropos a spit of land a little way out of the harbor of Marseilles where Alfieri remembers sitting, seeing nothing but sea and sky, "two immensities" (as the Romantic conceit has it) lit up by the setting sun.[3]

Alfieri had been eager to get to Paris ever since he had become tired of Italy, whose cities down to Naples he had just finished visiting in what he represents as his customary headlong rush and alternations between enthusiasm and boredom. Obliged to sit out a storm in the port city of Savona on the Riviera, for instance, the young man — he was eighteen at the time — for two days never once left the house: "I wanted neither to see nor hear anything more of Italy; and every moment of detention seemed a robbery of the pleasures I was to enjoy in France" (III 4). But with the hindsight and didactic intention born of his experiences in the intervening twenty-three years — the bulk of the *Vita* was written in 1790 — he adds: "All this was the fruit of an unrestrained fancy which always exaggerated all the good and all the evil of the future, so that both, particularly the former, seemed nothing when I experienced it" (III 4).

It therefore comes as no surprise that Paris, which he reached "on a cold, cloudy, rainy morning," entering it "through the squalid suburb of St. Marcellus," proved — whether in reality or recollection, or, given the treacherous ground of autobiographical narrative, both — a disappointment: "I had exchanged the beautiful skies of Italy and Provence for this dreadful climate. When I entered the vile suburb of St. Germaine [sic], where I had taken lodgings, it seemed I was going into a filthy sepulchre, and I never, in all my life, was overshadowed by a more sepulchral feeling" (III 5). Or, as the French translation more faithfully renders the original: "En avançant dans le tombeau fétide et fangueux du faubourg Saint-Germain, où je me fus loger, mon cœur se serra; et je n'ai jamais éprouvé de ma vie une impression si douloureuse pour une si petite cause."[4]

Had he been less tired, he writes, and ready to face the derision such an action would undoubtedly have occasioned, he would have left Paris immediately. As it was, he dragged out his stay through mid-January of the following year, first waiting for the Court and the Sardinian ambassador to return from Compiègne; later, when he was introduced to the home of the Spanish ambassador, trying his luck for the first time at a game of faro; and finally, on New Year's Day 1768, presented to Louis XV at Versailles. The King's Jove-like demeanor and disdainful look repelled him, and we are treated to one of the cameo appearances of the species *tyrant*, which the practice of literature between the original experience and its written version had perfected:

> Louis XV inspected every man presented to him from head to foot, but never gave a sign of receiving any impression whatever. If on presenting an ant to a giant, one should say, "Behold I present you an ant, Monsieur," one would expect that the giant would at least look at it, and either smile, or perhaps say, "Oh, what a very *petite* [sic] *animal*," or if he chose to keep silent, let his countenance speak for him.[5] (III 5)

Alfieri returned to Paris four years later, in 1771, on his way from northern Europe to Spain and Portugal, virtually the only (European) countries he had not yet visited. During the month he spent there — it was again mid-summer — he could have met Rousseau, whose "pure and manly character... sublime and independent conduct" he esteemed more than his books, he tells us, "for the few I have been able to read seem rather tiresome offsprings of affectation and labor" (III 12).[6] But he preferred not to make Rousseau's acquaintance for he felt that he (Alfieri) was "much prouder and more inflexible" and would run the risk of returning tenfold any "unkindness" he might receive from that "vain and whimsical man." Instead, he "made an acquaintance" in the long run infinitely more important to him: he bought a collection of thirty-six "beautiful small volumes" — the principal Italian poets and prose writers — which he was hardly able or inclined to read at the time, but which would henceforth accompany him wherever he went. On the way to Spain, however — and it is one instance of the proximity and yet distance between the two linguistic cultures of his youth — the only fitful reading he did was in his copy of Montaigne's *Essais*, which he had bought in a ten-volume edition in The Hague three years before, and whose volumes now filled every possible pocket in his carriage.[7]

Twelve years were to elapse before Alfieri again passed through Paris, twice this time, once on the way to England to buy horses and several months later on the way back to Turin and Siena. 1783 was a difficult year for him. While, on the one hand, he had the satisfaction of putting the finishing touches on the first edition of his tragedies (he had written fourteen since 1775) and of being elected to the Academy of the Arcadia, the international intellectual center located in Rome; on the other, he was officially asked to leave the city because of his liaison with the Countess of Albany (wife of the pretender to the English throne, Charles Edward Stuart), whom Alfieri had met in 1777 and made his life-long "worthy affection." The trip to France and England had a therapeutic objective: "I no longer felt prompted by an ungratified curiosity, for these feelings had already been gratified and extinguished; but *I wished to travel*, for I have never found any other remedy or solace for pain" (IV 11). Now a famous poet, he took with him letters of introduction to a number of writers, but — and the complaint is a familiar one given the reflux of influence after the Renaissance, no longer from Italy to France but from France to Italy — he found that his French counterparts knew little about Italian literature, seldom going beyond Metastasio, musical poet *par excellence*, with whom he certainly did not wish to be associated.[8] Thus for the 1783 trip he noted only that the rage of the moment in Paris was for balloon flights. And on the return trip, he was so absorbed in the well-being of the fourteen horses he had acquired (one for each tragedy he had written) that he passed through France unaware of anything but the cough of the one and the lameness of the other, the gravelled feet of a third and the lack of appetite of a fourth, "a continual sea of troubles" that wore down the resistance of the "poet turned horse trader" (IV 11), as with the epigrammatic forcefulness that is an earmark of his style he describes his sudden change in status.[9]

* * * *

There is one theme that emerges apropos this third visit which had not been present in the account of the two previous ones. It recurs with such frequency, however, that the *Vita* is considered unique among Italian eighteenth-century autobiographies for the amount of attention it pays to two intimately related problems: Alfieri's perception as a Piedmontese of his generation of the age-old Italian *questione della lingua*, and his revealing the difficulties faced by a writer — specifically himself — who for many years feels unsure of the linguistic tool with which he expresses himself.[10] We pass now from the humors of the young aristocrat on the Grand Tour to the poet's workshop, in which French figures as the bugbear to be at all costs avoided.

With reference to his 1783 stop in Paris, Alfieri writes: "Enraged with myself at having got into the necessity of again hearing and speaking that most anti-Tuscan nasal jargon, I hastened as much as possible the moment of my departure" (IV 12). Distaste for that "jargon" had already surfaced earlier in the *Vita* in a passage referring this time to his first trip to Florence in 1766. The moment written about and the moment of writing come together in the shame he now feels at the thought of having then squandered an opportunity to learn "from the living Tuscans to speak at least, without barbarism, in their divine tongue, which babbling I mangled every time I was forced to use it" (III 1).[11] The height of folly had been to spend his month in Florence taking English lessons from an insignificant little pedagogue who happened to be there! However, he had made some progress on that occasion:

he had broken himself of "the horrible Lombard or French *u*" which, he says, he had always "disliked intensely because of its narrow articulation and that grimace of the lips so very similar to the ridiculous face made by monkeys when they are trying to speak" (III 1). "And even now," he continues not only from the perspective of 1790 but also from that of the five years he had been living in France, "although my ears are absolutely lined with this *u*, yet it makes me laugh every time it comes to my attention, especially on the stage or in salon conversations (where acting never ceases), for on these contracted lips that seem forever to be blowing on hot soup the word *nature* reigns supreme" (III 1).[12]

Of course, Alfieri's quarrel with French reached deeper than a sound grating on his ears or social affectations repellent to a disdainful and introspective individual. French — his French, the French he heard all about him, the language of political and cultural relations — stood in the way of his Italian, the language in which he aspired to gaining literary fame.[13] It is not a unique case of a writer struggling to find his linguistic medium, but it is remarkably well recorded. Twice in its history written Italian ran the risk of being supplanted by another language in Italy: by Latin in the early part of the fifteenth century, by French in the eighteenth. We can briefly allude to the well-known eighteenth-century situation by borrowing the words of the linguist Alfredo Schiaffini: "From Gibraltar to Moscow, although with unequal intensity, eighteenth-century Europe was French. And the French language which already in the Middle Ages had spread to Italy, Spain, Germany, and England, became the common language of educated people in almost all of Europe, reaching the universality acclaimed by the Count of Rivarol."[14]

Alfieri was born in Asti, a city in the bilingual region of Piedmont, and by bilingual here is meant that the dominant languages were French and the local dialect. His father descended from an old Asti family, but his mother, Monica Maillard de Tournon, was of Savoyard origin — "as her barbarous surnames show," her son was to write (I 1). It is difficult to reconstruct the precise linguistic situation of his childhood and adolescence: Alfieri's narration reflects a reality well-known to him and his contemporary readers, but one which, aided by what we know of the history and development of Italian, must today often be recreated between the lines. The lines themselves tell a gloomy story of his education in general, an Enlightenment version of traditional, Ancien Régime scholastic systems and as such accepted as truthful by liberal and nationalistic nineteenth-century Italy.[15] Language study, not surprisingly, plays only an incidental, passing role in it.

Until the age of nine Alfieri was educated at home by a Don Ivaldi, "a good priest," whom he later discovered to have been quite ignorant. With him he progressed as far as the translation of the lives of Cornelius Nepos and the fables of Phaedrus. Alfieri does not specify translation into what; we assume that it was the local version of Italian, i.e., not Tuscan. In 1758 he entered the Turin Royal Academy, a school for the education of young noblemen destined for service at the court of the king of Sardinia, and for aristocrats up to the age of thirty from the rest of Europe. He remained there until 1766, also frequenting some courses at the university. "Here I was then an ass among asses, and under an ass for a teacher," he writes with the usual sarcasm of the beginning of his studies at the academy (II 2). The curriculum was the familiar one, passing from the study of Latin in all its gradations (grammar, prosody, rhetoric, humanity) to philosophy, physics, ethics, music, geography, and the social accomplishments: fencing, dancing, horsemanship. Alfieri's success in his studies is attested to by his winning his "master of arts" in 1763; but he was not satisfied by this formal recognition, for when he was after that admitted to the First Apartment of the Academy, he felt at loose ends, not knowing to what to turn his attentions: "Destitute of any solid basis of education, without a guide, knowing no language well, I did not know what to apply myself to, nor how to go about it" (II 7). The language situation especially was to deteriorate rapidly as the little bit of Tuscan he had acquired during the years of "buffoon studies in Humanity and donkey Rhetoric"[16] was driven out by his reading of French novels, the continual conversation with foreigners (the boarders in the First Apartment were mostly foreigners), and the absence of opportunities for speaking Italian or hearing it spoken. The finishing blow came when in a sudden fit of study he plunged into the thirty-six volumes of Fleury's *Histoire ecclésiastique*, writing summaries of the first eighteen volumes in French, until he grew tired of the self-imposed task.

The only bright moments Alfieri remembers of his Academy years — "eight years of non-education" reads the sub-title of the second of the "epochs" into which his autobiography is divided — were the moments devoted to extracurricular readings, in Italian first, later in French, and finally, as we have already seen apropos his 1771 trip to Paris, in both languages in close proximity to one another. In his second year at the Academy, at the same time that in class he was translating the *Georgics* into Italian prose, he happened upon a four-volume edition of Ariosto's works. He was fascinated by it, probably more by the surreptitious manner in which he had acquired the forbidden volumes than by the text, for he notes with some wonder that he understood only half of this easiest of Italian poets. The next year he found a copy of Annibal Caro's translation of the *Aeneid*, which he read and reread with enthusiasm, cribbing from it for his Latin assignments, much to the detriment of his study of that language. He also read Metastasio and Goldoni: the former's musical dramas he came by in the form of librettos during the Carnival season; the latter, whom he found extremely entertaining, was actually lent him by one of his teachers. It was also a teacher who lent him the first French books he read: his geography instructor in 1763 came from the Val d'Aosta, in the northernmost corner of Piedmont, and he held his lessons in French. Among the books Alfieri read at that time was *Gil Blas*, the first book after Caro's *Aeneid*, he tells us, that he read from cover to cover, but enjoying it a great deal more. Thereafter he fell into the reading of French novels — "for there are no readable Italian ones" (II 7), he specifies in an aside. He mentions La Calprenède's *Cassandre*, Mlle. de Scudéry's *Almahide ou l'esclave reine*, and Prévost's *Les mémoires d'un homme de qualité*, which last he reread "at least ten times."

In studying the question of Alfieri's use and command of French, Carmine Jannaco places his "conversion" to French in 1763.[17] "Conversion" is probably too strong a word for there seems to have been no conscious intention but only the pull of circumstances. And it is certainly the wrong word in light of the *real* conversion that took place in July 1775, when reversing the order so as to take "the first step toward Tuscan purity ... [he] utterly banished every kind of French reading... determined never again to utter a single word of that language, and took special pains to avoid every person who did" (IV 1).

The reason for such drastic action was his decision at the age of twenty-seven to turn himself into a writer of tragedies, the underrepresented genre in Italian literature and the recent great achievement of France.[18] The pages of the *Vita* leading up to Alfieri's decision are among the liveliest and most frequently referred to in the book. Four years earlier, in 1772, he had returned home from that rushing about through Europe of which we have spoken. It would have been time to settle down to the kind of occupation for which his background and education had prepared him. But when his brother-in-law, himself a gentleman of the King's bedchamber, suggested that he solicit some diplomatic post, Alfieri answered disdainfully that during his travels he had had the opportunity "to inspect a little more closely" kings and their representatives, "and having not the smallest iota of respect for any of them, [he] would not have represented even the Great Mogul, and [he] certainly would not consent to represent the pettiest of all the Kings of Europe" (III 13). Instead, sufficiently wealthy and free, with a high opinion of himself although still ignorant — and foolhardy in affairs of the heart — he took up a life of luxury and dissipation in Turin. Thus he again fell in love — his most famous escapade thus far had been with Penelope Pitt in London — this time with a woman he considered unworthy but whose *cavalier servente* he remained for two long years. It was while he was in her "service" that, bored beyond all compare one time because she was ill and he was obliged to sit by her bed all day, he took up a few sheets of paper "and began without plan or design, to scribble a scene of, I know not what to call it, of one act, or five, or ten, but at any rate some words in the form of a dialogue, and in the shape of verses, between a certain Photine, a woman, and a certain Cleopatra, who came in after a rather protracted conversation between the two first-mentioned characters" (III 14). Looking at it now, he adds (in 1790), "that sudden undertaking of mine seems all the more strange, since for more than six years I had not written a word of Italian, or even read it, except rarely and at long intervals" (III 14). Why Cleopatra, might be asked, "rather than Berenice, or Zenobia, or any other queen of tragedy?" Simply, because for months and years he had seen in his "beloved"'s entrance hall a series of beautiful tapestries representing scenes from the life of Anthony and Cleopatra.

Much of the popular success of the *Vita*, its extraordinary readability, is no doubt owed to its wealth of anecdotes, but Alfieri also intended it to be informative, indeed documentary. Thus we find a footnote at this point, which reproduces the first few scenes of what goes by the title of *Cleopatra Prima* (there were two later drafts as well). Jannaco, who had access to the manuscripts, was able to trace the steps that took Alfieri from "l'11 février [sic] 1774," which is the date he noted at the head of his turning the subject into verses,[19] to July 1775, when, as already indicated, he repudiated French. Alfieri is writing in Italian but with an occasional yielding to French: the date just referred to; the stage direction, "*Scène* quarta — Antonio, *et les sudits*"; the sudden intrusion of two verses in French followed by the breaking off of this particular draft, "*Et ne devroit on pas à des signes certains / Reconnoître le cœur de(s) perfides humains* [?];" and finally, the most interesting point cited by Jannaco, Cleopatra's lines, "... Chi crederò de' due, Antonio vien di lasciarmi, *furieux, et faible á son ordinaire...*," where the Gallicism "vien di lasciarmi" leads directly to a switch into French.[20] Confused and disoriented, we may surmise, by his lack of control over the structure of the play as well as by the failure of the linguistic instrument, Alfieri henceforth gave up the attempt of working directly from subject to versification, and adopted the intermediate step of a scene by scene summary in prose. Through the next two plays, *Filippo* and *Polinice*, this summary was in French, although Alfieri "raged and wept" (IV 1) at being forced to use a language he did not recognize as his own.

One should note exactly how Alfieri describes the predicament he faced in *Filippo* and *Polinice*, for although in the genetic history of his whole œuvre these two plays represent only a point of transition, nowhere is the proximity of the two languages in the actual elaboration of a text closer:

> But to my great misfortune, whatever may have been the merit of these tragedies, they were conceived and brought forth in French prose, so that they had a long and difficult road to travel before they were transformed into Italian poetry. I had outlined them in this unpleasant and paltry language (*spiacevole*

> *e meschina*), not because I knew it or pretended to know it, but because during five years of travelling I had spoken and heard spoken that jargon exclusively, and I was able to express myself in it a little more and betray my thought a little less than in Italian. (IV 1)

And with an image that combines the classical reminiscence of foot races with his everyday experience of footmen running along the coach to light the way, Alfieri compares what was happening to him for want of a language in which to write to a runner who has lost the use of his legs: "What was happening to me because I knew no language was exactly what would happen to one of the best runners in Italy, if, being ill and dreaming that he was running with his equals or inferiors, he found that to gain the victory he lacked nothing but his legs"(IV 1).

Alfieri found his running legs through a program of study that went beyond the negative stage of shunning the use of French to the positive step of acquiring a literary culture in Italian. It is now no longer a question of learning Italian, of overcoming the "babbling" and "mangling" referred to earlier, but of acquiring a specific linguistic register, the Italian of an uninterrupted literary tradition going back to its origins. The method Alfieri devised, as far as the evidence goes by himself,[21] was tailor-made to his needs for it filled the gap left by his years of study at the Academy.

In one of his rapid self-portraits,[22] Alfieri tells us that the only capital he had for putting his program into effect was "a resolute, most obstinate, and indomitable spirit, a heart full to overflowing of passions of all kinds, [and]... an imperfect and indistinct recollection of the various French tragedies [he] had seen performed many years before" (IV 1).[23] After a somewhat inauspicious start (he had fled from the temptations of Turin to the isolation of the village of Cezannes at the foot of Montgenèvre where again he bumped into "that most accursed language," French), he settled down to reading and studying verse by verse and in their chronological order all the great poets of Italy. According to well-established custom he annotated them, but not with the usual verbal comments. Instead — and again it is important to note precisely what he is saying — he marked with perpendicular strokes in the margin those ideas, expressions, and sounds which either pleased or displeased him. The reading was so concentrated, he was so intent on observing different and often contradictory points, he adds, that after a few stanzas (he had been forced to begin with Tasso, having found Dante too difficult) he was in a state of utter exhaustion, feeling as though he himself had written those stanzas and that the effort had been so great that he could no longer even remember what he had read. Surely we have here an unusual application of the principle and practice of imitation. The emphasis is not on the end result but on the process required to achieve it. Alfieri's heart, "full to overflowing of passions of all kinds," was subjecting itself to a difficult discipline, that of finding its expression, both linguistically and conceptually, in an established tradition freely chosen.[24]

* * * *

The ten years that followed the completion of his formal education were characterized by Alfieri as a period of travel and dissipation, and we have given some indication of the appropriateness of this description. Nevertheless, they were a formative cultural experience and their portrayal in the *Vita* is a source for documenting the probable sources of ideas then of wide currency reflected in his work. But it is precisely in this connection that it becomes obvious how much the *Vita* is the autobiography of a writer, of an artist, that is, concerned with the creative process, the imaginative genesis of a work and its structural coherence — in short, with the relationship between author and work in the latter's becoming, and not with the place of the work as a monument in a historical development. The play by play examination of his production in the *Parere sulle tragedie* (the first and probably still the most important critical discussion of his work) is strictly formalistic. *Invenzione, sceneggiatura, stile* are the categories according to which the examination is conducted, corresponding to the divisions of *inventio* (discovery), *dispositio* (arrangement), and *elocutio* (expression or style) of the ancient theories of rhetoric. As for his reading of Dante, it was stylistic and esthetic *avant la lettre*. As untroubled as any "new critic" by the historical references in which the *Comedy* abounds and consequently cavalierly dismissive of the usual annotated editions intended to elucidate meaning, he concentrated all the powers of his understanding on the difficulties of "expression, or sentiment, or style" (IV 1).[25] For the purpose at hand, however, it is still important to look at these ten years to see what they can tell us in terms of literary sources and the transmission of ideas about the bi-cultural tension we have been pursuing.

In September 1766, having concluded his training at the Academy and found the military service for which it prepared him unpalatable, Alfieri received permission to leave Piedmont for a year. He joined a party of two young men, a Fleming and a Dutchman, who were setting out under the guidance of an elderly pedagogue, an Irish Jesuit who has won some degree of fame in France for having been ridiculed by Voltaire.[26] The language of communication between the four travelling companions was French, and it was also French that was spoken in the aristocratic households they visited along the way. "Any stray thought or reflection that entered my stupid brain was clothed in French rags" (III 1), Alfieri writes (and the typical Tuscan turn of phrase with which he humorously expresses himself, "quel pochin pochino ch'io andava pur pensando e combinando nel mio povero capino," stands as evidence of the linguistic mastery achieved between the moment remembered and the moment of writing it down). His letters and diaries at the time, he tells us further, were likewise written in "a doubtful idiom," and here the adjective may refer to the fact that he had learned French — as indeed he had learned Italian — empirically, by using it and not by learning its rules.[27] There is no mention of reading matter taken along on this journey, except for some guide books: possibly Misson's *Voyage d'Italie*, the "Baedeker" of its time; Gresley's *Observations sur l'Italie par deux gentilshommes Suédois*; or perhaps the anonymous *Voyage historique et politique en Suisse, en Italie et en Allemagne*, which had appeared in 1736.[28] On the way home, however — the trip had been extended for another year and had come to include the stay in Paris mentioned earlier — Alfieri stopped in Geneva and bought a trunk-load of books, among them "the works of Rousseau, Montesquieu, Helvétius, and others of that ilk" (III 7), where "that ilk" very economically makes the distinction between works in French generically, and works by the "new" writers then in vogue, those who became the classics of the French Enlightenment. Contrary to what would happen to the collection of Italian classics he acquired in Paris in 1771, he did read these works at once, and critics have studied their influence especially on the two political-philosophical treatises, *Della tirannide* and *Del principe e delle lettere*. The former is similar to other attacks on absolutism but is distinguished by its exceptionally acute psychological insights into the relationship between oppressor and oppressed. The latter, possibly of greater continued relevance today, is a discussion of "sponsored" artist as against "free" artist, carried out with a fine eye for everything that is servile and inauthentic in the one, impassioned and "natural" in the other.

Little of this ideological background, however, shines through Alfieri's comments on his readings in the *Vita*. He tells us that he tried reading *La Nouvelle Héloïse* more than once, but never got through even the first volume for he found it affected and cold, the very opposite of his own passionate nature. He was "singularly charmed" by Voltaire's prose works, but fails to tell us whether he is thinking of *Candide*, the *Dictionnaire philosophique*, or what. He only read bits and pieces of the *Henriade* and nothing of *La Pucelle d'Orléans*, "for the obscene never attracted [him]" (III 7). "And a few of his tragedies," the phrase with which the sentence on Voltaire ends, leaves us hanging for it is not connected grammatically to what precedes.[29] On the other hand, Alfieri was deeply impressed by Montesquieu, reading him through from beginning to end twice (but again it is not clear whether he is referring to the *Lettres persanes, L'Esprit des lois*, or the *Considérations sur les causes de la grandeur des Romains et de leur décadence*), and he was deeply but "unpleasantly" impressed by Hélvetius' *De l'Esprit*. But "the book of books" for him in that winter of readings, the book that gave him absolute bliss, was not by a Frenchman. It was Plutarch's *Lives*, a work firmly established in the common European heritage, but Alfieri probably read it, as did others at that time, in the French translation of André Dacier.[30]

A distinct aspect of the artistic and intellectual background we are reviewing, as it is revealed in the *Vita*, concerns the extent to which Alfieri may have been influenced by French tragedy. We have already quoted the passage in which he mentions that one of the factors that made him turn to tragedy in 1775 was "the imperfect and indistinct recollection" of the French tragedies he had seen performed years before. Earlier he had written that one of the reasons for his first French trip was his desire "to enjoy the theatre," for which he had developed a taste during his Academy years and of which he recalls specifically a French company that came to Turin in 1765 and gave "many of the principal tragedies, and almost all of the famous comedies" (III 5). At that time he was inclined more to comedy than to tragedy, and reflecting on what now appeared an anomalous preference, he came to the conclusion that there were basic structural and stylistic features in French tragedy that elicited a negative reaction in him:

> ... there [are], in nearly all French tragedies, some entire scenes, and often entire acts, made up of secondary characters; this damped my intellect and my feelings, for it unnecessarily spun out the action, or, to speak more properly, interrupted it. Besides, although I did not wish to be Italian, my ear, in spite of myself, served me very well, and informed me of the tiresome and insipid monotony of versifying by couplets and hemistichs, with their triviality of manner and unpleasant nasal sounds. So that, I don't know exactly why, although those actors were excellent in comparison to our vile Italian ones, and the works they played for the most part first rate insofar as affections, conduct, and ideas *(affetto, condotta, pensieri)* were concerned, I nevertheless felt all my enthusiasm expire from time to time, leaving me dissatisfied. (III 4)

The case is clearly stated; the negative features of French tragedy as perceived by Alfieri are spelled out. But the reactions described gain their full impact when we juxtapose to this passage Alfieri's famous definition of his own kind of tragedy contained in his 1783 answer to Calsabigi:

> A five-act tragedy, filled exclusively with its own subject; with dialogues exclusively between the primary characters (*personaggi attori*, i.e., agents of the action), with no confidants or spectators; a tragedy woven from one thread alone, as rapid as the passions permit, for they are all more or less long-winded; as simple as the use of art allows; as harsh and gloomy (*tetra e feroce*) as nature suffers it; as passionate as it was in me to make it — this is the kind of tragedy which I know not if I have succeeded in creating, but which I have perhaps hinted at, or certainly at least conceived.[31]

In the light of Alfieri's comprehensive view of the configuration of French tragedy as against his own, the few titles specifically mentioned in the *Vita* tell us little. Alfieri names Racine's *Phèdre* and Voltaire's *Alzire* and *Mahomet* as the French tragedies he liked best. He recognizes that he derived his *Polinice* from *Les Frères ennemis* and that Pierre Brumoy's translation into French of Aeschylus' *The Seven Against Thebes* also contributed to that early play. When he rejected French in 1775, he turned to Italian translations. He may have read Voltaire's *Mahomet, Tancrède*, and *La Mort de César*, and Corneille's *Polyeucte* and *Nicodème* in the three-volume collection, *Scelta di alcune eccellenti tragedie francesi tradotte in verso sciolto italiano* (Liège, but actually Modena, 1764), where the substitution of Italian unrhymed verse for the alexandrine may have removed one source of irritation. As for Voltaire's Brutus, it served as a spur for two tragedies by Alfieri. Angered by a letter from the Countess of Albany in which she praised a performance of Voltaire's play she had just seen, Alfieri felt his heart and mind fired with disdainful emulation at the thought that a "servile pen" should have dared to celebrate a hero of liberty:

> ... I said to myself: "What Brutus? What Brutus of a Voltaire? I'll make a Brutus — *two* of them, and time shall show if these subjects of tragedy are treated better by me or by a Frenchman born a plebeian, who for seventy and more years has signed his name — *Voltaire, gentleman in ordinary to the king.*" (IV 16)

* * * *

Toward the end of 1785, Alfieri, who had lived almost uninterruptedly in Italy since 1772, joined the Countess at her villa in Alsace on the Rhine. She was now legally separated and, supported by a French government pension, found it more convenient to live in France. Until August 1792, except for two brief trips, Alfieri remained in France, and the specter of France, by way of the French invasions of Italy during the Napoleonic period, followed him back to Italy — to be precise, to Tuscany — as well. Much of his attention during this period was devoted to the new edition of his tragedies which he entrusted to Didot the Elder (François Ambroise), printer to the Royal house; and the new-found enthusiasm for fine books led him also to make use of Beaumarchais' printing establishment at Kehl. The *Vita* is reticent on the long periods he spent in Paris: there were a thousand things in that Babylon that he disliked intensely, he writes, among them now (added, that is, to those singled out apropos earlier trips), the fact that there was nothing for him to learn there. The French knew Italian too little for him to discuss problems of versification with them, and they thought they knew everything there was to know about dramaturgy. Conversations with them on this latter subject became more and more onesided and eventually died down: "from those gabbers I learned the sublime art of silence" (IV 17) is his parting shot.

Before the gathering storm that put an end to the golden age of the Enlightenment — the half-century of peace and relative stability that Europe enjoyed after the Treaty of Aix-la-Chapelle — in the summer of 1787, Alfieri sat with his old friend the Abbé Caluso, who had come to visit him from Piedmont, in the idyllic Rhenish landscape which so reminded him of the Tuscan countryside around Siena: "We poured out our hearts to one another in conversations upon our beloved letters" (IV 17). The passage that follows epitomizes in the context of Alfieri's total French experience his estimate of his own work, seeing it in the final analysis as the writer's response in spite of all odds to the challenge of keeping his linguistic heritage alive. In reading it we cannot help hear echoes of the feelings of homelessness and exile of those who in our own time must live because of circumstances not of their own choosing in linguistic environments that are foreign to them. And we sense further that rebelliousness against dominant, hegemonic cultures with which we have become ever more familiar in our own declining century:

> I felt the absolute necessity of talking about art, speaking in Italian about Italian things. I had been deprived of this for two years and felt the loss strongly... And surely, if these recent famous Frenchmen, like Voltaire and Rousseau, would have had to wander for a great portion of their lives in countries where their native tongue was unknown or neglected, without finding anyone to converse with, maybe they would not have had the imperturbability and tenacious constancy to write for the simple love of art and merely to vent their feelings as I have done and continued to do for many years in succession, forced by circumstances to live and converse forever with barbarians. For such

> a term can readily be applied to all of Europe as far as Italian literature is concerned, as it can unfortunately also be applied to Italy itself: *sui nescia*. For who is there today in Italy for whom one can write sublimely, for whom one can attempt to write verses in which the art of Petrarch and Dante breathes? Who is there who really reads and understands and enjoys and vividly feels Dante and Petrarch? One in a thousand is saying much. Yet, immovable in the persuasion of the true and the beautiful, I infinitely prefer (and seize every occasion to make this protestation), I prefer immeasurably to write in a language nearly dead, and for a people quite dead, and even to see myself buried before I die, to writing in those deaf and dumb tongues, French and English, although their cannons and armies may go forcing them into fashion. (IV17).

In the nineteenth century the *Vita* became "the unique, exemplary book of the Italians of the Risorgimento,"[32] a model for life lived with high moral and patriotic ideals and the will to achieve them. In that perspective some equally important aspects of Alfieri's reflections on his life and times were overlooked and became blurred. It was the purpose of this examination of the work to bring some of these aspects to light. Nationalistic aspirations no longer divide Europe as they once did and dichotomies that at one time were as familiar as the air one breathed have lost much of their poignancy. But the great political upheavals of the twentieth century have repeatedly created that particular condition of exile for the writer which Alfieri felt and eloquently expressed.

Olga M. Ragusa
Columbia University

NOTES

1. The edition of the *Vita* used is Giampaolo Dossena's (1967; Turin: Einaudi, 3rd ed., 1981), referred to within the text by Epoch and Chapter numbers. However, since this paper was originally prepared for oral presentation to the Columbia University Seminar on Eighteenth-Century European Culture, all quotations are in English, derived from *The Autobiography of Vittorio Alfieri, the Tragic Poet*, trans. with an original essay on the genius and times of Alfieri by C. Edward Lester (New York: Paine and Burgess, 1845), and revised by the present writer as needed.

2. *Mémoires de Victor Alfieri écrits par lui-même* , trans. by M**** [M. Petitot], introduction and notes by M. Fs. Barrière (1809; Paris: Librairie de Firmin Didot Frères, Fils et Cie., 1862).

3. François René de Chateaubriand, *Mémoires d'Outre-Tombe*, éds. Maurice Levaillant and Georges Moulinier, 2 vols. (1951: Paris: Gallimard, 3rd ed., 1957) 1: 483. Paul Sirven, *Vittorio Alfieri*, 8 vols. (1934-1951; Vols. 1-5, Paris: Librairie E. Droz, Vols. 6-8, Paris: Boivin & Cie.), 1: 339-40, claims that Chateaubriand translated the passage himself, but the version actually reproduces Petitot's word for word.

4. The original reads: "... il progredire poi quasi in un fetido fangoso sepolcro nel sobborgo di San Germano, dove andava ad albergo, mi serrò sí fortemente il cuore, ch'io non mi ricordo di aver provato in vita mia per cagione sí piccola una più dolorosa impressione." As is documented with a rich exemplification in Pierre Citron, *La Poésie de Paris dans la littérature française de Rousseau à Baudelaire*, 2 vols. (Paris: Editions de Minuit, 1961), a highly negative representation of Paris is not unique to Alfieri. Indeed, critics have wondered how much a description such as the above owes to literary rather than factual reminiscences. Given the great diffusion and fame of Rousseau's work in the late eighteenth and early nineteenth centuries, recent studies on modern autobiography have privileged his *Confessions* in the European development of the genre. In such a perspective it is only a step to suggest, as Angelica Forti-Lewis does in *Italia autobiografica* (Rome: Bulzoni Editore, 1986), that Alfieri's failure to mention Rousseau's work as contributing to his decision to write his autobiography is equivalent to suppression of evidence and that a passage such as that on Paris is proof that he was acquainted with it. But the recurrence of portrayals of Paris similar to Alfieri's and Rousseau's in non-autobiographical works by Montesquieu and Voltaire, among others, should lead to a different conclusion, i.e., that we have here a deceptive instance of intertextuality resulting from lifting a text out of its non-textual contexts. It is interesting to note that the Genevan Rousseau had first experienced the impact of a large city in Turin and that the shock of Paris came to him in contrast to "la décoration extérieure que j'avais vue à Turin, la beauté des rues, la symétrie et l'alignement des maisons..." (*Confessions*, Livre Quatrième).

5. The portrayal of tyrants in his tragedies, in *Della tirannide*, and especially in *Del principe e delle lettere*, the treatise that deals with patronage, has autobiographical analogies in the *Vita* as well. The most famous one involves Metastasio, whom Alfieri saw during his visit to Vienna in

1769 "go upon his knees (after the fashion) before Maria Theresa, and with a face so utterly servile, that I — being youthfully *Plutarchized* and as always exaggerating what was real by turning it into an abstraction — would never have consented to friendship or familiarity with a Muse rented or sold to a despotism by me so cordially abhorred" (III 8). Equally well-known is the passage which describes Alfieri's refusal to be presented to Catherine the Great, "the notorious Autocratrix Catherine II... who has so much tired out fame in our days... this same philosophising Clytemnestra..." (III 9).

6. Rousseau is mentioned only twice more in the *Vita*. Among the books Alfieri brought back from Geneva in 1769 were "the works" of Rousseau (III 7), and Rousseau is named together with Voltaire as a writer whose destiny was for linguistic and cultural reasons different from Alfieri's (IV 17).

7. Dossena identifies the edition (p. 93) as *Essais de Montaigne avec les Notes de M. Coste*, 10 vols. (1754; London: Jean Nourse & Vaillant). He adds that the books are "today" in the library of Carlo Alberto Chiesa (an antiquarian bookseller in Milan), and that each volume is inscribed "Vittorio Alfieri, Haia, 1768." It should come as no surprise that the phenomenology of the book, from the composition of the text to its printing and publication, from the acquisition of books to their perusal, preservation, and transmission, plays an important part in Alfieri's narration of his life. The fame of fine French editions and the reputation of French printers induced him to prolong his residence in Paris beginning in 1787, and the fact that in 1790 he had his library come from Rome shows how permanent he considered the move. That this library, estimated at 1500 volumes ("tutti i principali Classici Greci, Latini e Italiani") was dispersed during the revolution embittered Alfieri's last years and led to an exchange of letters with Pierre Louis Ginguené, French Ambassador in Turin in 1798 and subsequently author of one of the earliest histories of Italian literature, *Histoire littéraire d'Italie*, 9 vols. (1811-1819; Paris: Michaud), See Appendice quattordicesima in Dossena, pp. 334-38.

8. In an epigram dated 30 July 1783, Alfieri highlighted the two shortcomings most frequently criticized in his poetry: "Mi trovan duro? / Anch'io lo so: / Pensar li fo, / Taccia ho d'oscuro? / Mi schiarirà / Poi libertà." Both "harshness" and "obscurity" are questions of style, and Alfieri discusses style at length in his 1783 answer to Ranieri de' Calsabigi's comments on his first four tragedies, his 1785 answer to the Abate Cesarotti's comments on *Ottavia, Timoleone,* and *Merope*, and his *Parere sulle tragedie* which first appeared in the fifth volume of the 1788 edition of his tragedies (Vittorio Alfieri, *Parere sulle tragedie e altre prose critiche*, ed. Morena Pagliai [Asti: Casa / d'Alfieri, 1978]). In these texts Alfieri makes no specific mention of Metastasio, but over and over again he speaks of "il mio stile tragico" which he aimed to make as different as possible "dallo stile della lirica poesia." As for an overview of the changing relationships between French and Italian literature, Carlo Pellegrini's "Relazioni tra la letteratura italiana e la letteratura francese" in *Letterature comparate*, eds. A. Viscardi *et al.* (Milan: Marzorati, n.d.), pp. 41-99, can still be usefully consulted.

9. While on the one hand Alfieri invites the reader to skip his description of the crossing of the Alps with his "cavalry" because it is a digression, on the other he calls attention to a bravura piece which records an extraordinary accomplishment on his part, an accomplishment that he compares to his customary success in constructing a five-act tragedy.

10. As far as I know, Antonio Porcu, "La *Vita* dell'Alfieri come vicenda linguistica," *Lingua e stile*, XI, 2 (1976), 245-68, is the only study devoted to this aspect of the *Vita*.

11. "... ch'io balbettante stroppiava..." The two verbs refer to two different aspects of language competence: *balbettare*, lack of fluency; *stroppiare*, distortion in sounds. It is significant that Alfieri, writer of dialogues and occasional actor himself, should have been so sensitive to the phonetic values of language.

12. The French *u* is common to the Gallo-Italian dialects, among which are the dialects of Piedmont, Lombardy, Liguria, Emilia, and other localities settled by Gallo-Italian speakers. As for Alfieri's comment on the artificiality of French society, it is a *lieu commun* in the social criticism of the time (for instance, Mme de Staël's). That the hated, unnatural sound should mark the word *nature* is an amusing paradox, which Alfieri uses to good effect.

13. Opposing the Risorgimento view of the inevitability of the triumph of the Italian language in Italy, Porcu hints that Alfieri could have just as well chosen to write in French. If he did not do so, Porcu adds, it was because he feared the power of French hegemony, just as the Savoias did when they turned southward instead of northward to carve out an expanded arena of political action for their dynasty.

14. Alfredo Schiaffini, *Momenti di storia della lingua italiana* (Roma: Studium, 1953), p. 92. Rivarol, author of the prize-winning *De l'universalité de la langue française*, was of Piedmontese origin.

15. Sirven (1: 203-26) disputes the veracity of Alfieri's portrayal of his years at the Academy, comparing it to Joseph de Maistre's positive evaluation of his own education at the Jesuit College at Chambéry at about the same time.

16. "... quel poco di tristo toscano ch'io avessi potuto intromettervi [into his head] in quei due o tre anni di studi buffoni di umanità e rettoriche asinine" (II 7) seems to imply that there was some opportunity to study Italian (i.e., Tuscan).

17. Vittorio Alfieri, *Appunti di lingua e traduzionaccie prime. Documenti inediti e rari*, ed. Carmine Jannaco (Turin: Società Editrice Italiana, 1946), p. 208.

18. A typical statement on the place of tragedy in Italian literature can be found in Emilio Bertana, *La tragedia* (Milan: Vallardi, 1904), p. 3: "All'Italia non mancarono tragedie buone; le mancò invece un grande capolavoro di quel genere, e le manco la continuità, lo sviluppo, la caratteristica originalità d'un teatro tragico nazionale."

19. On Alfieri's French spelling and accentuation, see Jannaco, p. 213.

20. Jannaco, p. 211.

21. The Abbé Caluso may have been a mentor in this respect. Alfieri had met him in 1772 and been told that he (Alfieri) was born to be a poet and that "by studying hard he could learn to turn out excellent verses" (III 12). Caluso is again mentioned, together with the Count of San

Raffaele, as encouraging Alfieri in his readings in 1776 (IV 3). Father Paciaudi and Count Tana are also mentioned by Alfieri as having contributed to saving him from idleness and set him on the road to reading and writing.

22. The most famous of the self-portraits is the sonnet dated 9 June 1786, "Sublime specchio di veraci detti...."

23. In order to throw light on the controversial matter of Alfieri's acquaintance with French tragedy, Sirven, 1: 347-50, has examined the record of theatre performances in Paris for the duration of Alfieri's stay there in 1767, claiming that it would have been impossible for a foreign nobleman like Alfieri not to go to the theatre and otherwise participate in social life.

24. The alternate designations of Alfieri as neo-classical, pre-Romantic, etc. have been a favorite literary-historical game. Only recently B.M. Da Rif, in reviewing the acts of an international meeting held in 1983, *Vittorio Alfieri e la cultura piemontese fra illuminismo e rivoluzione* (*Lettere italiane*, XL, 1 [1988], 140-46), again called attention to "la difficoltà della collocazione di Alfieri nella scansione canonica delle epoche letterarie...."

25. Sirven's comment on this point is both amusing and indicative of the difficulties Alfieri encountered, as an original thinker, in being properly understood. Sirven defends the scholar's punctiliousness as reader against the amateur's enthusiasm, forgetting that the man he is writing about can hardly be compared to a student too lazy to open a dictionary: "... puisque je parle des études dantesques de Vittorio Alfieri, je dois souligner un mot de la *Vita* auquel l'auteur semble attacher un certain prix. Il lut le poème de Dante, nous dit-il dans une édition dépourvue de notes, *senza commenti*. Je ne sais s'il eût raison. Sans doute on peut accorder que les événements historiques auxquels le vieux poète fait de constantes allusions, et qui sont l'objet des notes de la plupart des éditeurs, sont moins intéressantes que sa poésie, mais peut-on goûter cette poésie si l'on n'est pas renseigné sur ces événements? Lire Dante sans les commentaires, c'est s'exposer à n'y rien comprendre. Quant aux difficultés de langue et de syntaxe — ajoute-t-il — il s'en tirait aisément, grâce à sa perspicacité naturelle, méthode que pratiquent nombre de collégiens dont les mains délicates n'aiment pas à soulever de gros dictionnaires. Je ne la recommande pas" (3: 147-48).

26. On the identity of Alfieri's two travelling companions and their guide (John Tuberville Needham), see Sirven, 1: 285-292. Sirven questions the nationality of the "Dutchman."

27. Porcu (251) argues convincingly that Alfieri's statement concerning his imperfect knowledge of French during the 1766 trip ("non sapendo io quella linguaccia se non a caso" [III 1]) implies that he considered knowing a language equivalent to knowing "its abstract grammatical rules," in other words, that learning Latin was his model for learning a language.

28. The list is given in Vittorio Alfieri, *Vita rime e satire*, ed. Luigi Fassò (Torino: Unione Tipografico-Editrice Torinese, 1949), p. 109, where the editor comments that neither of the two famous *Voyages* could have been referred to: Des Brosse's was published in 1799, Lalande's in 1769.

29. A comparison with the first draft of the *Vita* at this point (Vittorio Alfieri, *Vita scritta da esso*, ed. Luigi Fassò, 2 vols. [Asti: Casa d'Alfieri, 1951] 2: 81), although it does not clear up the grammatical difficulty, leaves no doubt that Alfieri intended to say that he read a couple of Voltaire's tragedies.

30. "... the lives of the truly great. And some of them, Timoleon, Caesar, Brutus, Pelopidas, Cato, and others, I read and reread four or five times with such transport of cries, tears, and wild enthusiasm, that if anyone had been listening next door, he would surely have thought me gone mad. Upon reading about some of the great deeds of those sublime men, I would leap to my feet, carried away by excitement and almost beside myself, and tears of sorrow and rage would come to my eyes to think that I was born in Piedmont and in times and under governments where nothing noble could be said or done, indeed scarcely conceived or felt with impunity" (III 7).

31. Vittorio Alfieri, *Parere sulle tragedie e altre prose critiche*, p. 217; translation the present writer's.

32. Mario Fubini, "*Vita* di Alfieri," *Dizionario letterario Bompiani delle opere e dei personaggi di tutti i tempi e di tutte le letterature* (Milan: Bompiani, 1949).

Le temps des *Rêveries du promeneur solitaire*

L'expérience rousseauiste de la durée dans la Ve Promenade a donné lieu à de nombreuses et brillantes analyses. Il ne s'agit donc pas d'y revenir ici, et l'on ne s'y hasarderait pas sans imprudence. Mais il semble que les commentateurs des *Rêveries*, fascinés par quelques pages étonnantes, ont détourné leur attention du reste de l'œuvre, et privilégié quelques états exceptionnels, le rêve de dépassement du temps que Rousseau poursuit et approfondit lorsqu'il les évoque. Ils ont ainsi ignoré ou minoré la signification et la valeur du temps à la fois vécu et construit dans l'ensemble des *Rêveries*, temps qui en module et en scande la pensée, l'écriture, et domine toute la démarche d'interprétation et de mise en scène de sa propre existence, à laquelle Rousseau se livre inlassablement. On ne peut les mettre en lumière que si l'on essaie de suivre toutes les traces du temps dans le texte: innombrables, réitérées, elles manifestent à la fois la hantise dont il est l'objet, et la volonté de le dominer, d'en triompher. Si l'on exclut, pour la raison que nous avons d'abord indiquée, la tentative de négation-transcendance par la "durée," on peut dégager deux figures essentielles du rapport de Rousseau au temps: il le structure dans la création et la contemplation de sa destinée, il l'assume dans l'élan vital retrouvé, selon la pente active et dynamique de sa nature. Mais ces figures ne suffisent pas à décrire une situation mouvante et complexe, où l'on voit jouer l'un avec l'autre les régimes contradictoires du temps.

Le temps tragique: la destinée de Rousseau

Le destin de Rousseau dans les *Rêveries*, les méditations successives dont il les compose s'inscrivent dans la perspective d'une répartition irréversible, définitive, de deux parties de son existence; le temps qui précède le passé immédiat et le présent où il écrit, la révélation totale du complot et de ses conséquences, et un avenir où il ne lui reste plus qu'à se parler à lui-même, à s'abstenir et à se suffire.

Ainsi s'expliquent l'importance et la réitération, dès la I^e^ Promenade, des modalisations temporelles: elles désignent la négation, la perte d'un passé révolu, ou la perpétuation d'un "état" dans un avenir indéfini; le malheur établit la coupure entre ce qui *n*'est *plus* possible, et le sort auquel la victime ne peut *désormais* échapper. Ces deux modes complémentaires de perception du temps définissent, de part et d'autre du moment de rupture, l'existence tragique de l'innocent persécuté, traqué, contraint à la solitude et au désespoir. "Sitôt que j'ai commencé d'entrevoir la trame dans toute son étendue, j'ai perdu *pour jamais* l'idée de ramener de mon vivant le public sur mon compte; et même ce retour *ne* pouvant *plus* être réciproque, me serait *désormais* bien inutile. Les hommes auraient beau revenir à moi, ils *ne* me retrouveraient *plus*" (I, 997-998).[1] "Je suis seul *désormais* parmi les hommes" (I, 1000); "tout est fait", "tout est fini pour moi sur la terre" (I, 997-

999). Les "directeurs" de la "destinée" de Rousseau ont tout mis en œuvre pour la "fixer *sans retour*" (I, 996), elle est "fixée *à jamais sans retour* ici-bas" (I, 997); le regard de la bienveillance lui est "*désormais* refusé" (IX, 1089), il est réduit à une "incroyable situation," "pour le reste de [sa] vie" (III, 1019).

Ces quelques énoncés, choisis parmi beaucoup d'autres, suffisent à prouver que Rousseau structure une dernière fois son existence, comme il l'a toujours fait. Elle n'est pas livrée au hasard, elle entre dans un grand drame de la prédestination, comme le suggère la fin fantastique de la IIe Promenade. Rousseau lit les décrets de sa destinée non seulement dans le présent, en rapport avec le complot, mais aussi dans un passé lointain: elle l'a jeté "dans le torrent du monde" (III, 1014), elle lui a tendu dès son enfance "le premier piège" en lui inspirant une confiance excessive (VI, 1056); dans le bilan inachevé de ses relations avec Mme de Warens, qui termine les *Rêveries*, il s'arrête encore au moment qui "fixa" sa "destinée" (X, 1098).

Elle se révèle donc toujours dans des ruptures signifiantes, des "moments" dont l'effet est bouleversant et se prolonge à l'infini. L'existence de Rousseau ne cesse de se répartir en étapes dont le nombre varie selon l'occasion et l'ingéniosité de l'auto-herméneute. Dans la I^e^ et la VIIIe Promenades, il gradue son accession à la résignation, il démultiplie le passé selon les prises de conscience successives de sa déréliction. C'est pourquoi il refait, à trois reprises, le récit de la découverte du complot, de la "surprise", de l'"abattement," du "délire" qui l'a suivie (I, 995-996, III, 1019, VIII, 1076). Non seulement le drame revécu met en scène les extrêmes pour dire comment s'est fait le "passage" (VIII, 1076), et sert à relancer l'affirmation de la tranquillité retrouvée et le défi aux persécuteurs, mais Rousseau parcourt aussi l'itinéraire total des espérances abandonnées: à chaque fois s'insinue, dans l'apparente clôture du temps ("désormais," "à jamais"), une ouverture vers l'avenir ("encore") qui se fermera à son tour (I, 997-1001). Ce parcours, ponctué de constatations désespérées ou de décisions libératrices, semble ne jamais devoir finir. Rousseau restitue une histoire orientée vers la totale conscience de sa situation présente, et cette histoire doit être complète pour qu'il soit sûr de sa victoire. Dans une large mesure, les *Rêveries* sont encore ce travail méthodique et inlassable d'interprétation auquel Rousseau se livre autour de l'instant fatal où tout a basculé.

Dans cette histoire tragique, l'événement lui-même intervient parfois comme le signal instantané de ce partage du temps: c'est, au début, l'"événement aussi triste qu'imprévu" (I, 997), et, dans la IIe Promenade, la chute de Ménilmontant, à la suite de laquelle il se remet à lire les signes concordants: "Mais *cette fois* j'allai plus loin [...]. Des foules d'observations particulières [...] me confirment tellement dans cette opinion que je ne puis m'empêcher de regarder *désormais* comme un des secrets du ciel..." (II, 1009-10).[2]

Cependant Rousseau n'est pas le jouet passif de son destin: il y collabore, il le fait sien pour le retourner en sa faveur. Ce mouvement se perçoit sans cesse dans la 1e Promenade: la décision du recentrement sur soi coïncide avec la constatation désespérée de la déréliction, la tranquillité conquise avec la séquestration subie. Victime du temps tragique, Rousseau en devient maître à son tour. Il fixe la destinée qu'on lui avait fixée. *Ne ... plus, désormais* prennent dès lors un autre sens: "Je puis *désormais* me moquer d'eux" (I, 997); "Je ne dois ni *ne* veux *plus* m'occuper que de moi" (I, 1001). La "tranquillité" à laquelle accède Rousseau s'oppose au "travail continuel" de résistance à ses oppresseurs (I, 996); dans le refus de l'usure du temps, il parvient à jouir d'un "intervalle de pleine quiétude," temps étale et continu (I, 998). En outre, la providence, habile à le torturer, ménage aussi des remèdes à ses maux, et concourt à ses déterminations: ses persécuteurs n'ont pas pris soin de graduer leurs violences, ils se sont trop "pressés" de porter sa misère à son comble et l'ont ainsi délivré "*pour jamais*" de ses inquiétudes (I, 997). Cette ruse du temps qui travaille en sa faveur fait partie des mécanismes compensatoires qui amortissent ou annulent la violence du mal.

Le temps créateur

Rousseau n'est donc pas totalement livré à la fermeture tragique de sa destinée. Mais, plus encore, on voit à l'œuvre, dans les *Rêveries*, une volonté insistante, indéfectible de programmer l'avenir, de l'ouvrir sans cesse à de nouvelles activités. Cette projection témoigne d'une vitalité, d'un ressort qui, malgré tout ce que dit Rousseau de l'extinction de ses facultés, restent intacts.

Le mode temporel de ce mouvement est l'adverbe *encore*. On le trouve, en mineur, dans la plainte du regret: "Oh! si j'avais *encore* quelques moments de pures caresses" (IX, 1.89),[3] ou comme la figure d'une activité finissante: Plutarque est de ces livres qu'il lit "quelquefois *encore*" (IV, 1024). Mais, assez souvent, Rousseau constate en lui une force intérieure préservée, une imagination capable de le consoler, une passion toujours vive. "Je suis seul *désormais*, mais mon âme est *encore* active ..." (I, 1000); "En dépit des hommes je saurai goûter *encore* le charme de la société, et je vivrai décrépit avec moi ..." (I, 1001).[4]

C'est précisément pourquoi Rousseau forme l'"entreprise" des *Rêveries*: la I^{e} Promenade aboutit à un programme de captation du temps, d'accumulation de matériaux pour l'avenir: il y fera "renaître [...] le temps passé." Il utilise et remplit le temps présent: il "consacre" ses "derniers loisirs" à l'examen de sa situation (I, 1000),[5] de même qu'il "emploie" une de ses promenades à s'examiner sur le mensonge (IV, 1024). Il rêve d'étendre à l'infini ce temps plein du loisir actif, à la fois totalement libre et occupé: c'est là une part essentielle de la fiction rousseauiste du temps dans la Ve Promenade. Il aurait passé dans l'île de Saint-

Pierre "deux ans, deux siècles, et toute l'éternité sans [s]'y ennuyer un moment;" son bonheur y consiste d'abord dans l'"occupation délicieuse et nécessaire d'un homme qui s'est dévoué à l'oisiveté;" il veut établir la flore de l'île "avec un détail suffisant pour [l]'occuper le reste de [ses] jours" (V, 1041-43). L'"amusement"[6] est la consommation d'un temps sans avenir, dans un présent fasciné et actif, mais qui, pour être parfaitement employé, doit être organisé. L'"emploi" du temps, qui consiste à le rythmer et à le diviser pour le "remplir," est un aspect important de la vie dans l'île de Saint-Pierre, il apparaît encore avec insistance dans la Xe Promenade (V, 1043-45; X, 1099).

Cette volonté délibérée d'aménager le temps et d'en tirer profit est parfois aussi celle d'en fixer une "époque" décisive. Rousseau s'est dit qu'il fallait se préparer à la mort "quand il était temps," il a fait ses réflexions "à temps"; "de bonne heure" et "durant toute sa vie" il a cherché l'"assiette tranquille" où se reposer (III, 1012). Il rappelle le "terme" qu'il s'était fixé dans sa jeunesse pour mettre de l'ordre dans sa conduite et ses idées: "le moment venu, j'exécutai ce projet" (III, 1014). Maître, et non plus victime de la rupture, Rousseau rappelle avec satisfaction qu'il a su disposer du temps. Parvenu à la vieillesse et aux approches de la mort, il s'en fait encore un devoir, il évoque souvent le "reste de [sa] vie," ce qui lui reste à faire pour "ne pas perdre" ses "derniers jours," sentis comme la fin d'une vie qui s'éteint, mais aussi comme une chance persistante de réalisation (I, 999-1001; III, 1015-16).

L'énergie permanente de Rousseau éclate plus encore dans de nouveaux départs, dans l'allégresse de la passion qui s'empare brusquement de lui, dans l'expérience, ou plutôt dans la fiction heureuse et un peu folle d'un temps neuf. A cet égard, le début de la VIIe Promenade nous offre un témoignage étonnant: "Le recueil de mes longs rêves est *à peine* commencé, et *déjà* il touche à sa fin." Rousseau impose à son entreprise une nouvelle direction, totalement imprévue, il se plaît à tout bousculer. "*Tout d'un coup*, âgé de soixante-cinq ans passés [...], *me voilà* repris de cette folie, mais avec plus d'ardeur encore que je n'en eus en m'y livrant la première fois" (VII, 1060-61). On perçoit ici, et dans la suite du texte, les accents d'une extraordinaire jouvence, le plaisir intense du recommencement, du départ, de la foucade qui, par le ton même et par l'humour qu'y met Rousseau, rappellent les premiers livres des *Confessions*.[7]

Cette jouissance et cette valeur de l'instant, on les retrouve enfin dans l'acte par lequel il fait resurgir le passé: le travail (ou la grâce) de la reviviscence recrée magiquement, brusquement, le temps révolu. La I[e] Promenade contenait la promesse d'une répétition infinie grâce à la fixation des rêveries: "*Chaque fois que* je les relirai m'en rendra la jouissance" (I, 999). La fin de la VIIe nous fait assister à l'opération magique par laquelle l'herbier transporte Rousseau, en un éclair, dans les "heureuses contrées" qu'il ne reverra plus, et "produit l'effet d'un optique qui les peindrait *derechef* à mes yeux" (VII, 1073). Rousseau libère à volonté le déclic instantané du bonheur.

Jeux et contradictions du temps

Aux versants antithétiques du temps tragique, aux saccades du temps bref, il serait facile d'opposer la plénitude de la durée continue que Rousseau évoque et tente d'analyser dans la Ve Promenade. Nous dresserons seulement un inventaire, sommaire et incomplet, des contradictions qui affectent le sentiment rousseauiste du temps dans les *Rêveries*, ou des polarités entre lesquelles il hésite. Rousseau réinvente, modifie constamment les régimes du temps, il parcourt son existence passée, la reconstruit; il interprète son présent comme être-là dramatique, ou le figure comme invention dynamique ...

Se sentant livré à la puissance décisive de l'instant, Rousseau est en même temps profondément persuadé de la permanence de sa nature. Les ruptures qui provoquent une transformation totale et irréversible de l'être abondent dans les *Rêveries*. Outre quelques textes déjà signalés, on peut rappeler l'épisode du ruban de Marion, que Rousseau évoque de nouveau dans la IVe Promenade, où le délire de l'"instant" le garantit du mensonge "pour le reste de [sa] vie" (IV, 1025); la VIe, la VIIe et la VIIIe Promenades répètent, en des constructions dramatiques qui peuvent prendre des proportions étonnantes, le basculement dans le malheur ou la conversion salvatrice du regard et de la volonté.[8] En revanche, Rousseau allègue et exhibe souvent sa bonté fondamentale, au delà de toutes les vicissitudes, ce qu'il appelle son "état permanent," sa "plus constante passion," l'amour des hommes, le plaisir éprouvé au spectacle de la félicité publique (VI, 1058). Son état présent, la solitude imposée, sont la triste conséquence de sa destinée; mais ce sont aussi l'aspiration de toute sa vie, le retour à son "penchant le plus durable" (III, 1014). Il restaure la nature dans la continuité de son moi. Le début de la Ve Promenade le dit nettement: "car quoique je sois peut-être le seul au monde à qui sa *destinée* en ait fait une loi, je ne puis croire être le seul qui ait un *goût* si *naturel* ..." (V, 1040). "Tout me *ramène* à la vie heureuse et douce pour laquelle *j'étais né*," et à laquelle il est promis dans l'éternité: dans ce retour à l'origine et dans cette attente de la destination suprême, les deux extrêmes du temps se rejoignent, et Rousseau trouve l'unité de sa vocation.

A la durée étale, infinie en intention, du bonheur, s'opposent le risque de l'instant, l'inquiétude, l'assaut perpétuel de temps. Rousseau ne cesse de proclamer son accession à la tranquillité, à la pleine quiétude dans l'existence ressaisie au centre du moi, la victoire sur la dispersion du temps; mais, inversement, il doit refaire constamment la démarche inaugurale de la conquête du bonheur, de l'inversion paradoxale de sa destinée en triomphe et en bonheur. Il doit replonger dans le temps pour dire sa victoire sur le temps. Le temps du bonheur est une brève parenthèse (V, 1041, X, 1098); il n'est pas fait pour l'homme ici bas (IX, 1085), il est toujours perdu et n'existe que pour la mémoire nostalgique. Bien plus, dans le moment même où il se goûte et se croit conquis, le bonheur est livré à la menace du trouble et de l'angoisse. Un mouvement inégal remet "*à l'instant* sous le joug de la fortune et des hommes" (V, 1047). Dans la IIe Promenade, Rousseau retombe, en dépit de ses déterminations, dans le monde infernal des petits faits et des signes inquiétants, son imagination est effarouchée "derechef" (II, 1009). Dans la IIIe Promenade, le texte enregistre les impulsions contraires de la volonté de sécurité (les "principes inébranlables") et des "objections qui se présentent de temps en temps," des "intervalles d'inquiétude et de doutes" (III, 1020-22). La VIIIe Promenade atteste l'obsession des "tristes moments" que Rousseau passe encore parmi les hommes, la violence des assauts de la "sensation" actuelle contre laquelle il ne peut se défendre.[9] L'ultime évocation du bonheur des Charmettes est troublée par le rappel de "la crainte qu'il ne dûrat pas longtemps" (X, 1099). Il faut se résigner à ne compter que sur quelques "intervalles": entre les sensations douloureuses, "les intervalles, quelque courts qu'ils soient, suffisent pour me rendre à moi-même" (VIII, 1084).

En Rousseau combattent enfin la permanence d'une force vive, d'un dynamisme intact, et le sentiment du déclin, de l'exténuation et de l'extinction. Il prend, nous l'avons vu, de nouveaux départs, dans l'allégresse ou dans la conscience du devoir à accomplir: c'est le mode du "il n'est pas trop tard," "il n'est jamais trop tard" (IV, 1039). Mais il constate aussi en lui une définitive usure des facultés et c'est le mode du "trop tard": "j'ai bientôt senti que j'avais trop tardé..." (II, 1002); les *ne ... plus désormais* qui suivent ne sont plus l'expression d'un destin subi, mais d'un affaiblissement intérieur.[10] Ce sentiment profond, à la fois douloureux et résigné, pénètre la IIIe Promenade (III, 1011, 1021) et la conclusion quasi triste de la Ve: Rousseau "se transporte" chaque jour par l'imagination dans le "doux asile" où les hommes n'ont pas voulu le laisser: "Le malheur est qu'à mesure que l'imagination s'attiédit cela vient avec plus de peine et ne dure pas si longtemps" (V, 1049).

* * * *

Rousseau éprouve dans les *Rêveries* toutes les passions du temps, il en essaie toutes les figurations.

Complaisance au temps: il vit l'irréversible en en disant la mélancolie, la souffrance douce-amère, sur le mode du regret, du souvenir, du désir nostalgique.

Acceptation du temps: il le structure en le subissant et en y consentant, il en fait, pour le supporter, une destinée; il le maîtrise aussi par l'exercice de la liberté active et du courage.

Résistance au temps: il le nie par l'image de la permanence de son essence, ou en refusant la dispersion, la successivité, la trace, dans la fiction-limite de la durée.

On ne guérit pas du temps. Mais tous ces remèdes donnent au moins, jusqu'au bout, quelque soulagement et parfois l'illusion du salut.

Pierre Rétat
Université de Lyon II

NOTES

1. Le chiffre romain désigne la Promenade; la pagination est celle de l'éd. Marcel Raymond dans les *Œuvres complètes* (Paris: Gallimard, Pléiade, t. I, 1959). C'est nous qui soulignons; nous modernisons la graphie.

2. Voir sur ce point les excellentes pages de R. Ricatte, *Réflexions sur les Rêveries* (Paris: J. Corti, 1965), pp. 37-61.

3. Voir également IX, 1090, 1095.

4. Voir aussi VI, 1057 ("le spectacle de l'injustice et de la méchanceté me fait encore bouillir le sang de colère," et la suite); VII, 1061.

5. Voir III, 1023: "il consacre le reste de [sa] vieillesse" à l'étude des vertus "dont on peut s'enrichir sans cesse."

6. Voir V, 1042; II, 1003 ("je m'amusais..."); VII, 1060.

7. Voir aussi V, 1043; on opposera la valeur du présentatif ("me voilà"..., VII, 1060-61, 1068) à celle qu'il avait dans la I^e^ Promenade.

8. VI, 1051-54; VII, 1066; VIII, 1077-80.

9. Voir VII, 1082-84, dont les modalisations temporelles sont extrêmement nombreuses et significatives. Dans la IXe Promenade, l'inquiétude prend la forme du regard hostile, celui du tonnelier qui "me resserra le cœur à l'instant" (IX, 1090).

10. Voir aussi VII, 1066, 1068.

Le Neveu de Rameau and the Story of the Jew and the Renegade of Avignon

Le Neveu de Rameau is a very special text, a very extra-ordinary text. It is a very complicated and complex text to describe and to define. The dominant form or mode is the dialogue, but it is indeed no ordinary dialogue. One notes and senses, it is true, certain antecedents pertaining to this textual tradition, such as Lucian, Aretino, Erasmus, and perhaps even Fontenelle, but in a very special way many other forms and textual traditions are incorporated and are operative during the discussion between the "moi" and the "lui" which add to the specialness of the text. Let me mention just a few: (mini)-drama, the device of the frame story, pantomime, soliloquy, the maxim, (verbal) music, criticism, the parable and the anecdote, gossip; it is a brilliant example of the artistic possibility and function of inter-texts and the inter-relationship of the arts. There are of course many references to various identifiable persons and personages, to other writers and composers and what one might like to call literary debates or wars — texts and books after all speak to each other. All of this contributes to the richness of a multi-layered text and adds to the artistic and intellectual exploration of the literary realm and actuality of the text. These aspects and elements of the text contribute to the dimensionality, vitality, energy and dynamics of the text; they intensify its climate and tone and press the text to new and very special artistic, literary and intellectual parameters and frontiers.

Le Neveu de Rameau also articulates many paradoxes and antitheses; it is a text full of tensions, and that is one of a number of reasons why it is considered a crisis text, a revolutionary text. It is a very challenging, inventive and subversive text; it is a text of revolt. One must remember that the "lui," who with his protean qualities plays and is able to play many parts and roles, some remarkably and strikingly simultaneously, is in control; he shocks and in fact delights that he is in control and that he shocks; he informs the "moi" and the reader of situations which are of such a private nature — unwelcome truths — which would deter all others from mentioning and revealing them; the "lui" does not hesitate to do so and dares to relate with a particular and piquant candor what others would not dare to say. He lets everyone know "c'est qu'on ne pouvait se passer de moi, que j'étais un homme essentiel."

In the dialectic process of the text and the discussion of various topics and subjects, the "moi" and the "lui" paragonize a number of identifiable personages (e.g., Bouret and Palissot) and hit upon "l'histoire des grands personnages." (One must always remember that the text is anchored and takes place in an identifiable place and time.) It is at this instance of the narrative that one of the most astonishing, exciting and shocking texts or rather inter-texts is included and integrated within the text; it is the story of the Jew and renegade of Avignon, a story which has the flavor and tone of an exemplum or even a parable, a form and a textual tradition to which it has affinities and which it renews in an extra-ordinary way.

Let me briefly summarize the "story" and then analyze the technique and the technical/literary devices pertaining to the narration of this segment of the text and hence the implications for the text at large. A Jew is threatened by the Inquisition; he hopes to flee to a land where he can practice his true faith, and since he believes that he can trust him, he enlists the aid of a renegade, but it is precisely the latter who betrays him. Let us observe the craft of the text as the "lui" narrates the "histoire" to the "moi" and the implied receiver(s) of the text and especially the various roles which he plays or assumes and how (this segment of) the text attains a very special dimensionality. The text, that is, the story of the Jew and the renegade, is set in another period or epoch and in a place which is distinctly different from the identifiable setting and location where the dialogue and the discussion of the text at large ensue. As an inter-text it extends immediately the literary-geographic space and the temporal dimension, realm and sphere of the text at large. This is an act of or the strategy of distancing, and one recalls the position and the function of such inter-texts or reflector or satellite texts in the *Golden Ass* (the story of Cupid and Psyche) and in *Don Quixote* (the 'Tale of Foolish Curiosity' and the 'Captive's Tale'). Furthermore and perhaps even more important: just as the principal text is set in and informs a period of crisis in spiritual and in intellectual history and a conflictive period in the history and the battles of ideologies, the inter-text implies and is also set in an intense period of conflicts and of fears and insecurities in the history of spirituality, and therefore by a system of suggested and suggestive correspondences one has an intensification of the intellectual milieu and climate of the total text. This intensification ('amplificatio' or 'Steigerung') is compounded and underlined and even underpinned, since the story, that is, the inter-text deals with an outsider and with someone outside the accepted norms and boundaries of society of the period; and this outsiderliness has to be considered in relationship to the particularly problematic "outsiderliness" of the "lui," who among other things belongs to the tradition of the rogue, beggar, picaroon, jester, procurer, fool, and trickster.

As the story-teller, the "lui," begins the narration, the text permits one to sense what could be considered an ironical Biblical tone or even a paraphrase of scriptural language:

> *Celui-ci vivait chez un bon et honnête de ces descendants d'Abraham, promis au père des croyants en nombre égal à celui des étoiles.*

The Jew confides to the renegade that he does not eat pork, and as the "lui" continues with the story, he is no ordinary narrator who merely summarizes the story or who gives no more than the outline of the plot but he also functions as a commentator of his text. And as a commentator he not only addresses his immediate listener (the "moi"), but also an audience beyond the frame of the (inter)-text. With his comments and statements of a sententious tone on the nature, conduct and character of man, he reaches out to a more general and wider audience and receivers of the text beyond the immediate frame and parameter of the text; this is reminiscent of the so-called asides in (mini)-drama and gives a dramatic thrust to the text: "c'est qu'ordinairement la grandeur de caractère résulte de la balance naturelle de plusieurs qualités opposées." The "lui" is indeed a remarkable commentator and explicator of his own text:

> *C'est une réflexion juste que notre juif ne fit pas. Il confia donc au renégat qu'il ne pouvait en conscience manger du cochon. Vous allez voir tout le parti qu'un esprit fécond sut tirer de cet aveu...*

The text is after all a discussion between the "moi" and the "lui" and therefore a simulacrum of an oral text, and it behooves to observe and keep in mind the rhythm of the narration:

> *Quand il crut son juif bien touché, bien captivé, bien convaincu par ses soins...*

and the "lui" seems to delight, one is tempted to say, salivate in the lubricious and juicy image and expression "il laisse mûrir la poire...." The "moi" indicates his awareness of the "lui" in his role of commentator and states: "Laissez là vos réflexions, et continuez-moi votre histoire," and the interruptions on the part of the "moi" afford the possibility of drawing attention to a key trait of the "lui": "Je rêve à l'inégalité de votre ton tantôt haut, tantôt bas" just as the "lui" delights in the disjuncture to repeat the juicy image: "la poire était mûre...."

As he continues and repeats or rather re-creates the dialogue between the Jew and the renegade, the text assumes even more the tone and the flair of mini-drama:

> *Qu'avez vous? — Nous sommes perdus. —*
> *Perdus, et comment? — Perdus, vous dis-je, sans ressource...*

He even comments on the repeated "perdus": "Est-ce que vous ne sentez pas l'affectation de ces *perdus* repétés?" The Jew should of course have been aware from the very beginning that he was being tricked, and as the "lui" states, should have called the renegade a "fieffé fripon." The decided and notable number of repetitions ("poire," "perdus," "fieffé fripon," "renégat ... infâme renégat"), 'amplificatio' intensified by repetition, concatenation and alliteration, create a very special effect and add to and extend the space of sound, the auditory space and realm of the text — and this in a text, that is, the total text, where music has such a pivotal function and position.

The "lui" is a great actor and manipulator of language and the language and rhetoric of gestures, and he makes his listener and receiver(s) imagine the drama;

he makes them visualize the scene by calling attention to the gestures of the Jew:

> *Le juif s'effraye, il s'arrache la barbe, il se roule à terre, il voit les sbires à sa porte, il se voit affublé du san bénito, il voit son auto-da-fé préparé....*

They are codified gestures, and the repeated "voit" adds an ekphrastic touch. It is a brilliant act of visualization which is intensified by the verbal/temporal mode: all verbs are in the present tense.

The renegade advises the Jew to be circumspect and not to be imprudent, and his suggestions as to how to escape end dramatically with "Fait et dit." His advice points to the Jew's stereotypical association with money and material goods just as in the arrangement for their escape there is the intrusion of the lexicon and the vocabulary of commerce with the repeated "tiers." Of course the renegade has tricked the Jew; he puts all the treasures on board a ship, sails off and leaves the Jew behind and in the hands of the Inquisition.

But — is this the end of the story of the "histoire?" "Et vous croyez que c'est là tout?" When the "lui" heard the story — he functions also in the tradition of the receiver and the transmitter of texts — he knew what he hid from the "moi" in order to test the latter's perspicacity and so to comment on his character:

> *Lorsqu'on me raconta cette histoire, moi je devinai ce que je vous ai tu pour essayer votre sagacité. Vous avez bien fait d'être un honnête homme, vous n'auriez été qu'un friponneau.*

That would have been the ending for an ordinary story and for a conventional reader and listener. With pungent irony he links the renegade to the "moi" by transposing — now intensified — "fripon" > "friponneau," a transposition and permutation which is brutally condescending, belittling, demeaning and derogatory. The form "friponneau" and its usage are very rare, and I cite the following example: "Un pauvre hère qui montre la musique à sa pupille, infatué de son art, friponneau, besoigneux, à genoux devant un écu..." (Beaumarchais, *Le Barbier de Séville*, I, 6).

This particular ending relates to the art of the novella, which strives to do something new, special, extra-ordinary — to turn what seems ordinary into something extra-ordinary. It often concerns that special turn or twist at the end of the text. One recalls, for example, that primogenitor text and antecedent, the story of the lady of Ephesus in the *Satyricon* and the second or double ending of Cervantes' 'Tale of Foolish Curiosity' or the extra-ordinariness articulated and explored in Goethe's *Novelle*. But in the case of our text, the specialness and extra-ordinariness is no ordinary surprise ending but one of extreme discomfiture; it is terrifying; it is the sublime which is not beautiful but trenchant. It was the renegade who informed the Inquisition, an act which the narrator considers "sublime," when he states "Le sublime de sa méchanceté, c'est d'avoir été lui-même le délateur de son bon ami l'israélite..." and one should note how he relishes the image of "on fit un beau feu de joie," which in turn is intensified by the ironic tone and paraphrase of devotional language "de ce descendant maudit de ceux qui ont crucifié Notre-Seigneur." And the renegade and the "lui" are joined by a shocking symbiotic paradox:

> *Et voilà ce que je vous disais: l'atrocité de l'action vous porte au delà du mépris et c'est la raison de ma sincérité. J'ai voulu que vous connussiez jusqu'où j'excellais dans mon art, vous arracher l'aveu que j'étais au moins original dans mon avilissement...*

which defines and explains the originality, power, and specialness of the "lui"; in fact, he explains and defines his originality and his art — and here he establishes himself as a predecessor and antecedent of Raskolnikov, Lafcadio and some traits of Felix Krull — as he links himself to a dynasty of "grands vauriens" inscribed, eternalized and memorialized by and in a work of art and by way of a work of art, and this is done with a special brilliance; it is an exquisite choice and example illustrating the art and poetics of citation. The "lui" recalls Mascarillus and associates himself with a literary tradition. But there is an additional subtle and ingenious touch which is effected and made possible by the choice of the citation — the magic of the citation — which is in Latin, and therefore a certain critical remove is suggested as well as a link to a longer and wider cultural tradition, when the "lui" with his stentorian voice cries out "Vivat Mascarillus, fourbum imperator! ...Vivat Mascarillus, fourbum imperator!"

* * * *

I have made some observations about the literary devices, technique and textual strategies which are operative in this segment of *Le Neveu de Rameau*, a story usually referred to as that of the Jew and the renegade of Avignon. In a highly striking and inventive way, the author/"author" cracks, in fact, explodes the traditional traits of such a structure which reveals many aspects usually associated with the exemplum, the parable and the novella; and the multi-faceted aspects and traits encompassed in the micro-structure and inter-text intensely suggest, illustrate and exemplify as a micro-text and a reflector text pivotal artistic, literary and ideological problems posited and generated by the text at large.

Karl-Ludwig Selig
Columbia University

Choix de Maximes de Jean Sareil

J'appelle hypocrite toute personne dont les principes et les intérêts coïncident.

La patience finit toujours par triompher. L'impatience aussi; c'est une question de volonté, non de tactique.

Il suffit de regarder les gens vivre pour s'apercevoir qu'ils ne visent pas au bonheur.

Nombreux sont ceux qui n'ont jamais eu tort dans la vie. Ils sont victimes de la société, de la famille, du destin, de leurs sentiments, de leurs vertus. Aucun malheur n'est susceptible de les faire renoncer à leur innocence.

Le bonheur s'applique au présent, l'optimisme ne se conçoit que pour l'avenir. L'état le plus souhaitable est celui de pessimiste heureux.

Il y a toujours un proverbe pour confirmer ce que nous avons envie de faire. De là leur prestige millénaire.

L'optimisme n'est bien souvent qu'un moyen de ne pas penser à sa situation.

L'habitude rend indifférent: la prostituée ne craint plus les maladies vénériennes et le magistrat les erreurs judiciaires.

La paresse et la distraction sont des défauts aimables que les gens confessent volontiers, pour masquer les inavouables qui ne sont pas plus graves.

Le manque de volonté est bien souvent manque de confiance ou de désir.

Chaque génération croit vivre à une époque de décadence parce qu'elle voit les choses de près.

Les gens heureux sont ceux qui font ce qu'ils aiment.

Il ne faut jamais dire la vérité à ceux qui ne méritent pas qu'on la leur dise.

Ramper est une façon de s'avancer comme une autre, ce n'est pas la plus lente.

Les jargons changent, les clichés demeurent.

Si les gens regrettent leur jeunesse, c'est qu'ils se souviennent mal.

Le passé est rassurant. Quelles que soient les catastrophes endurées, elles ont toujours été surmontées.

Un bon enfant est celui qui ne fait pas d'histoires à ses parents. Toute l'éducation ne vise qu'à cette négation.

Rien n'est plus décourageant que de constater combien l'expérience apprend peu de choses.

On donne souvent un bon conseil pour de mauvaises raisons.

Les gens s'aiment trop pour changer jamais.

Méfiez-vous des parents qui se sacrifient à leurs enfants. Le prix de leur dévouement sera exorbitant.

Un vieux est un homme qui n'a plus de futur.

Vieillir c'est devenir craintif. Il y a des vieux de vingt ans.

Je ne conçois la retraite que comme le début d'une occupation nouvelle.

Les vieillards ont comme tout le monde un avenir, seulement il est court.

Rien n'est plus facile qu'écrire un livre. Il suffit d'avoir du talent ou de ne pas chercher à en avoir.

La franchise est bien souvent une façon d'être désagréable avec le sentiment d'être seulement juste.

L'orgueil est la cuirasse de l'inquiètude.

L'orgueil se met partout. Quand on ne sait pas faire une chose, on se vante de ne pas savoir la faire.

Bien des gens prennent de grandes décisions parce qu'ils n'ont pas su en prendre de petites.

Il faut parier, a dit Pascal. Etre prudent, c'est jouer sur les bandes plutôt que sur les numéros, on perd moins vite.

Quand les actes d'une personne contredisent ses paroles, il faut toujours croire les actes.

Les gens intelligents comprennent tout sauf la bêtise.

Rares sont les gens qui pensent, et parmi cette élite, rares sont ceux qui pensent droit.

La psychologie sert à expliquer les événements, elle ne permet pas de les prévoir.

La persévérance est toujours récompensée sinon on l'appelle entêtement ou obstination.

Les gens s'aiment trop pour changer jamais.

L'égoïsme est une vulgarité du cœur.

Certaines personnes passent leur vie à courir. Cherchez à savoir pourquoi ils courent, vous ne le trouverez pas; la course est leur allure naturelle.

Il est impossible de ne pas être médiocre par quelque endroit.

On se fâche d'être contredit, c'est-à-dire de ne pouvoir convaincre.

Il y a des gens qui aiment recevoir des coups pour pouvoir en donner.

Le suicide par chagrin d'amour n'est pas une preuve d'amour mais de chagrin.

La première vertu du séducteur est d'être médiocre, pour plaire au plus grand nombre.

Un ami est celui à qui vos succès font plaisir.

On se croit libre parce qu'on ne connaît pas les causes qui nous déterminent. Notre liberté c'est notre ignorance.

Au cours de ma vie, j'ai assisté à un phénomène que je n'aurais pas cru possible; l'effondrement des religions. Rien ne dure, pas même Dieu.

Dans un calcul de probabilités bien fait, le miracle fait partie de la statistique.

Je n'achète jamais de billet de loterie par modestie. Il n'y a aucune raison pour que la chance me favorise.

Si la crédulité est un défaut, pourquoi l'incrédulité n'est-elle pas une qualité?

Est bourgeois tout ce que l'on déteste; on disait autrefois athée.

Les gens de caractère sont plus rares que les gens de talent.

La politique est de l'histoire en feuilleton.

Les grands œuvres comiques sont des ouvrages de l'âge mûr ou de la vieillesse. Est-ce parce que l'esprit y domine?

L'originalité est la première qualité de l'artiste, même quand il emprunte.

L'auteur de génie a nécessairement les idées de son temps, mais il leur donne un tour qui modifie la façon de penser ou de sentir de ses contemporains.

Le critique littéraire lit trop de livres. C'est un gourmet au palais fin et à l'estomac délabré. Il aime les nourritures légères et agréables, qui satisfont son goût et épargnent sa digestion.

Le critique aime à retrouver dans un nouveau livre les qualités qu'il a goûtées ailleurs.

Pour l'auteur, le bon critique est celui qui écrit une bonne critique.

Si la critique est plus aisée que l'art, c'est qu'elle vient après.

L'homme aime travailler et déteste penser. Voilà pourquoi il y a tant de travaux d'érudition.

Il y a des ouvrages qui semblent excellents tant qu'on connaît mal le sujet.

Mettez de l'amour-propre dans le travail le plus ennuyeux, il devient passionnant.

Une vie n'a de sens qu'en devenant biographie. Et comme on n'écrit que la vie des grands hommes, elle est toujours édifiante.

Le comique n'est pas le contraire du tragique, il en est le revers.

Il existe un certain ton dans le discours politique, dans le discours académique, dans la direction théâtrale, qui m'incite à ne pas écouter.

Rares sont les gens qui admirent ce qui est nouveau. Ce n'est pas manque d'audace, c'est manque de goût.

En art, ceux qui répètent adroitement passent pour originaux.

Penser comme tout le monde, c'est ne pas penser.

Qu'il m'ennuierait d'écrire un livre où je saurais d'avance tout ce que je vais dire!

C'est en écrivant que l'on découvre si l'on a quelque chose à dire.

C'est pour soi qu'on joue la comédie aux autres.

On se croit toujours meilleur qu'on n'est; on se sait toujours moins bon qu'on ne paraît.

Depuis un siècle et demi, l'artiste se moque du bourgeois, son client.

Tout hypocondriaque finit un jour par avoir raison.

Les gens lisent journaux et magazines pour pouvoir parler de sujets qu'ils ne connaissent pas.

Expliquer, c'est parfois compliquer ce qui paraissait simple.

La plupart des lecteurs ne retiennent dans un livre que ce qu'il savaient déjà.

Pourquoi le mot brillant implique-t-il l'idée de superficiel et le mot consciencieux l'idée d'ennui?

Rare sont les hommes qui, profondément, se plaisent à eux-mêmes.

Le mépris est une arme pour blesser ou pour se protéger.

Chacun veut que la réussite soit dûe au mérite ou au hasard, qui sont aristocratiques, jamais au travail et à l'opiniâtreté qui seuls pourtant sont méritoires.

Absurdité: Le seul fait de raconter la vie de Meursault donne un sens à sa vie.

Je sais ce qui est juste, je ne sais pas ce qu'est la justice.

Aucune œuvre importante ne se fait dans les délais prévus. A la base de tout plan, il y a une vue trop sommaire des difficultés. Dès lors, aucun projet ne se réalise dans les temps prévus et de la manière dont il a été conçu. Peut-être doit-il en être ainsi. On serait arrêté par les obstacles si l'on ne péchait par optimisme. Les grandes entreprises reposent ainsi sur une erreur de calcul.

Il est normal que la bonté ne soit pas récompensée, mais il serait injuste qu'elle soit punie.

Bien des gens détestent également le travail et l'oisiveté; c'est pour eux qu'on a créé le loisir.

L'ambition est comme l'appétit qui vient en mangeant.

La patience est une vertu prônée par les riches, les parents et tous ceux qui craignent les impatients.

Pour réussir, il faut avoir de l'adresse, du talent et de la persévérance. Avec ces qualités le succès est assuré. Même du génie ne saurait l'empêcher.

Bien des gens n'aiment pas rire, mais aucun d'entre eux n'admettra qu'il n'a pas le sens de l'humour.

Les hommes ne sont pas légers mais myopes; ils ne s'occupent que de ce qui s'offre à eux dans l'immédiat.

L'aphorisme est la ressource des esprits pénétrants et abstraits.

LIST OF PATRONS

Eva and Peter Agoston
Andrée Bergens *in memoriam*
Maxine and Cy Cutler
Robert Cutler
Doris S. Guilloton
Alessandra and Walter Hart
Lee Lipman Joselow
Richard A. Katz
Sondra Gordon Langford
Danièle Lasser
Bernard Lauzanne
Jean Macary
Robert A. Maguire
Nicole Maurey
Gita and Irving May
John B. Moses
Cate and Franklin Myers
René Nanquette
Jeanine Parisier Plottel
Olga M. Ragusa
Craig L. Sample
Jacqueline Sareil
Philippe Sareil
Karl-Ludwig Selig
Sara Titcomb
Anthony Viscusi
Sylviane Tschudin Walker

LIST OF SUBSCRIBERS

Richard T. Arndt
Elizabeth S. Blake
Eva M. Stadler and Richard Brooks
Walter Indulis Bross
Craig Brush
Ion Collas
Jacques Colombier
Yvonne Ordner Decroocq
Bruce Donnell
Priscilla Parkhurst Ferguson
Otis Fellows
Hermina Focseneanu
Robert Frail
Donald M. Frame
Anne Funaro
Renée G. Geen
Tatiana Greene
Doris-Jeanne and Jacques Gourevitch
Selma H. Gulack
Doris D. Halpin
E. Harpaz
Sunny F. Khadjavi
Mr. and Mrs. Wilbur Jackett
James F. Jones, Jr.
Richard Gilbert Knapp
Pauline Kra
Elisabeth Léthel

Paul LeClerc
Joseph Maier
Manhattanville College Library
Rob McLucas
Paul H. Meyer
Thelma Meyers
Kathleen Micklow
Vincent Milligan
William M. Moore
Louis Morra
Eileen Mullady
Theresa Bowers Noble
Judith Nowinski
Jean Ordner
John Pappas
Lindsay D. Petersen
Karlis Racevskis
Laura Rheinstein
Claude Roquin
Joan Teresa Rosasco
Merri Rosenberg
Vladimir Rossman
Eva A. Royce
Murray Sachs
Bertram Eugene Schwarzbach
Zoe Samaras
Jerome Schwartz
Frederich A. Spear
Philip Stewart
Jean-Jacques Thomas

Susan Tiefenbrun
Marcelle Valois
Aram Vartanian
Renée Waldinger
Ruth Plaut Weinreb
Stephen Werner
Stacy A. Wippern
Stephen R. Young